本物の知性を磨く

Σοφια Intellect

社会人のリベラルアーツ

リベラルアーツ研究家
麻生川静男

祥伝社

本物の知性を磨く

社会人のリベラルアーツ

はじめに

最近、「グローバルリテラシー」や「リベラルアーツ」という言葉をよく耳にする。

その意味はおぼろげながら分かるものの、「リベラルアーツと教養はどう違う？」と聞かれたら、その違いを明確に答えられるだろうか？

リベラルアーツは資格試験と異なり、勉強したところで何らの公的資格が得られるわけでも給料が上がるわけでもない。それに反し、経営大学院（ＭＢＡ）で学ぶ科目はいずれも実践的だ。ロジカルシンキングや、リーダーシップ論などで得た知識は即座に実務に活用することができる。カリキュラムや副読本も揃《そろ》っていて自学するのもいたって容易である。一方、リベラルアーツといえば、決まって歴史、宗教、哲学などばかりが取り上げられていて、従来の「教養講座」との差がどうも分からない。

しかし、私は**今の日本人ビジネスパーソンこそ、リベラルアーツを学ぶべきだ**と主張したい。

私自身、数十年、手さぐり状態でリベラルアーツを求め続けてきた。そして多くの書物を読み考えた結果、最近になってようやく自分なりのリベラルアーツ観を確立することができた。それは世間で言われているものとはかなり違う。

私が到達したリベラルアーツとは次のようなものだ。

□ **リベラルアーツのゴールは、世界各地の文化のコアをしっかりつかむこと。**
□ **その上で自分なりの確固とした世界観と人生観を作ること。**

詳細は後に譲るが、まず簡単にリベラルアーツの必要性を喩《たと》え話で説明したい。

あなたが、あるスーパーマーケットの店長だったとしよう。倉庫から商品の出し入れをするために一人のアルバイトを雇うことになった。そこに、「覆面とマスクをした性別・年齢不詳者」が応募してきた（以下、「覆面マスク君」と呼ぶことにしよう）。他に適任者がいなかったので、採用した。

倉庫の商品の出し入れという力仕事だけなので、覆面とマスクをしていようがいまいが実質的な仕事内容には関係ない。また性別や年齢は不詳であるが、与えられた仕事をこなしている限りにおいては文句は言えないはずだ。

理屈は確かにそのとおりだが、あなたははたしてこの「覆面マスク君」に安心して仕事を任せられるであろうか？　何か得体の知れない不安を感じずにいられるだろうか？　不安を感じるとしたら何が原因なのだろうか？

「覆面マスク君」に感じる得体の知れない不安は、つきつめればその人が何者かという情報がまったく欠けているところからくる。「力仕事をこなす」という機能だけで雇ってはいるものの、やはり「その人は何者か？」が分からないことには不安になってしまうのだ。
文化背景の異なる人たちと一緒に仕事をする、あるいはそういったグループを統率する時、彼らの文化背景に関する無知や無理解というのはまさに「覆面マスク君」と仕事をしているようなものなのだ。

日本は地政学的に孤立していたため、他の諸国と比べて圧倒的にダイバーシティ（文化的多様性、diversity）が欠落している。日本人同士のように伝統的価値観が何となく共有されている環境で育つと文化背景や価値観が異なる人々の心情が理解できない。その結果、日本人は他国人であろうと一緒に仕事をしたりして仲間になるとすぐに身内意識を抱き、同族と思って気を許してしまいがちである。しかし、「覆面マスク君」同様、我々は相手についてはまるで分かっていない。この状態では、いつなんどき、文化背景の違いから予期せぬ言動に不意打ちをくらうことになりかねない。**他国人を理解するには、その人個人を知るだけでなく、その人が生まれ育った文化背景も含み、トータルとして理解することが現在のグローバル環境では必要なのだ。**

しかしながら、文化背景および文化のコアを理解しようと張り切って歴史、文学、宗教、哲学だけを学んでも、また従来の挫折《ざせつ》感を味わうだけだ。というのは、たいていにおいて各分野の専門家というのは自分の専門領域とせいぜいその周辺の領域の事柄にしか興味がないので、事象の背後に大きく横たわる文化のコアについては記述することは少ない。これは若手だけでなく、大家といわれる専門家にも見られる。こういった理由で断片的で観念論的な書物から文化のコアをつかみとることが難しいのである。

専門家だけが興味を持つ狭《せま》い専門的事柄ではなく、もっと幅広く風俗、生活誌、工芸や人物伝など、文化の基層《きそう》を形づくっているものを知らなければならない。加えて、外国人の旅行記のように異文化からの視点も文化の実相を知るには有効だ。さらには、科学や技術のように一見、普遍的要素が強く、文化背景に影響を受けないと思われているものでも、注意してみると各文化の社会制度や物の考え方を色濃く反映していることが分かる。これらをトータルとして知ることで、初めて文化のコア概念を理解することが可能となるのである。

ところで「リベラルアーツ」や「グローバルリテラシー」「教養」は人によって定義がまちまちだ。リベラルアーツと教養が同じだと考えている人もいれば、グローバルリテラシーとは英語で自分の意見を発信することだ、と考えている人もいる。つまり、これらの語句については、共有する定義がなされていないのが現状だ。

この本では、私の経験を踏まえてビジネスパーソン、とりわけグローバルで活躍したいと思っている人、あるいは真剣に自分の生き方を考えたいと思っている若い人に対して、まずこれら3つの単語の差を説明し、次いでリベラルアーツとは何か、なぜリベラルアーツを学ばないといけないのか、リベラルアーツをどう修得すべきかを紹介する。

最終的にリベラルアーツを学ぶ目的とは、世界のあり方（世界観）や自分の生き方（人生観）に自信を持つことで、グローバル社会でも臆《おく》することなく活躍することができるようになることだ。

私が想定する読者には次の2タイプがある。

一つのタイプは現役のビジネスパーソンで、仕事上で海外とのビジネスが発生する人たちである。グローバルビジネスの最前線で実際の業務で日々異文化に接触して実務レベルで対応しているが、対応に苦慮している人たちである。

もう一つのタイプは、人生の生き方について真剣に考えている人たちである。仕事の上での達成感だけでなく、充実した人生を送りたいと考えている人たちである。自分の生き方を真剣に考えれば考えるほど、既存の宗教や哲学が提示する型どおりの指針に満足感を得られないでいる人たちである。

本書はこの両方のタイプの人たちに向けて書かれている。

麻生川《あそがわ》　静男《しずお》

目次

第2章

世界観・人生観は歴史書に学ぶ

――中国の史書は人生の指南書、日本人の思考様式は六国史《りっこくし》に

第3章

ものづくり日本はどこへ行くのか?

——科学史、技術史から見る「日本文化」と「日本製造業の強み/弱み」 113

第4章

ヨーロッパ文化圏のコアを探る

——「ギリシャ・ローマの自由」と「中世の生活」　161

第５章

ヨーロッパ、イスラム、インド、中国、朝鮮の文化のコア 223
——科学史、技術史から眺める人類の知の歴史

第6章

ギリシャ語・ラテン語を学ぶ
——TOEIC英語より多言語の語学を 291

装丁：小口翔平＋三森健太（tobufune）
本文写真：アマナイメージズ（P.135除く）

引用文献と表記について

訳者を明記していない文献の日本語訳は、著者の私訳である。また、読者の便宜をはかるため、引用文には適宜ふりがなを補い、現代かなづかいに改めるなどしている。なお、引用文中（　）内に記した補足は、引用者（麻生川）の註である。
外国の名称は原則として現地語に近い音を表記したが、一部、慣用読みを採用したものもある。

（著者）

世の中のグローバル化が加速するにつれ、リベラルアーツやグローバルリテラシーなどの言葉を耳にする機会が多くなった。しかし、これらの単語自体は理解できても、その表わす内容について、はっきりとは分からないという人は多い。この2つの単語だけでなく、世の中には教養という類似の単語もある。これら3つの関係はどうなっているのだろうか？　それらが最終的に目指すところは何だろうか？　また、そもそも日常業務で毎日多忙な日々を過ごしているビジネスパーソンはこれらのことを学ぶ必要があるのだろうか？本章では、これらの疑問に対して、明確な答えを用意している。

第1章

リベラルアーツとは何か

——「奴隷的な生き方」から脱するために

古典的教養科目、自由七科

まずはリベラルアーツの歴史的な定義から話を始めよう。

リベラルアーツというと、西洋における古典的教養科目であり、自由七科（Seven Liberal Arts）とも言われる。文法学、論理学、修辞《しゅうじ》学の三学（トリウィウム）と、幾何学、算術、天文学、音楽の四科（クワドリウィウム）から成る（ただし、これは古典的定義であり、現在では一般的な教養科目として考えられていて七科以外の幅広い科目を含む）。

伝統的にヨーロッパでは、この七科のうちで三学の比重が圧倒的に高かった。それは分野を問わずラテン語を自由に操《あやつ》れることが文化人の必須要件であったからだ。

一方、四科にある幾何学や天文学が古代ギリシャで人気ある学問であったことはプラトンやアリストテレスの本を読むとよく分かる。

しかしここで少し違和感を覚えるのが、古典的なリベラルアーツの中に算術が含まれているという点だ。現代の我々にとっては、算術とはたかが数字で計算をするだけの話ではないか、と思われる。とりわけ日本では、室町《むろまち》末期以降、算盤《そろばん》が広く使われてきたため、数カ月の訓練で子どもでも加減乗除《かげんじょうじょ》の計算くらいは簡単にできる。算術をわざわざ学ばないといけないというのはあまりにも大げさに聞こえる。私は長らくこの疑問を抱いていたが、ある時『図説数の文化史──世界の数学と計算法』（メニンガー著、内林政夫訳、八坂書房）を読んでようやく疑問が氷解《ひょうかい》した。

我々が知っている算術とは、アラビア数字を使い、位取《くらいど》りがされた表記のものだ。しかしこの本を読むと、ローマ数字を使った乗除計算は、位取りができないためかなり難しいということが分かる。また、ヨーロッパで算盤（abacus）というのは、我々が考える計算の道具ではなく、計算の途中結果を覚えておくためのメモ代わりに使う代物《しろもの》にすぎない。その上、割り算もまたひと苦労だ。小数点という概念がなかったので1より小さい値《あたい》は、すべて分数で表現する。これだけの難関があれば算術といえども片手間には修得できないはずだ。

リベラルアーツを学ぶということは、このように単語や事象・事件を単に知っているというのではなく、この算術のように具体的にそのものが何なのかを、たとえ仮想的（バーチャル）でもいいから追体験する作業を経るということだ。具体的に物事がどうなっているのかを知って初めてその文化のコア（根源）が理解できる。

「リベラル」とは奴隷的でないこと

リベラルアーツはヨーロッパでは古くから存在した言葉であるが、ここでリベラルアーツの伝統的な定義を、代表的な辞書・百科事典からチェックしてみよう。

まず、リベラルアーツのリベラル（Liberal）という単語の意味であるが、これはラテン語の形容詞で自由を意味する liber に由来する。英語やドイツ語のようなゲルマン系の単語では free/frei という。

ＯＥＤ（Oxford English Dictionary）では Liberal を次のように定義する。

「Liberal というのは、本来は自由人が修得するにふさわしい芸術や科学のための特別な形容語句（epithet）であった。Liberal は隷属《れいぞく》的や機械的の反対の概念である」（拙訳。以下日本語訳すべて）

アメリカの定評ある辞書で、かつてウェブスター（Webster）と辞書界の覇《は》を競った Funk & Wagnalls, Standard Dictionary には次のような定義が掲《かか》げられている。

「Liberal Arts とは大学での文学、哲学、言語、歴史などの履修科目をいう。これは職業や技術に直結する科目とは区別される」

また Webster's Third New International Dictionary (Unabridged) では次の定義が見える。

「Liberal Arts とは、特に大学で教えられる種々な科目（言語、哲学、文学、抽象科学）をいい、一般的な知識を与え、理性や判断力などの全般的な知性を発達させると考えられる。専門教育、職業教育、技術習得と対照的」

ついでに、英米の百科事典であるブリタニカ（Encyclopedia Britannica）やアメリカーナ（Encyclopedia Americana）をチェックすると同様の定義が見える。

つまり、Liberal Arts（Liberal Education）とは、

[1]人文系科目主体の教育
[2]専門教育、職業教育、技術習得とは対照的

であるということが分かる。

英米だけでなくドイツやフランスの辞書・百科事典もチェックしてみることにしよう。

ドイツのMeyers Grosses Universal Lexikonでは教養(Bildung)を次のように定義する。

「本当の人間性("humanitas")とは各人が和《なご》やかに暮らしている時に出現するという考え方は、特にルネッサンスやゲーテの時代に影響力を持つ考えであった。それで教養(Bildung)とは古典文学("Humanismus")を修得することであり、かつ貴族的なものと理解された。つまり、市民社会で必要とされる、生活の糧《かて》を得るための目的別の教育(Berufsausbildung)とまったく反対の理想である」

つまり、ドイツでは伝統的に教養(Bildung)とは、日々の糧を得るための手段とは無縁の貴族的なものだと考えられていた。この定義を私なりに敷衍《ふえん》すると、日々の暮らしに精一杯の庶民には教養は必要なしということだ。

これに関連して、フランス語の辞書、Grand Robert(Dictionnaire Alphabetique et Analogique de la Langue Francaise)ではArtの項で、職人と芸術家の違いを次のように説明する。

「ルネッサンスの時代、有用な物を作る工芸は、美だけを追求する美術と区別された。工芸職

人は古くからの（野暮《やぼ》ったい）フランス語で引き続きartisanと呼ばれたのに対して、芸術家は（粋《いき》な）イタリア語を拝借し、artisteと呼ばれた」

つまり、職人も芸術家も手作業をする、という点においては変わりがないものの、有用性のある生活用品を作る者を低く見、有用性は問わず単に審美《しんび》的な工芸品を作る芸術家を高く見るという傾向がルネッサンス以降定着したと分かる。

以上、欧米の辞書と百科事典からリベラルアーツ（Liberal Arts）や教養の定義を見たが、後述するように日本で行なわれている従来型のリベラルアーツ教育が「文系主体・高踏《こうとう》的・人格形成」であるというのは、結局、ヨーロッパ古来の考え方、とりわけドイツのBildung（教養）の強い影響を受けていることが分かる。

「教養＝人格形成」という日本型教養主義の悲劇

教養とは人格の陶冶《とうや》（人格形成）、俗に「修養《しゅうよう》」ととらえられていることが多い。つまり教養を身につけると立派な人になれる、というのである。これは、上で述べた欧米の教養の定義には含まれていないので、どうやら日本独特の教養のとらえ方であるようだ。

しかし、私は教養を「修養」として学ぶことには賛同しない。

なぜなら、人間を磨《みが》くのが目的なら、何も学問や芸術などに頼る必要はないからである。

「畳の上の水練《すいれん》」という言葉が示すように、実践を伴わない知識は役立たない。それと同様、本の知識だけで人の品性が向上することはあり得ないからだ。

　教養が修養に直結しないことを示すのは簡単だ。通俗的にはシェークスピアの文句を諳《そら》んじることができれば教養のある人と考えられているから、シェークスピア劇の役者は皆、人格者でなければならないが、本当にそうだろうか？　また画家、書家、茶人も同様に、通俗的には教養人とみなされるから、彼らもまた人格者でなければならない。しかし、画壇や書道界だけでなく、広く芸道の家元がどれほど醜悪《しゅうあく》かは、ここで述べるまでもないであろう。

　通俗な教養人だけでなく、本格的な教養人も人格の点では疑問符がつく。明治の大文豪、森《もり》鷗外《おうがい》、坪内逍遙《つぼうちしょうよう》、高山樗牛《たかやまちょぎゅう》は文芸論争をしたが、その醜《みにく》い争いの経緯は『文豪たちの大喧嘩』（谷沢永一《たにざわえいいち》著、ちくま文庫）に詳しい。そこにはお互いに啓発しようという高邁《こうまい》な理想のためではなく、いかに相手に大恥《おおはじ》をかかせ、文壇から引きずり下ろすかという権謀術数《けんぼうじゅっすう》の舞台裏が暴《あば》かれている。「ほんま、人間ちゅうのは、なまじっか教養があると、恐ろしいでんな」という谷沢氏のつぶやきが聞こえてくるようだ。

　公平を期すために言っておきたいが、別に教養人に限らず、こういった陰険《いんけん》さは宗教人も同じだ。崇高な神が教え説いているはずのキリスト教徒、イスラム教徒、仏教徒が過去（そして現在もなお）、いかに多くの無知な人々の弱みを利用し、なけなしの金を浄財《じょうざい》と言って巻き上げていることか！

ただ、そういうものの教養が修養につながることはないとは言えない。というのは、いろいろな本を読む過程で過去・現代問わず、世の中の立派な人々のことを知る機会は多いので、自《おの》ずと自分の矮小《わいしょう》さや未熟さを知ることがある。その結果、多少なりとも謙虚になる可能性は考えられる。しかし、これはあくまでも随伴《ずいはん》現象（by-product）であって、いつもそうなるわけではない。

いまだはびこる大正教養主義

日本では「教養＝人格形成」と思っている人が多いと述べたが、それがどのように成立したかを振り返ってみよう。

日本においては伝統的に（特に大正時代の教養主義の時代には）、教養とは、主として小説を読み、西洋哲学を論じることであった。こういった行為を通して教養が身につき、その結果、品性が向上すると考えられていた。とりわけ、教養主義を教導《きょうどう》した人たち（例：阿部次郎《あべじろう》、和辻《わつじ》哲郎《てつろう》、三木清《みききよし》、倉田百三《くらたひゃくぞう》など）に近代西洋哲学の専門家が多かったため、学生の誰も彼もが、実体のつかめない抽象語だらけの難解な近代西洋哲学書に取り組んだ。努力すればするほど絶望的な徒労感にさいなまれ、ノイローゼになる。しかし教養を競っていた彼らは、自己の内面の空虚《くうきょ》さをごまかすためにむやみと虚勢を張り、元の本よりも一層空疎《くうそ》な文章を死屍累々《ししるいるい》と積み重ねていった。この結果、教養とは学生時代に誰もが一度はかからなければいけない麻疹《はしか》のような通過儀式となった。

ところが、いったん学業を終えて社会に出ると誰もが教養のことなどきれいさっぱりと忘れてしまった。つまり、教養とは学生時代のわずか数年間の徒花《あだばな》にすぎなかったのだ。

しかし、社会人になってからは、自分は教養人であるとの虚栄心から、舶来《はくらい》の事物は何であれむやみと崇拝し、鑑賞することが教養を高めることだとの独善的な考えに陥《おちい》った。自分は他者を見下《みくだ》す権利があると思い込み、世間一般のいわゆる「非教養人」に対して傲慢《ごうまん》な態度をとるようになった。近代日本における、この伝統的な教養人意識が今なお「教養」や「哲学」という単語にうす暗い亡霊のように付きまとっているのは、このような前歴があったからだ。

だがこの事象は、なにも大正時代の教養主義にだけ責任があるわけではない。それは**日本人の行動規範は、ヨーロッパ起源の「教養」や「哲学」とは、本来的に折り合いが悪い**という点に根本原因がある。

宗教や思想が社会に対して大きな影響を与え、人々の行動指針を規定する、というのはヨーロッパ、中東、インドなどの思弁《しべん》的な民族には納得できる考えかもしれないが、日本人にはそうではない。日本の歴史を振り返ると、厳しい戒律を守らないといけない仏教や、独善的で教条主義的な朱子《しゅし》学、神の言葉を絶対視するキリスト教などは一時的に流行することはあったもののの日本人本来の体質に合わないので、本当の意味の信者は少なかったし、長続きもしなかった。結局、日本に入ってきた外来の宗教や思想はいずれも日本人の好みに合わせて修正され、本来の厳しさは牙《きば》を抜かれ喪失した。つまり**日本に受け入れられたこれら外来の宗教や思想は、日本人の行動様式を根本から変えることはなかった。**

これは、ヨーロッパ社会や東南アジア社会と比較すると日本人の大きな特徴であることに気づく。ヨーロッパ人は、本来（紀元前の時代）自然崇拝（animism）をベースとした多神教であった。しかしヨーロッパとは異質の文化圏であるユダヤ民族から派生したキリスト教がヨーロッパ全土の行動様式を根本から変えてしまった。それどころか自分たちの先祖を逆に異教徒（heathen）と侮蔑《ぶべつ》的に呼ぶようになった。東南アジア一帯も伝来の宗教を捨て、外来の上座部《じょうざぶ》仏教（小乗《しょうじょう》仏教あるいは南伝《なんでん》仏教ともいう）に完全に塗り替えられた。ただ、例外的にインドネシアやマレーシアでは、仏教ではなくイスラム教がその役目を担《にな》った。

このように、他の文化圏との比較から考えて、私は日本における宗教や哲学・思想の役割は、世の中の学者が言うよりもはるかに小さいものだと考えている。**日本人の本質はもっと素朴で、南洋の島々の民と同じように宗教や哲学・思想などという煩《わずら》わしいものを自発的には考えようとはしなかったし、そういうものを本心から信じようとはしなかった人たちである。**つまり、**日本人は、良い意味で非常に現世的、刹那《せつな》的に生きてきた人種**なのだ。それゆえ、日本人はしかめつらした教養主義などというのは直観的に胡散《うさん》臭いと感じた。

その結果、かつての大正教養主義はヨーロッパ直輸入のバタ臭い教養であったため、一部のスノビッシュな自称文化人を除いては社会に広く受け入れられることはなかった。この点をしっかりと確認し、今後の教養やリベラルアーツのあり方を考える必要がある。

ここでは、**日本における古き教養主義が伝統的に唱えた「教養とは人格形成である」「教養は宗教、哲学・思想によって養われる」という考えを批判したが、それは「教養とは何か」を日本文化の文脈で考えると、必ずこの2点に突き当たってしまうからだ。**これらの観点を確立したのが、大正時代の教養主義であり、その当時の理念が今なお日本型教養の原点となっているように考えているからだ。

日本の教養主義の伝統に対して冷たい言い方になるのは承知の上で、私は次のように言いたい。「現在のグローバル社会で生きる上で、現在の日本にいまだにはびこる大正教養主義の呪《じゅ》縛《ばく》を振り切って、本当の意味での教養、リベラルアーツ、グローバルリテラシーの修得に向かうことが必要である」と。

本物の知性へ——グローバルリテラシー、リベラルアーツ、教養の新定義

従来型のリベラルアーツや教養の定義はもはや現代のグローバル社会にはマッチしない。新約聖書のマタイ福音書《ふくいんしょ》（9章17節）に「古い革袋に新しい酒を入れるべからず」（Neque mittunt vinum novum in utres veteres.）という言葉があるが、リベラルアーツも現代のグローバル時代にマ

ッチした定義を必要としている。

下の図（図1）に、私が考えるこれら3つ（グローバルリテラシー、リベラルアーツ、教養）の新しい定義と互いの関係を示す。

グローバルリテラシーはリベラルアーツを含み、そのリベラルアーツは教養を含む、という包含《ほうがん》関係にある。

もう少し細かく見ると、グローバルリテラシーは、グローバル視点・グローバル思考とリベラルアーツの2つのコンポーネントから成り立つ。そしてリベラルアーツは、リベラル（自由精神）と教養の2つのコンポーネントから成る。教養とは多くの分野の知識に横断的に横串を通し、それらをぎゅっと集約して、各文化のコアとなる概念をつかみとることである。

図1 グローバルリテラシー・リベラルアーツ・教養の相関関係図

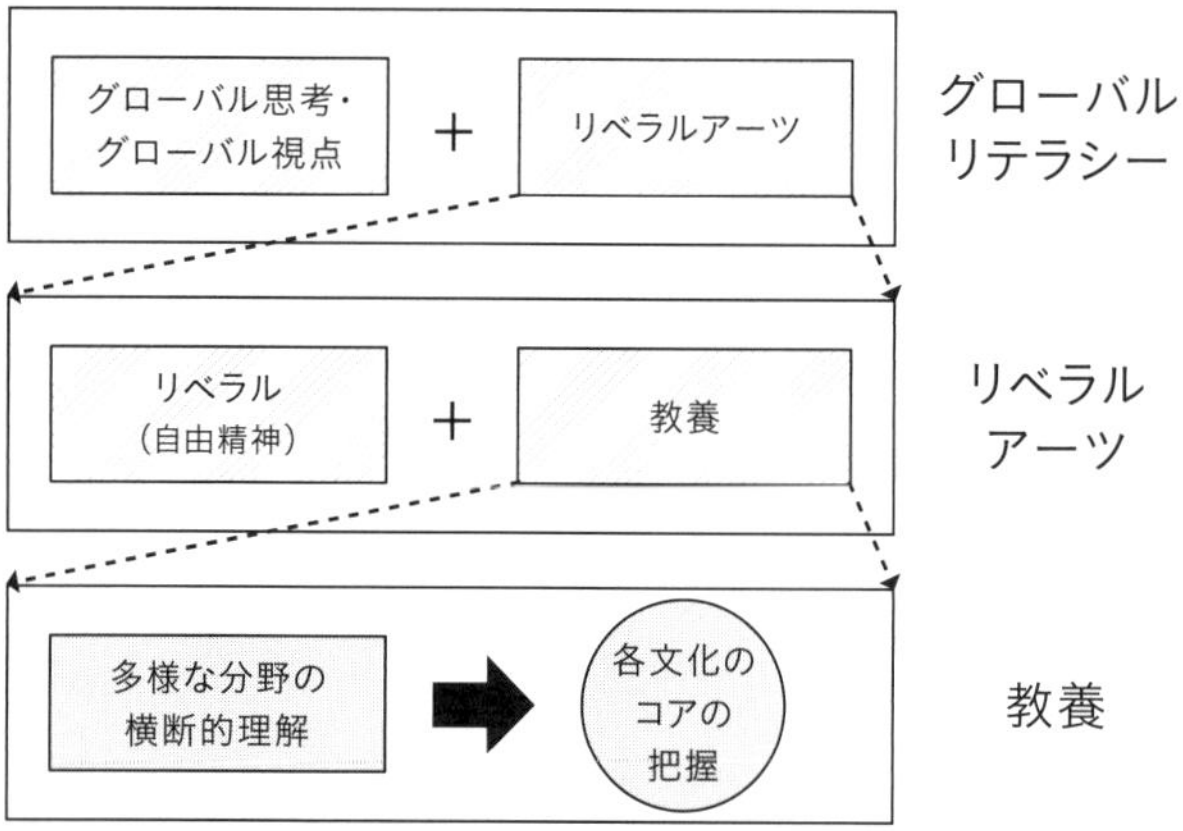

リベラルアーツは、「自由精神」と「教養」を含み、グローバルリテラシーに包含される

グローバルリテラシーは「物事を根本から考える」ことから始まる

グローバル社会では、日本だけで通用する考えは捨てて地球規模の視点（グローバル視点）で物事を考える（グローバル思考）必要がある。このように言うと決まって「日本の文化や伝統をないがしろにしている」と反発する人がいるが、私の言いたいのはグローバルリテラシーを身につけるというのは、**グローバルに通用する視点に立って物事を考えつつも、日本の立場も堂々と主張し、相手との協調関係を保つことである。**

この、グローバル視点・グローバル思考に関して一番重要なのが「**物事を根本から考える**」ということである。単に他の文化圏についての情報や知識が豊富だというのではなく、文化背景の異なる人と臆《おく》することなく堂々と議論ができるかが問われる。そのためには、普段から次のようなことを心掛けている必要がある。

- □ **人から聞いただけのことを深く考えもせずにしゃべっていないか？**
- □ **「なぜそう考えたか？」と聞かれて説明できるか？**
- □ **本当に、それ以外の考え方はないのか？**
- □ **前提条件が間違っていたらどうなるのか？**

□ 異なる視点や立場に立って考えたか？

この時、気をつけないといけないのは、我々は無意識のうちに日本の伝統的な考え方に囚《とら》われてしまっている、ということだ。世界を見渡してみると、我々の考えとはずいぶん異なった考え方をする人たちがいるものだ。

「清める」行為も世界はこんなに違う

一例として「清める」という行為について考えてみよう。

日本では通常「清める」と聞けば、水で洗い、きれいに掃除をして汚れを落とすことを想像する。ところが、ユダヤ人は神殿などを清めるには、動物（羊やヤギ）の首を切りその血を盆に受け、柱や戸口に塗ることだと旧約聖書には書いてある。血の穢《けが》れを忌《い》む日本人には、それが清める行為だとはとても納得できないだろう。またアラブでは手足を清めるには通常は水で洗うが、もし水がない時は乾いた砂でこすってもよいとコーランには書いてある。日本人は砂でこすれば清まるどころか反対に汚れると感じることだろう。このように、同じ単語を使っていても、表わすものが大きく違う。

それだけでなく、日本とユダヤの比較から分かるように、一方（ユダヤ）では敬虔《けいけん》なものと思われているものが他方（日本）では嫌悪される。つまり、**文化が異なると善悪の評価も真《ま》逆《ぎゃく》になることすらある**ということだ。

もう一つの例「敵の勇者の取り扱い」を取り上げよう。

日本の将棋は、取った相手の駒《こま》を自分の駒として使えることから、「日本では、戦いに負けて捕虜《ほりょ》になった武士は、相手方に仕《つか》えて戦う」と、これが古くからの日本人の行動様式でもあるかのごとく言う人がいる。しかし、日本では古来こういった事例はあまり聞かない。実社会では将棋とは逆に、敵方の武士はたとえ利用価値の高い勇者でも殺してしまうのが武家の習《なら》いだった。

一方、中国に目を転ずると、事情は異なる。10世紀の五代《ごだい》の頃、後梁《こうりょう》に王彦章《おうげんしょう》という勇者がいた。読書をしない武人であったが機略《きりゃく》に富んだ戦術で大いに戦功を立てていた。常に「豹死留皮、人死留名」（豹《ひょう》は死して皮を留《とど》め、人は死して名を留む）と口ずさみ、その勇猛《ゆうもう》は味方だけでなく、敵方にも鳴り響いていた。幾多の戦陣を切り抜けてきたが、ついにある時の戦闘で大傷を受けて動けなくなり、後唐《こうとう》の兵に捕らわるるところとなった。後唐の荘宗《そうそう》はその驍《ぎょう》勇《ゆう》（強く勇ましいこと）を惜しみ、手厚く治療を施《ほどこ》させた。傷の癒《い》えた王彦章は、荘宗から高い地位と高額の報酬で仕官を勧められたが、後唐に仕えることを頑《かたく》なに拒《こば》んだ。それで荘宗は惜しみつつも、勇者・王彦章を殺さざるを得なかった。

ギリシャにも目を向けてみよう。ヘロドトスの『歴史』（巻7）には、満身創痍《まんしんそうい》になりながらも、なおも敢然《かんぜん》と戦い続けたペルシャの兵士・ピュテスの話が載っている。ついに動けなくなったピュテスを、その勇武に感じ入ったギリシャ軍の兵士たちが、自分たちの陣営に連れ帰って手厚く看護した。ギリシャの将軍は傷が治ったピュテスの姿をギリシャ軍の兵士たちに示してその戦いぶりを誉《ほ》めちぎった。

先の太平洋戦争では、日本軍は最後までアメリカ軍と死闘を繰り返し、その敢闘《かんとう》精神はアメリカ軍の心胆《しんたん》を寒からしめた。私はアメリカに暮らしている時、個人的に親しくなった数人のアメリカ人からこの日本軍の敢闘ぶりはアメリカ人には尊敬に値する行為である、と聞くことが何度かあった。その時の彼らのまなざしや口吻《こうふん》から外交的なお世辞ではなく、心底そう思っていることがありありと見てとれた。当時の政治体制の違い（ファシズムと自由主義）を離れて、彼らは純粋に敵軍の勇猛さを評価しているのだ。戦後日本の復興に協力的であったアメリカ人のなかに、こういった表に出てこない心情が与《あずか》っていることを我々日本人は理解し、現代日本の主体性なき対米追従を反省する必要がある、と私は考える。

「伝える手法＝レトリック」が使えない日本人

さて、物事を根本から考える癖がついたら、次に重要なのは、自分の考えを、相手に理解してもらえるように話す（deliver）ことである。世間では、「人に理解してもらえるように話す＝

ロジカルシンキング」と考えるかもしれないが、このような考えは短絡的だ。**ロジック（論理）というのは、確かに話し方の一つの要素ではあるが、全部ではない。話し方全体を統括するのは、レトリック（rhetoric）と呼ばれる手法である。**残念ながら、レトリックは日本語では「修辞学」と訳されているため、あたかも華麗な修飾語句を過剰に使った文を作ることがレトリックの本質であるかのように思われているが、それは一面的な見方だ。

ヨーロッパでレトリックが誕生したのは紀元前のギリシャ・ローマである。市民中心の政治・文化が花咲き、政治家や弁論家たちは議論に勝つための武器として**弁証法**《べんしょうほう》（**dialectic**）と**レトリック**（**rhetoric**）の2つを編《あ》み出した。とりわけ民主政治において大衆を自分の味方に惹《ひ》きつけるための演説の手法としてレトリックが発達した。彼らは磨きあげたレトリックを使って役者の独演会さながらに聴衆を沸《わ》かせた。

話しぶりもさることながら、彼らは聴衆を自分の議論にひきこむために**巧妙な喩**《たと》**え**を次々と繰り出した。喩えというのはロジック（論理）に比べると厳密性においては欠ける近似解にすぎない。しかし、荒削りな近似解であっても的確な比喩《ひゆ》は聴衆の想像力を刺激し、論者の言いたい核心をずばり言い表わす。

比喩とともに弁論家がよく用いたテクニックは自分の意見を述べる時に、さらりと**複数案提示**することだ。これらの案は、たいていは**上策、中策、下策**と名付けられる。現代用語で言うと、ハイリスク・ハイリターン策、ローリスク・ローリターン策に相当するようなものだ。論者は、聴衆の反応を見ながら、巧《たく》みに自分の意図する方向へ操っていくことで人気を獲得し、政敵を蹴落《けお》としていった。

このように、現在の欧米社会では政治家だけでなく一般庶民もギリシャ・ローマ以来、2000年もの長き伝統を持つレトリックを身につけている。それで、欧米の人たちと議論する時には、彼らの持つレトリックにたじろがないだけのものを我々も身につけておく必要がある。

レトリックは何もヨーロッパの独占物ではない。ヨーロッパ以外でも、イスラム圏、インド、中国など、古くからレトリックや弁論術を重要視する文化圏は多い。言い換えれば、日本だけが伝統的にレトリックや弁論術を軽視してきた。いや、軽視どころか、巧みなレトリックを操るのは軽薄な口舌《こうぜつ》の徒《と》であるという根拠なき嫌悪感を示してきた。

しかし一歩グローバル社会に出ると、拙《つたな》いレトリックしか使えないようでは人を統率したり、人の上に立つリーダーの資格はないと考えられている。つまり、グローバル視点・グローバル思考を養うには、情報・知識のようなコンテンツもさることながら、表現法（delivery、レトリック）も磨く必要がある。

法律も常識も疑え！——今求められるリベラルアーツとは

グローバル時代に必要なリベラルアーツはグローバルリテラシーのコア・コンポーネント（中核概念）だ。リベラルアーツには「教養」が含まれているが、ここで言う教養とは上で説明したように「修養」を意味するものではない。またカルチャーセンターなどで教えているような実世界から遊離した耽美的《たんび》（ディレンタンティズム）な文学、芸術鑑賞を意味するものでもない。グローバル時代のビジネスパーソンが修《おさ》めるべきリベラルアーツに至るには、「**自由精神**」を持ち「**文化のコアをつかむ**」ことだ。

自由精神とは、自立的で健全な懐疑的精神をいう。自由という言葉は、私の見るところまだ完全に日本語になっていないため、抽象的で分かり難いが、逆に「自由でない」という状況を考えると納得できる。「**自由でない」というのは「不自由」という意味ではなく「奴隷的」を意味する。**奴隷とは主人の命令に従って、自分の判断を交えることなく言われたとおりに実行する。「精神が奴隷的」というのは「人が言っているから」「社会がこうだから」「今までこうしていたから」と**世間の常識や慣習に疑問を抱くことなく発言したり行動することをいう。**自由精神を持った人間は、たとえ結果的に同じ行動をすることになっても、**必ず自分で考え納得した上で行動する。**これが、西欧および地中海世界を何千年、あるいは何万年も貫いてきた太い行動原理である。

かつてイギリスではアヘン戦争を開戦するに当たって、議会で開戦の是非について激論が戦わされた。結果的に、反対票（262票）は賛成票（271票）にわずかに及ばなかったものの、反対派の言い分「アヘンなどというものを中国人に売りつけている非人道的なイギリスこそ反省すべきだ」には見るべきものがある。こういう意見を公の場で堂々と述べることができるあたりに、イギリス人の誇りとする、言論の自由の健全性を感じる。言論の自由を保証している背景には対立意見は物事を正しく理解するための必須要件であるとの共通認識がある。

それに反して、日本では議論がいつしか感情論のぶつけあいとなってしまったり、多数意見が正論を封じ込めてしまったりすることが多い。イギリス国会の自由な議論を思うと、日本は開国して150年も経《た》つのにいまだにイギリスの良識に追いついていないと感じる。

教養は文化の多面的理解から

教養は、リベラルアーツを構成する大きなコンポーネントであるが、その定義は上で述べたように、「多様な分野の横断的な理解を通して、世界の各文化のコア概念を把握《はあく》すること」である。

ここでのキーポイントは次の2点である。

—1—多様な分野の横断的理解
—2—各文化のコア概念を把握すること

—1—多様な分野の横断的理解

教養はバラバラな知識の寄せ集めであってはいけない。集めた知識は単に暗記しているだけではダメで、自分なりの観点で統合することが求められる。

一般的に教養のベースとして歴史、文学、哲学、宗教のような人文系の、それも「お堅《かた》い科目」ばかりが挙がるが、私は賛同しない。それはあたかも体力をつけるために肉ばかりを食べているようなものだ。必ず動脈硬化を起こす。そういった堅い観念論的な文化系科目ばかりから「文化のコア」をつかもうとしても、うまくいかない。「はじめに」でも述べたように、もっと幅広く**大衆が共通に肌感覚として持ってい**

図2 リベラルアーツから見た文化の全体像

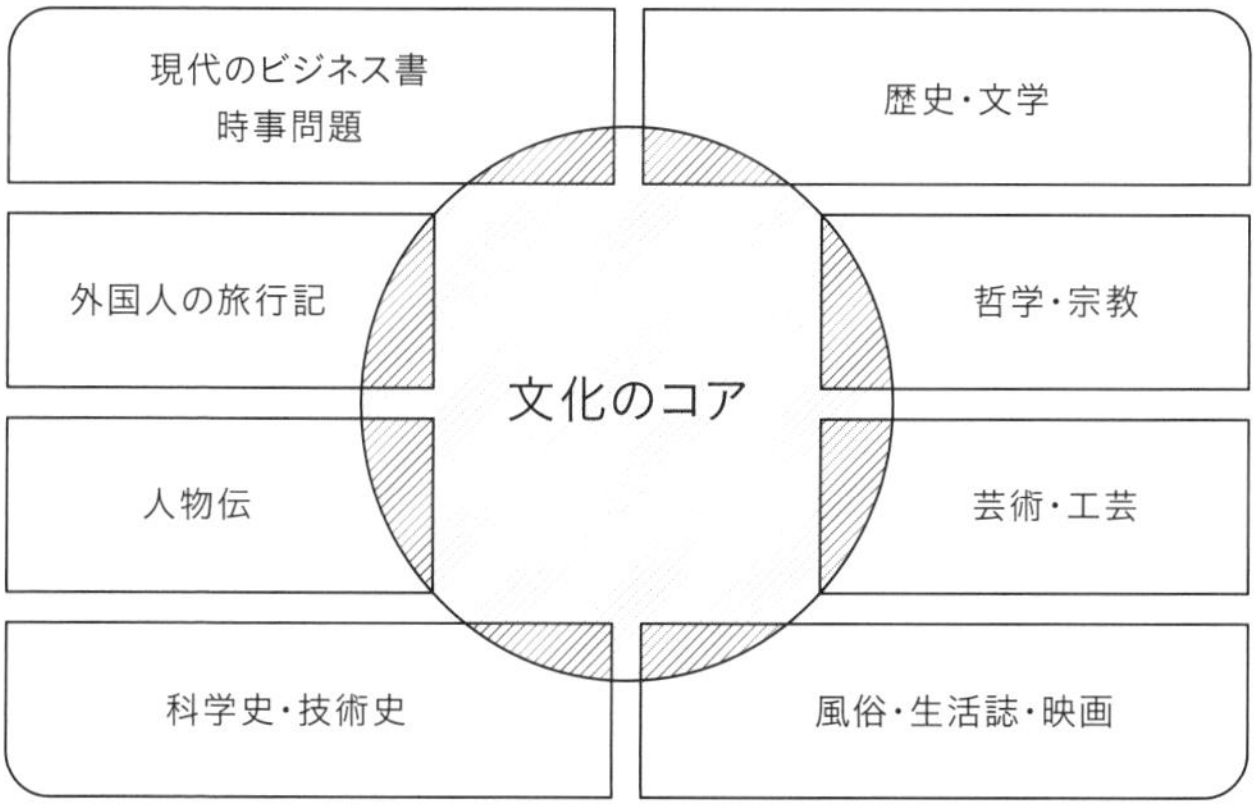

「文化のコア」をつかむためには、人物伝や旅行記といった「肌感覚」でとらえられる分野の知識も必要だ

るものを知る必要がある。風俗誌や人物伝などを通して庶民の生活実態や理想像を知らなければならない（図2参照）。この意味で、異なる文化圏からの旅行者の旅行記は、本国人が見過ごしている生活の実態を書き留めていることが多く、文化の実態を知るには非常に有益である。

［2］各文化のコア概念を把握すること

現在の世界のさまざまな地域における紛争を見ても分かるように、グローバル時代だからといって世界の人々は必ずしも同じ価値観を持っているわけではない。私は、20代にドイツとアメリカに留学して欧米という異文化に直接触れた。また、南米や東南アジアなどの新興国も旅行した。テレビや新聞・本などでこれらの国々は知っているつもりであったが、直接体験してみて強烈な異文化ショックを受けた。それまでの自分の考え方がまるで通じない経験をし、また数多くの外国人と付き合った経験から、「**世界各国の文化差は、時として超えがたいものがある。文化は無意識のうちに我々の言動を規定している**」という確信を得るに至った。

私たちは自分では「主体的に考え、行動している」と思っていても、生まれ育った文化圏の伝統に感化されている。どこの文化圏でも本当の「自由人」は少数で、大多数の人々は多かれ少なかれ生まれ育った文化圏の伝統的・慣習的な考えに沿って行動している。この観点から、グローバルリテラシーを上位概念とするリベラルアーツの学習では、多様な分野の横断的理解を通して、日本も含めた世界の各文化圏の「文化のコアを知る」ことが必要なのである。

日本は地政学的に見て、元寇《げんこう》の例外を除けば、他国からの武力による侵略を経験したことがない。武力だけでなく文化的な侵略も受けなかった。日本に取り入れられた中国の文化、学問や蘭学《らんがく》はすべて「日本人が自主的かつ選択的に受け入れた」ものであり、この点は他の諸国の事情と異なる。それゆえ、日本はダイバーシティが極めて乏しい社会である。言ってみれば、日本全体が「村社会」そのものである。そのため常識が何となく共有されていて、そのとおりに何となく行動しても非難されることは少ない。しかし、価値観が違う外国人から自分たちの行動原理を問い質《ただ》されると返答に困ってしまう。我々に求められているのは**他の文化圏の「文化のコア」を知ると同時に、日本の習慣や常識をグローバル視点に立って評価し直すことである。**

４つの視点でとらえる

リベラルアーツは多様な分野を対象とするが、具体的にその分野を次ページの図（図３）に示す。

この図では便宜上、横軸には、おおざっぱな分野（理系・文系＋芸術系）をとり、縦軸には、とらえる視点（思弁《しべん》的・経験的）をとる。また、科目は必ずしもすべての分野をカバーしているわけではない。

この図を見ると、従来型のリベラルアーツ科目は右上の第一象限《しょうげん》に極限された科目群を指していたことが分かる。このような偏《かたよ》ったリベラルアーツ科目からでは、それらの学術や作品を生みだした母体である文化の全体像をつかむことは難しい。全体像がつかめないために、各文化のコア概念もつかめず結果的に雑多な知識が有機的に結びつくことなく、バラバラのまま頭の中に散在している。

さて、この図を見てあまりにも多くの科目が挙げられているのに怖気《おじけ》づかないだろうか？ これほど多くの科目からいったいどのようにして各文化のコアとなる概念をつかむことができるのだろうか？ あまりにも雑多な知識は逆に発散するだけで収束《しゅうそく》できないのではないか、と考えていないだろうか？

この疑問はもっともだ。

図3 リベラルアーツの科目

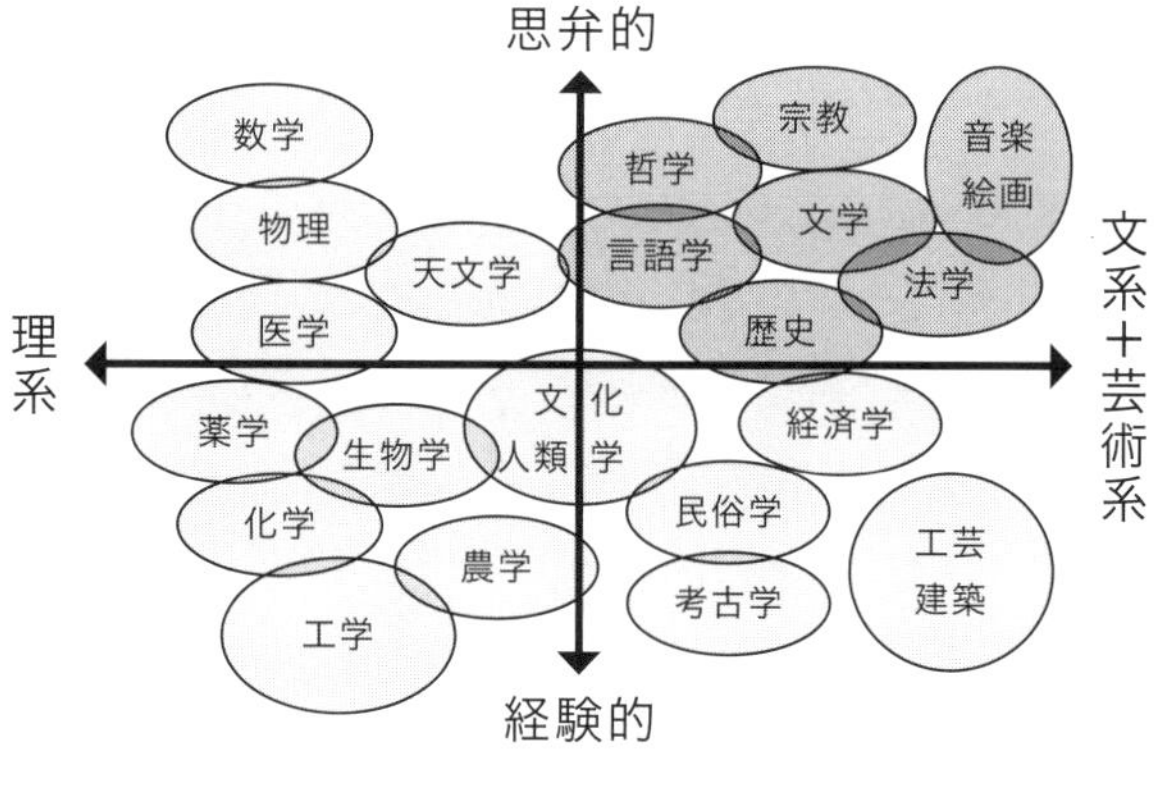

従来型のリベラルアーツは、右上に配した歴史、文学、宗教のような人文系分野ばかりを目指していたが、それでは不十分だ。理系分野も含めた幅広い科目が必要だ

日本における従来型のリベラルアーツでは成果が出ないのは、最終の目的を設定せずに単に雑多な科目の知識を互いの関連なく詰め込むだけの教育だからである。私が提唱するリベラルアーツは、知識の総体を次の4つの視点から理解することで、各文化のコアを理解しようとするものである（図4参照）。

［1］人間の心のしくみ
［2］人間社会のしくみ
［3］自然界のしくみと自然の利用
［4］技の洗練・美の創造

［1］人間の心のしくみ

従来型のリベラルアーツのように宗教、哲学、文学だけに限定するのではなく、人物伝から当時の価値観を直接知ることが重要だと考える。つまり宗教や哲学にしても観念的な教義ではなく、創始者や哲人の生きざまを知ることが重要である。

［2］人間社会のしくみ

従来型のリベラルアーツのように歴史や経済だけに限定するのではなく、生活誌や旅行記のように当時の社会や生活の様子をリアルに描いたものを通じて、仮想的（バーチャル）に当時の社会実態を体験したかのように知ることが重要である。

3 自然界のしくみと自然の利用

従来型のリベラルアーツでは科学や技術に関するテーマはまったく対象外であった。しかし、私が提唱するリベラルアーツでは科学史・技術史という歴史的観点から、科学や技術と基盤文化の関係を論じることが必要だと考える。

科学や技術は普遍性があるので、一般的には文化とは無関係のように考えられている。確かに科学や技術の成果は文化とは無関係に受容することは可能である。ところが、科学と技術の発展や他の文化圏に育った科学や技術の成果の受容は各文化圏で大きく異なる。複数の文化圏にまたがって科学史、技術史を比較すると文化のコアの特徴が非常にくっきりと浮かび上がってくることが分かる。

現在の日本では理系の学部といえども科学史や技術史はそれぞれの専門科目に関連して、ごくトピック的にしか取り上げられない。とりわけ、物理学・化学や工学のように近代のヨーロッパで大発展を遂げた学問領域に関しては、中国や日本などの東洋の貢献は絶無といっていいほど触れられることはない。しかし、日本がペリーによる開国（1854年）から半世紀も経たないうちに先進工業国の仲間入りができた事実を考えれば、当然のことながら、ペリー来航までに日本の工業技術レベルがすでに相当高かったことに思い至るだろう。そうすると次のような疑問が湧《わ》いてくるはずである。

□ そのような高い工業技術レベルはいつ得られたのだろうか？

□ なぜ日本だけが西欧の科学技術に素早くキャッチアップできたのだろうか？

□ 中国やイスラム諸国は日本よりずっと早くから西欧の科学技術に接していたはずなのに、なぜ工業化において日本に後《おく》れをとったのだろうか？

このような疑問は日本の文化、それと対応して中国の文化の根本問題につながっている。それゆえ、私はリベラルアーツとして科学史と技術史を学ぶことは非常に重要であると考えている。

図4 リベラルアーツの4大分野

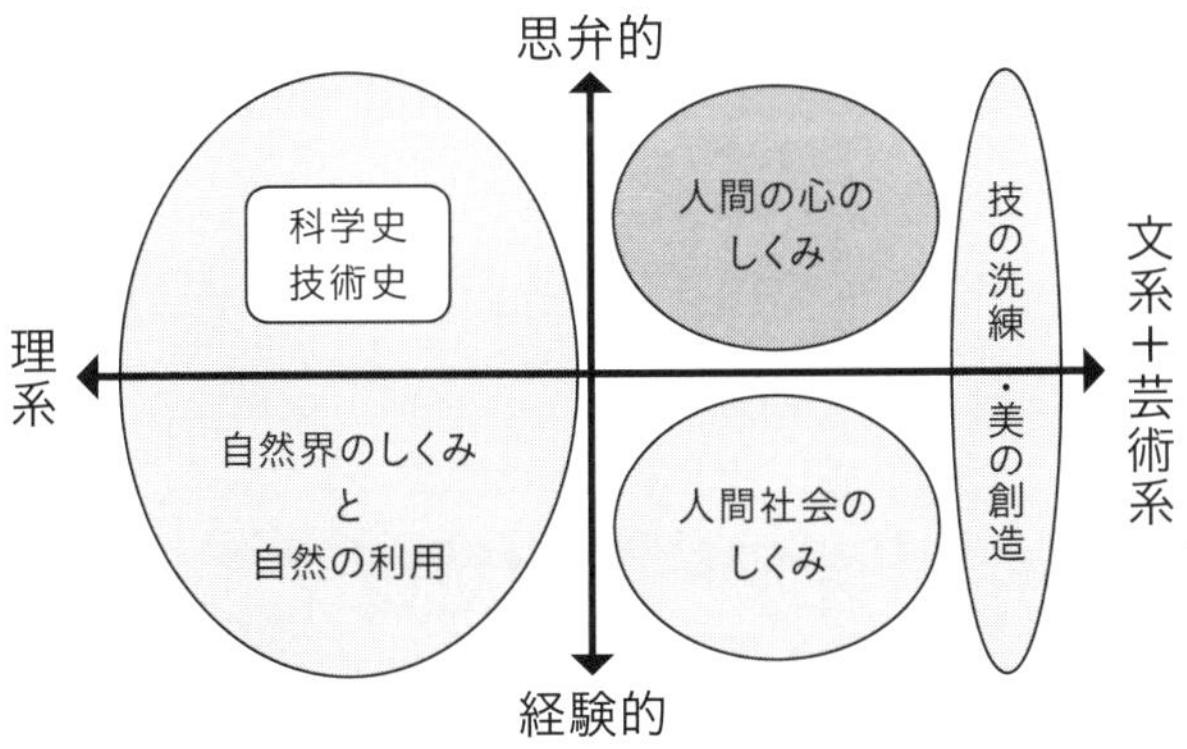

「文化のコア」は、「自然界のしくみと自然の利用」「人間の心のしくみ」「人間社会のしくみ」「技の洗練・美の創造」の4つの視点で理解する

—4— 技の洗練・美の創造

美術と工芸も工芸美術と併称されるが必ずしも同じではない。工芸技術に携《たずさ》わった人たちは「職人」と呼ばれ、よほどの名人でもない限りは名を知られることがなかった。それに対し、美術家は名前や実績が公に残され、時代の寵児《ちょうじ》となり、後世の尊敬の対象となった。このため美術が工芸技術を一段と低く見るようになった。

私は、この両方の分野（美術と工芸技術）はいずれも人間の知的創造の営みであり、金銭的評価や過去の歴史的評価に囚《とら》われることなく公平に評価すべきだと考えている。それとともに、工芸技術はそれ自体の発展もさることながら、美術や科学の発展への寄与という観点からも評価すべきだと考える。

言うまでもなく、工芸技術の発展によって芸術家がその腕を振るうことができた。科学の進展に関して言えば、たとえば、ガリレオが地動説を唱えることで天文学が大いに進展したが、彼が天体観測に用いた望遠鏡は純度の高いガラスが製造できるようになって初めて作るのが可能となった。工芸技術の発展なくして科学の発展がなかったわけだ。技の洗練と美の創造というのは単に工芸や芸術作品を鑑賞するというだけでなく、他の分野との関連も考えることで各文化では何が重要視されたかを知ることができる。

リベラルアーツはリーダーを鍛え、生き方を考えるもの

さて、ここまでリベラルアーツを学ぶ重要性について述べてきた。

だが私は正直なところ、誰もがリベラルアーツを学ぶべきとは考えていない。なぜなら、現実問題としてリベラルアーツを学ぶには、時間的にも精神的にもかなりの覚悟がないと続かないからだ。残業や家庭サービスで自分の時間がほとんどとれない一般的なビジネスパーソンにとって、資格試験と違って最終ゴールや成果が見えづらいリベラルアーツを学ぶといっても挫折しやすい。私も、自分自身のビジネスマンとしての体験から困難さを実感している。

しかし、それでもなおグローバル社会で活躍したい、あるいは人生を真剣に生きようとする人たちにとってリベラルアーツが必要だと主張するのは次の3つの理由からだ。

［1］リベラルアーツはリーダーを鍛えるもの
［2］リベラルアーツはまさかの時に備える保険のようなもの
［3］リベラルアーツは生き方を考えるもの

［1］リベラルアーツはリーダーを鍛えるもの

現在の日本は、1990年からの失われた10年以降、悲観論が世の中を覆《おお》っている。しか

し、実体経済を見れば、発展途上国のような勢いはないものの、日本はまだまだ世界の優等生であることは間違いない。その理由は国民全体の質が高いからだ。先年の東日本大震災後の避難民の秩序だった行動がメディアによって世界全体に報道された。その姿をテレビで見た世界中の人々は日本人に敬服の念を抱いたという。だが、日本の国民の民度が高いにもかかわらず**グローバル競争で日本企業がもたついているのはどういうわけであろうか？　それはリーダーの質が低いからだ。**

日本の社会には伝統的に一人が独断で物事を決めることを嫌う傾向が見られる。つまり強力なリーダーシップが忌避《きひ》される。とくに大組織に多く見られるが、組織の長といえども現在のグローバル社会で必要とされるリーダーシップが必ずしも身についていないリーダーが少なからずいる。そのため、日本の平均的な国民の知的、倫理的レベルは世界的に見て非常に高いにもかかわらず、リーダーの質が低いので、全体としての力を発揮できずにいるというのが実態である。この意味で、**国力回復にはリーダー層を鍛えなければいけない、**というのが私の持論である。**とりわけグローバルな環境で、日本人だけでなく多国籍の人々を統率できるリーダーが求められている。**

2　リベラルアーツはまさかの時に備える保険のようなもの

リベラルアーツで学ぶ内容は、別に普段の仕事に直結するわけでもないし、資格試験のように勉強したからといって給料が上がるわけでもない。さらに、どれぐらい理解したかを測る目安となるテストもないので、自分はいったいどの程度進歩したのだろうか、また、あとどれぐらいすればよいのだろうか、など皆目《かいもく》分からない。その上、学んだことがいつ、どのような状況で、どう役立つのかも分からない。このような不安な状態が続くのがリベラルアーツの学習である。

しかし、人生のいつかの段階でリベラルアーツを必要とする時が来るが、喩《たと》えば、事故を起こしてから自動車保険に加入をしたいと思っても手遅れなのと同様、リベラルアーツを必要とする場面に遭遇してからリベラルアーツの知識を得たいと思ってももう遅い。

自動車保険の場合、掛け金はたいてい天引きなのでまったく意識をすることなく事故に備えることはできるが、リベラルアーツの場合はそうではない。先の見通しが立たない焦燥感を抱きつつ、自分の貴重な自由時間を割き、種々の誘惑を退けて、地道に学び続けるしかない。それも数カ月や1、2年といった短期間ではなく、5年あるいは10年という長期スパンにわたる覚悟を持って継続する必要がある。

以上2つの観点から、日本の将来を担うリーダーは本書で提唱するリベラルアーツを学んでほしいと思っている。本物のリーダーには小手先の技能・知識ではなく、リーダーとしての覚悟（ノブレス・オブリージュ）、それとリーダーに相応《ふさわ》しい器量と識見が求められているが、それらを学ぶ場がリベラルアーツである。

|3|リベラルアーツは生き方を考えるもの

リベラルアーツ（教養）のゴールは「世界の各文化のコア概念をつかむ」ことだと述べた。**コア概念をつかんだ後は、自分が納得できる世界観と人生観を作り上げることが必要だ。**それはリーダーになる／ならないとは関係ない。自分の世界観・人生観を持つことは日常の生活で必ずしも常に必要とされるわけではないが、将来のいつかの時点で、実務の中で役に立つかもしれないという漠然としたものである。

しかし、それらが必要とされる場面には必ず遭遇する。たとえば次のような事象は遅かれ早かれ誰でも一度は経験することであろう。

□ 組織（会社・官庁・団体）の利益と社会の利益が相反する時
□ 組織（会社・官庁・団体）の方針と自分の生き方が相反する時

こういった時にどういう判断を下すか、どういう行動をとるかで、その人の人生観が試される。自分あるいは組織が刑事事件にまで発展するような事態もあろう。その時に後悔しない行動がとれるかが問われる。

これほどまでに切迫しないにしても、次のような場合には、その人の持つ世界観・人生観が査定される。

□ 魅力あるビジネスパーソンに出会った時
□ 外国人との付き合いでのアフターファイブの話

自分と価値観や視野の異なる人に対して「話すに足る人物」だと認めてもらえるか？　その人が気づかなかったような視点を提示できるか？　もう一度会ってみたいと思ってもらえるか？　リベラルアーツを学んだ成果は、単に物事を知っているというのではなく、自分がつかみとった各文化のコアから自分なりの世界観・人生観に表出する。

さらにグローバルリテラシーを身につけよう

以上は個人的な観点でのリベラルアーツの学習の真価が発揮される時であるが、それにも増して現在のグローバル社会では、外国の組織（企業・官庁・団体）との交渉にリベラルアーツの学習を通して培《つちか》った世界観の真価が問われる。現在のグローバル社会において日本の地位および産業競争力は相対的に低下しつつある。それで、日本の会社の対応が甘いと知るやそれにつけ込み、あくどくむしり取ろうとするギャングまがいの暴動や恐喝《きょうかつ》は、中国やインドなどで多発している。

リベラルアーツの上位の概念としてグローバルリテラシーの必要性を強調するのはこういった背景を意識してのことである。日本と文化背景の異なる国の人々と同じ職場の上司、部下として付き合うには、彼らの文化のコアの把握が不可欠である。というのは、人は往々にして私的な個人としての言動とそうでない時の言動の論理が異なるからだ。

「文化のコアを理解している」というのは、彼らの表面的な主張や言動を我々日本人の論理や倫理観で理解するのではなく、彼らの文化に根差した観点からの理解ができることを意味する。たとえば、次のような場面にその真価が問われる。

□ 自分（あるいは日本人）の考え方と異なる時、彼らの主張の本心が理解できるか？
□ 自分（会社あるいは個人）の主張を相手に納得させることができるか？
□ 複数の文化背景を持った外国人のグループを任された時、リーダーシップを発揮して上手にまとめて運営していけるか？

過去のイギリスの植民地支配を見ると、彼らは必ず現地（アフリカ、中東、アジア）の文化をじつに詳細に調査している。それも象牙の塔の学者が学究的観点から行なうのではなく、外交官、商人などの実務者が実生活の経験をベースとして学問的な視点から異文化を探究している。結果的に彼らの活動は植民地からさらなる利益を搾取《さくしゅ》することであったとしても、彼らが書き残した文書（旅行記、日記、報告書）は現地の文化を知るうえで今なお非常に価値がある。

たとえば日本に関して言えば、幕末・明治初期に日本を訪問した外国人のなかでもとりわけイギリス人（ラザフォード・オールコック、アーネスト・サトウ、バジル・チェンバレン、イザベラ・バード、ジョージ・サンソムなど）の書物を読むと、彼らの観察眼の確かさが分かる。

この意味からもグローバル社会では、グローバル視点を身につけ、リベラルアーツを学ぶことでグローバルリテラシーを向上させることは、皮相的な教養の箔《はく》をつけるためではなく、文化のコアを理解することであり、単なる知識にとどまらず、グローバルビジネスに必要な活眼《かつがん》を養うことである。

従来型リベラルアーツは捨てよう

私が提唱するリベラルアーツは従来型のものとかなり趣《おもむき》が異なる。次の3点において大きな差が見られる。

［1］テーマやコンテンツではなく方法論的な差――「手触り感」を持つ
［2］理解のアウトプットの仕方の差――「独自の見解」を持つ

［3］読書の仕方の差――ピンポイントの「強い疑問」を持つ

［1］テーマやコンテンツではなく方法論的な差――「手触り感」を持つ

私の主張は、複数の観点から各文化のコアとなる概念をつかみ取る際に「手触り感」を感じなければいけないということだ。つまり、**物事を本当に理解するためには、何事も（一番抽象的と言われる数学ですら）観念論的・理念的ではなく具体的・感覚的にとらえないといけない。**

従来型のリベラルアーツ教育（に限らずたいていの高等教育）では、抽象度の高いことがレベルの高いことだという間違った思い込みのもと、小難《こむずか》しい議論に終始していた。こういったやり方では、各文化の要素の自分なりの解釈ができず、いつまで経っても学んだことが未消化のまま残る。ましてや文化のコアを抽出するなどは、とてもできない。これが、従来型のリベラルアーツ教育がいくら分野を広げても、また、コンテンツを充実させても、教育効果が出なかった理由である。

［2］理解のアウトプットの仕方の差――「独自の見解」を持つ

リベラルアーツを学ぶというのは、最終的には各人が自分独自の見解を持つことである。従来型のリベラルアーツの教育では、定説や権威ある学者の言うことは正しいからそれをそのまま受容し、理解することが重要だと考えている。学習者自身が、権威者の意見がおかしいと感じても、「自分のような未熟なものの意見は間違っているに違いない」と思い込んでいるので、敢《あ》えて自分の意見を表に出そうとはしない。

世間の意見と違っていてもかまわない、自分で考え、たどりついた意見に基づいた発言をし、行動する、これがリベラルアーツを学ぶ者が心しておくべきことである。

［3］読書の仕方の差――ピンポイントの「強い疑問」を持つ

権威に盲従《もうじゅう》しないためにも読書は欠かせない。読書には2通りの方法がある。

□ 一つはベストセラーや世間の評判に引きずられるままの読書。
□ もう一つは自分の疑問を解決するために自分で読むべき本を探し出す読書。

前者は受動的（passive）であり、後者は能動的（proactive）である。自由精神を尊ぶリベラルアーツの学習においては、後者の能動的な読書が求められる。そのためにはまず「**このことを知りたい！」というピンポイントの強い疑問を持つことだ。**その疑問を解決するために本を探していると、いつしかそういった内容の本に巡りあえる。その本を読むと、確かに当初の疑問のいくつかは解決されるだろうが、また新たな疑問が湧いてくる。新たな疑問の解決のためにまた改めて本探しを始める。このようにして、自分の心の奥底から湧き上がってくる疑問を解決したいという強い欲求をドライビングフォースとして自分で読むべき本を次々と選ぶのがリベラルアーツを学ぶ者の読書に対する姿勢である。

本物の知性のために——健全な懐疑精神を持とう

リベラルアーツを学ぶ時に最も重要なのは、自分自身が納得のいくまで徹底的に物事を考え抜くという気概を持つことである。つまり、自由で旺盛な批判精神、健全で明朗な懐疑精神を持つことである。このような精神に立ち、自分で集めた証拠（evidence）に基づいて、自分の頭で帰納《きのう》的に考え抜いて独自の見解を作り上げる。これが私が最も重要だと考えていることだ。

世の中の定説や多数意見は必ずしも正しいとは限らない。有名人や識者が言っているからといって正しいわけではない。古くは、万学の祖と崇《あが》められ、ヨーロッパ文化に多大な影響を与えたアリストテレスは「天体論」の中で「地球は宇宙の真ん中で静止している」と主張した。また東京大学名誉教授で、文化人としては最高の栄誉である文化勲章受章者でもある江上波夫《えがみなみお》氏は「騎馬民族征服王朝説」を唱え、戦後の日本史学界において一世を風靡《ふうび》した。しかし、今から見れば、アリストテレスの説にしろ、江上氏の説にしろ、いい加減なイカモノであったわけだ。こういった観点から、自分の頭で考えた末、おかしいと思えば、「裸の王様」の坊やのように勇気を持って「それは間違っている！」と声をあげるのがリベラル（自由）な教養人の態度であろう。

さらに言えば、現在の法律・法規も間違っている点が多々ある。つまり、法律で定められているからといって必ずしも正しいわけではない。また法律で禁止されているからといって必ずしも間違っているわけでもない。当然のことながら、法律というのは、しょっちゅう改正されているわけだから、ある期間は間違った法を運用していたということになる。**法も常識も信頼しない、現在の法を超越した次元で考える**、これがリベラル（自由）な教養人に求められていることだ。

COLUMN/001

本物の教養とは何か

――落ち着いた猛獣使いと、あわてふためく素人

リベラルアーツや教養を身につけようと言っても抽象的でつかみ難いと思うので、喩《たと》え話を使って本物の教養とは何かを説明してみたい。

ここに二人の人間に登場してもらうことにしよう。一人は猛獣を扱い慣れたベテランの猛獣使い師、もう一人は動物といえば、図鑑でしか見たことのない素人だ。

ある時、この二人の前に突然、未知の猛獣が現われたとする。うなり声をあげながらのしのしと近寄ってくる。素人はその姿を見るなり、襲いかかられるのではないかと怯《おび》え、真っ青になる。一方の猛獣使い師は、このような場面は何度も体験しているから落ち着いたものだ。猛獣が吼《ほ》える時は、襲いかかるというのではなく、自分の強さを誇示することで、相手に怯えて逃げてくれと催促しているのであると知っている。つまり、吼えることで相手との無用の争いを避けるのだ。動物の世界で、吼えるというのは、人間の世界に置き換えて言うと、ヤクザが

雪駄《せった》履きで肩をいからせ夜の街を闊歩《かっぽ》すると、人がさあーっと避けるのとたいして変わらない。

さて、この未知なる猛獣に対して、猛獣使い師は相手を脅さないように、しかし自分のほうが相手より上だと思わせるために、近くの枯れ枝を取ってピシッと地面を打ち鳴らす。そうすると、今まで相手を威嚇《いかく》していた猛獣は、ぎょっとし、ひょっとするとこの相手は自分より上位なのかもしれない、と威嚇的な態度を改める。猛獣使い師は、猛獣がひるんだすきを突き、再度地面をピシッと叩き、力の差を見せ付ける。

猛獣の性格を知り尽くした猛獣使い師はこの未知の猛獣も、このようにして瞬《また》く間に手懐《てなず》けることができるのである。

一方、動物というと図鑑でしか見たことのない素人はこの間、ぶるぶる震えていた。なぜ猛獣が吼えるのか、また、なぜあの恐ろしい猛獣がピシッという音で従順になるのか、なぜ猛獣使い師はこの猛獣が恐くないのか、などまったく分からない。しかし猛獣使い師に勧められるまま、今やおとなしくなった猛獣に近づき頭をなでるも、心の中ではいつ噛《か》み付かれるか、気が気ではない。

多少、カリカチュアライズされているが、未知の猛獣との遭遇における猛獣使い師と素人の差は明らかであろう。

さて、本題に戻って、ここで述べたことを教養という観点で読み替えてみよう。猛獣使い師とは、本物の教養の持ち主を指し、素人とは、エセ教養の持ち主を指す。また、未知の猛獣とは、国際社会に持ち上がった問題のことだ。

本物の教養の持ち主が国際社会の各文化圏の基本的な文化背景や政治哲学を充分に理解しているのはあたかも、猛獣使い師が、国際社会のいかなる問題に対しても、たじろぐことなく対応できるのと等しい。別の言い方をすれば、本物の教養の持ち主というのは、国際社会がどういう仕組みで動いているかが、腑《ふ》に落ちている。それで、当該の問題そのものには経験がなくても、過去の実際の経験（実際智）と各文化ごとに異なるそれぞれの社会の根本原理から類推して問題の本質を解き明かすことができるのである。

一方のエセ教養の持ち主は、文化背景について表層的な理解しかしておらず、別の言い方をすれば、自分が身につけたと思っている教養は単なる飾りにすぎないため、各文化の本質が理解できていない。それで、歴史の試験問題のような、「XXの事件は何年に起きたか？」などのいわゆる記憶力が試されている問題に対しては完璧に答えることができるものの、「その事件がなぜ起きたか？」あるいは、「自分が当事者だったら、どういう対応をするか？」など、本質的な問題に対しては、答えに窮《きゅう》する。彼にとっての教養とは、記憶すべきものであって、考えるものではなかったのである。

この点で私は、世の中でいう教養講座というもののあり方には懐疑的である。つまり、そこでは、覚えるべき事柄が単に羅列されているにすぎない。自分の頭でとことん考える、つまり当事者意識を喚起するようにはなっていない。得てして世の中では、世界のワインの有名な産地の情報を知るような、あるいは歌舞伎・能や絵画やクラシック音楽を鑑賞するだけの受身的（パッシブ）な情報を多く知っていることを「教養豊かな」と形容している。私は、歌舞伎や能を知ることを否定しているわけではない。それらを通じて、日本文化とは一体何なのか、なぜ日本にだけこのような芸能が発達したのか、他国の芸能との差はどこから来るのか、など、根源的な問いかけが必要だと言っているのだ。これらの根源的な問いがない限り、上で述べたような素人が未知の猛獣に怯えるように、現在の国際社会において対応できないのではないかと危惧《きぐ》する。

ついでに言っておきたいことがある。

よく、欧米では、ワインやクラシック音楽、オペラの観劇を知らないと知的な会話に参加できないという日本人がいるが、本当にそうだろうか？　私の経験から言えば、ヨーロッパ人の中にもワインやクラシック音楽にあまり興味を示さない人も多い。それにもかかわらず、どうしてワインやクラシック音楽などが必要だと主張するいわゆる「文化的日本人」が多いかといえば、それはそういった日本人は彼ら（欧米の知識人）の関心のある話題についていけないからである。私はドイツやアメリカでしばしば目撃したが、欧米の知識人同士では政治・文化・哲学・宗教についてじつに熱い議論をする。しかし、彼らから日本人にそういう硬派の話を振っても、日本人の語学力が不足しているせいもあるが、あまり乗ってこないので、やむなくあたりさわりのないワインやクラシック音楽にレベルを落として話をせざるを得ないのだ。たまたま硬派な話をしたところで、日本人の欧米に関する知識といえば、聞きかじりのキリスト教とフランス革命以降の近代の薄っぺらい知識しかないので話にならない。欧米の知識人たちは「文化的日本人」は底の浅い、聞き飽きた意見しか言えないことを知っているのだ。国際社会に定着しているこういった日本人観を打ち破るべく、今後の日本人は本格的なリベラルアーツを学んでヨーロッパ文化のコアをつかみ、彼らと対等の土俵でがっぷり四つの議論をすることを目指してほしいものだ。

中国の歴史書は人の生き方を指南する書物として書かれた。過去の中国人の言動から現在の我々が学ぶ点は多い。日本の歴史書の原点である六国史からは現代日本人の思考様式がすでに千数百年前にもあったことが分かる。『大日本史』は人物伝という観点からは日本の歴史書の中でも屈指の名作であるにもかかわらず、読まれるどころか言及されることすら稀《まれ》である。これら読まざる日本の歴史書を繙《ひもと》く意義について述べる。

第2章

世界観・人生観は歴史書に学ぶ

——中国の史書は人生の指南書、日本人の思考様式は六国史《りっこくし》に

ビスマルク曰《いわ》く「賢者は歴史に学ぶ」

プロシャの辣腕《らつわん》宰相・ビスマルクの有名な言葉に「愚者は経験に学び、賢者は歴史に学ぶ」というのがある。ただ、原文を読むとニュアンスが異なる。

Nur ein Idiot glaubt, aus den eigenen Erfahrungen zu lernen. Ich ziehe es vor, aus den Erfahrungen anderer zu lernen, um von vornherein eigene Fehler zu vermeiden.

私なりに意訳すると、
「自《みずか》らが体験しないかぎり賢くならないと考えるのはバカだ。他人の経験を予《あらかじ》め調べておくことで自らは失敗しないで済む。これが私の流儀だ」

ビスマルクは何も「歴史書」を読めとだけ言っているのではない。他人の経験を知ると智恵が増すと言っているのだ。現代風に言うと、**事前の情報収集の重要性**を言っているにすぎない。

しかし、ビスマルクの言葉も勝手に独《ひと》り歩きしていて、さも歴史書を読まないとバカであるとでも言う人が世の中には多い。しかもその場合の歴史書とは、たいてい現代人の書いた「**歴**

史的事項の概説書」のようなもの（つまりは「解説つきの年表」にすぎずやたらと細かい事項だけが並ぶ）ものだ。

私は歴史を学ぶことは否定しない。だが、このような概説書的な歴史書を学ぶことには賛同しない。私が非難する歴史の学び方とは次の2点だ。

［1］社会のあり方、人としての生き方を考えようとはしない
［2］歴史書に書かれていない歴史的事項に興味を示さない

これらについて説明しよう。

［1］社会のあり方、人としての生き方を考えようとはしない

歴史は単なる「暗記モノ」にとどまってはいけない。歴史を学ぶとは人名・地名・年号を覚えることでも政体の変遷、戦争の詳細を知ることでもない。**歴史は人としての生き方を知るためのドキュメンタリーである。**ビスマルクが述べたように、自分がよりよく生きるために必要な情報を得て、それをベースに**社会のあり方、人としての生き方**を考えるための材料であるべきなのだ。

古典落語に「しわい屋」という噺《はなし》がある。ウナギ屋の隣に住んでいたケチがかば焼きの匂いをかいでご飯を食べていたという話だ。フィクションとは知りながらそのケチな人を憐《あわ》れみ、「死ぬまでに一度でもいいからウナギそのものを食べてみたら？」と声をかけたくなるだ

ろう。しかし、我々の歴史の学び方を振り返る時、この嘲を笑ってはいられない。

歴史を勉強するといえば、決まって年号や政変、人名や業績を覚える、といった断片的な知識の寄せ集め的作業を連想するが、歴史書そのものを読むということには思い至らない。本物の歴史書がウナギそのものだとすれば、暗記モノの歴史というのは単にウナギの匂いをかいでいるのと大差ない。

歴史を学ぶ価値というのはwhat（事件・人名・年号など）を細かく知る点にあるのではなく、**why（なぜそういうことが起こったのか）を考えさせてくれる**点にある。

通常、自然科学では物事の本質を知るために、条件を変えて種々の実験を行なう（これをシステマテックに行なう方法を「実験計画法」という）。その実験結果から実証的に理論を導きだすことができる。それと同様の意味で歴史的記述から人の生き方や、社会体制の好例／悪例を抽出し、そこから社会のあり方や人としての生き方を実証的に抽出するところに歴史を学ぶ価値と意義がある。つまり**歴史というのは人間の本性や人間社会について考えさせてくれる解答付きの問題集である**点に価値がある（ただ、なかには迷答や珍答もないではないが……）。

この点に関しては、イギリスの社会思想家、ジョン・スチュアート・ミルは１８６７年にセント・アンドルーズ大学の名誉学長に就任した際、学生向けの講演の中で歴史を学ぶ意義について次のように述べている。

歴史学の教授が教えなければならないことは、そのような〔歴史的〕事実がもつ意味についてなのです。彼の任務は、学生が歴史から、時代や場所による人間、あるいは社会制度の主な相違点を探し出すように仕向けることであり、人類の発展のさまざまな段階での生活の営みや生活をどう考えたかを想像し、時代時代を通じて変わらぬものと進歩するものとを区別して、進歩の要因と法則について考え始めるようにさせることにあります。

（『大学教育について』P.94、J.S.ミル著、竹内一誠訳、岩波文庫）

ミルは、歴史というものは世界の動きについて考えさせるために学ぶ必要があるということを言っているが、私も同感だ。

［2］歴史書に書かれていない歴史的事項に興味を示さない

社会のあり方や人としての生き方を考える上では、歴史自体に学ぶことは必要であるが、それは何も、世間でいう歴史書が扱う事柄に限定する必要はない。

歴史を「過ぎさった出来事だ」と過去形で語るのではなく、**自分がその場にいたらどういう行動をするであろうかという仮想**（**バーチャル**）**実験をすることが重要だ**。そのためにはその歴史的時点の**現場にいる感覚**（**実在感**）**を持つ**必要がある。当時の町や村の様子、食べ物、服装などのいわゆる**風俗的、生活誌的な書物**から当時の人々の暮らしぶりを知る必要がある。それに加えて**当時の日用品、工芸品、建築物などの現物**を実際に見たり触れたりするのは、当時の暮らしを知るには非常に役立つ。

歴史の主体はあくまでも人間であるにもかかわらず、その人たちの暮らしの実態も知らず、人物の性格も知らずして歴史的イベントの本質を理解できるはずがない。

「手触りのある歴史観」

人々の当時の生活の実態を知る必要性を述べたが、この考え方は残念ながら日本では希薄である。試みに図書館や街中の本屋の歴史コーナーを覗《のぞ》いてみると、生活誌・生活史の本は極めて少ない。イギリス人のピーター・ミルワード（イエズス会司祭で上智大学文学部名誉教授）はこの点について、イギリス人の実証主義的観点を次の言葉で見事に言い表わしている。

〔一般的・抽象的な説明は〕どれほど正確であろうとも、ただ漠然とした印象しか残らない。いちばんいいのは、やはり具体的な細部を一つ一つ説明するという方法ではあるまいか。（『イギリスの学校生活』P.13、ピーター・ミルワード著、安西徹雄訳、新潮社）

現在の学校の歴史教育では、ディテールに立ち入らず、もっぱら年表的な概要の説明に終始する。その上、こまごましたディテールなど下卑《げび》たことよりも、歴史の大きな流れや概要を知っているほうが高尚だという雰囲気を漂わせている。そういった教育を受けると大人になってもどのような本を探せばいいのか分からず、また教科書と同じような千篇一律《せんぺんいちりつ》の歴史概説書しか目に入らない。その結果、ローマ帝国だと、大事件の年号や皇帝の名前はすらすらと言えても、水道、トイレ、食事などの庶民生活はとんと想像がつかない。あるいは、フランス革命についても同様で、大事件の年号や関係者の名前は知っていても、当時のフランスの庶民は一体何に不満があって命がけであのような大革命を起こしたのか理解できない。あたかも料理のレシピーはすらすら言えても、料理そのものは一度も味わったことのない人のようだ。

フランス人の作家、ルイ・セバスチャン・メルシエ（１７４０－１８１４）は、自分の体験をもとに『十八世紀パリ生活誌』（上・下、メルシエ著、原宏編訳、岩波文庫）を書いたが、これを読むとフランス革命前の庶民の悲惨な暮らしがよく分かる。

□宮廷は、パリ市民を「蛙《かえる》」などと呼んでいる。「蛙どもはどう言っているかね？」と王族方はしばしばたがいに尋ねあう。（上・P.39）

Scala/amanaimages

18世紀のパリ
橋の上にみっしりと建つ家。空気の流れを妨げ、不衛生な街の悪臭の原因にもなった

□ 一家全員がたったひとつの部屋に住んでいる。四方の壁がむき出しで、おんぼろベッドにはカーテンもなく、台所道具が便器といっしょに転がっている。（上・P.87）

□ （便所の）汲《く》み取り人は糞尿を下水や溝に流す。それが最終的にはセーヌ川に流れ込むが、水売りがその水を汲んでパリで売る。（上・P.129）

□ 1772年には新生児が1.9万人いたが、その中で、捨て子は8000人（つまり新生児の3分の1以上は捨て子）。（上・P.450）

どうだろう。このような記述から、近代の市民革命といわれたフランス革命当時の庶民の暮らしには、王侯・貴族の贅沢さとは天地の差があったことがありありと目に浮かばないだろうか？　我々はヨーロッパというと現代の状況から想像して200年前もやはり先進的だったに違いないと勝手に思い込んでいるが、まったくそうではなかったことが分かる。

こういう実態を知ることで初めて、江戸時代の日本を訪問した西洋人が一様に日本が清潔であることを誉《ほ》めたのがお世辞でもなんでもなかったことが分かる。生活の実態にまで踏み込んで歴史を学ぶと、当時のことがあたかも自分の過去の経験を思い出す時のように体感として理解することができる。

生活実態に即して歴史的事項を理解することを私は「**手触りのある歴史観**」と呼んでいる。

なぜ道真は遣唐使を廃止したのか――「手触り」で考える

日本の例として遣唐使を取り上げてみよう。

歴史で遣唐使と言えば、遣隋使のあと、菅原道真《すがわらのみちざね》が８９４年に遣唐使の廃止を提言するまで約２００年の間、合計で十数回も派遣されたと学ぶ。鑑真《がんじん》が渡航に5回もの失敗を重ねて、ようやく日本にたどりついたことを考えると、日中間の往来はかなり危険に満ちたものであったことが想像できる。遣唐使がどれほど危険であったのか、当時の記録からその実態を見てみよう。

たとえば、承和《じょうわ》七年（８４０年）、菅原梶成《かじなり》らが乗った遣唐使船が日本に戻ってきたが、帰路には大変な目に遭っている。勅撰《ちょくせん》の正史である六国史の一つ『続日本後紀《しょくにほんこうき》』巻九ではこの様子はさらりと触れられているだけだが、徳川光圀《とくがわみつくに》らが編纂《へんさん》した『大日本史《だいにほんし》』では苦労の実態を次のように伝える。

「菅原梶成は承和の初め（実際には承和5年・８３８年）遣唐知乗船事の職を授けられて唐に行った。六年（８３９年）に帰朝しようとしたが、海中で暴風雨に遭遇して南海の海岸に漂着した。現地人に襲われて数人が死んだ。梶成たちは力を合わせて防御し、なんとか撃退することができた。戦利品として五尺の鉾《ほこ》一本、片蓋の横佩《よこはき》一柄《つか》、箭《や》（矢）一揃いを得た。これらはどうも中国のものではないようだ。難破した船から木を調達して小船を造って航海し、ようやくのことで大隅《おおすみ》に漂着した」(『大日本史』巻226)

このような当時の記録から遺唐使の生々しい実態が浮かび上がる。『続日本後紀』などの六国史の記載から類推すると、中期以降に遺唐使船に乗った人はだいたい3分の1が途中で難破したり病死したりして非命に倒れている。このように高い死亡率なので、承和5年(838年)の遺唐使では当初大使に任ぜられた小野篁《おののたかむら》は病気を理由に乗船しなかった。後になって仮病と判明し、隠岐《おき》に島流しの刑に処せられた。小野篁を臆病と非難することはたやすい。しかし、6つの弾倉のうち2つに実弾が入っているピストルでロシアンルーレットをする勇気が、はたしてあなたにはあるだろうか?

「華やかな唐文化を日本にもたらした遺唐使」という美名の下に隠されたこういう戦慄《せんりつ》する実態を知らずして、道真が下した遺唐使廃止の建議《けんぎ》を正しく理解できるであろうか? 当時の実態を正確に把握してこそ初めて歴史の変遷の本質を理解し、世界の動きに対して学者の受け売りの言説ではなく、自分なりの解釈を下すことが可能となるのではなかろうか。こうした「手触りのある歴史観」を得るためには文字面《もじづら》の単語の意味を知るだけではまったく足りない。単語が表わす実態を正確に把握することが必要なのだ。

その一例として「戦争」という単語を考えてみよう。

日本、西洋、中東で「戦争」のイメージはこれほど差がある

我々日本人にとっての戦争とは、古くは源平の壇《だん》ノ浦《うら》の戦いや関《せき》ヶ原《はら》の戦いを想像する。つまり、武士集団同士の激突である。その結果、勝者が敗者の土地の徴税権を獲得するという図式だ。

西洋、中東、インド、中国、朝鮮ではたいていの場合、大きな都市全体が攻略され、軍人や庶民の区別なく虐殺され財宝が略奪される。東南アジアでは伝統的に広大な土地にわずかの人口しか住んでいなかったので戦争とは極力お互いの血を流さず、相手の住民を傷つけることなく略奪し、故郷に連れ帰って奴隷として働かせることであった。

このように、「何年に誰と誰が戦争し、誰が勝った」という通常の年表スタイルの歴史書では一切触れられていない戦争の実態を知らずに、戦争の年号だけ暗記しているのではまったく意味がない。いろいろな資料をベースにして戦争という単語の実態を想像して、あたかもその場にいるようなバーチャル体験をして初めて戦争の一コマ一コマが意味を持つ。

この点では私は近代ヨーロッパの歴史学会に衝撃を与えたアナール派の領袖《りょうしゅう》、フェルナン・ブローデルの歴史観に大いに共鳴している。彼は、歴史は、単なる歴史学ではなく総合的な学際的科学でなければならないと主張し、社会史的観点からの歴史を叙述した。彼の著作を

まだすべて読んだわけではないが、ざっと見たところ、代表作と言われる『地中海』ではなく、もう一つの大著である『物質文明・経済・資本主義』はこの観点から非常に有意義な本であると考える。

なぜ、歴史書は原典を読む必要があるのか

歴史の概説書で事件のあらすじを知ることよりも、私は、直接、原典の歴史書を読むことを勧める。この点に関して、最近（2014年）、私は角川SSC新書から『本当に残酷な中国史大著「資治通鑑《しじつがん》」を読み解く』を上梓《じょうし》したが、そこでは原典を読む必要性を強調して、『十《じゅう》八史略《はっしりゃく》』と『資治通鑑』の差を次のように述べた。

史記から明史までの史書は、それぞれの扱っている時代範囲が狭いので、通史という意味では『十八史略』がよく知られている。日本では、十八史略は二十四史《にじゅうしし》（厳密には元代までに完成していた十八史）の簡略版として中国の歴史の概要を知るために昔からよく読まれてきた。しかし、私はこの本は勧めない。それは俗書と言われているという理由ではなく、中国社会の本質である毒々しい部分があまりにも多くカットされているからだ。十八史略と資治通鑑を読み比べるとその差は歴然としている。

（中略）十八史略が映倫をパスした子供向けの教育映画だとすると、資治通鑑は成人映画そのものである。論語や十八史略だけを読んでいる限りでは中国は永久に分からない。（P.13－14）

『十八史略』と『資治通鑑』、どちらも中国の歴史書ではある。

しかし、『十八史略』は、元《げん》の曾先之《そうせんし》が書いた中国の歴史入門書で、右のような簡略版の歴史書である。日本でも中国史の入門書として広く読まれた、いわゆる通俗歴史書の代表である。

もう一方の『資治通鑑』は、北宋《ほくそう》の政治家であり学者である司馬光《しばこう》が、紀元前403年から紀元959年の約1500年間の歴史を294巻（全1万ページ）で描いた大作だ（詳しくは後述）。毛沢東《もうたくとう》や水戸光圀《みとみつくに》が愛読したことでも知られる。

では、実際どこがどのように違うのだろうか。この2つの史書の差を、次に示そう。

時は、安禄山《あんろくざん》が乱を起こし、盛唐の太平が打ち破られた、755年。安禄山が息子の安慶緒《けいしょ》に殺されたにもかかわらず賊軍の勢いは止まらず長安《ちょうあん》に向かって進軍していった。その途中の睢陽《すいよう》で張巡《ちょうじゅん》が孤軍奮闘していたが、最後に食料がなくなり、籠城《ろうじょう》するか退却するかを決断しなければいけなくなった。

その様子をまずは『十八史略』で読んでみよう。

『十八史略』・唐「張巡守睢陽」

「……もし、今ここを退却すれば、賊軍はきっと大挙してこの城を占拠し、このあたり一帯を支配するだろう。ここは踏ん張って留まって援軍を待つことにしよう」。食糧が尽きたので、茶や紙を食べたが、それも尽きた。軍馬を食べたがそれも尽きた。網を張って雀《すずめ》を捕《つか》まえ、穴を掘って鼠《ねずみ》を捕まえて食べたが、それも尽きた。当初、籠城時に四万人いた兵士も四百人にまで減ってしまったが、それでも一人の裏切り者も出なかった。

籠城して、食べ物がなくなり餓死者が続出したにもかかわらず、一人の裏切り者も出なかったという文章には張巡の人徳がよくにじみ出ている。子どもに人徳とは何かを分からせるにはちょうどよい文章だと言えよう。

しかし、『十八史略』では故意に省略されているが、実際はもっと悲惨な事態に陥《おちい》っていた。『資治通鑑』の描写を次に見てみよう。

『資治通鑑』（中華書局）・巻２２０・唐紀36（P.７０３８）

張巡が言った。「……もしここを退却すれば、賊軍はきっと大挙してこのあたり一帯を支配するだろう。それに我が軍の兵士は飢《う》えてふらふらなので走って逃げても敵に追いつかれてしまう。かつての戦国時代には諸侯は普段は戦っていてもいざとなればお互いに救助に赴《おもむ》いた。ましてや今は味方の軍隊が近くにいるではないか。ここは踏ん張って援軍を待つことにしよう」

食糧が尽きたので、茶や紙を食べたが、それも尽きた。軍馬を食べたがそれも尽きた。網を張って雀を捕まえ、穴を掘って鼠を捕まえて食べたが、それも尽きた。張巡は自分の愛人を殺して兵士に食わせた。許遠《きょえん》は同じく自分の下僕《げぼく》を殺して兵士に食わせた。それでもまだ足りないので城中に居た女をくびり殺して食べた。その後は老人や弱った男を次々と殺して食べた。籠城している者たちは、助かる見込みが全くないことを知りながらそれでも一人の裏切り者も出なかった。最後は四百人にまで減ってしまった。

『十八史略』では、雀や鼠を食べ尽くしたところで終わっていたが、『資治通鑑』ではさらに女や男を次々と殺しては食べたという記述が続く。二十四史の一つ『旧唐書《くとうじょ》』巻137下によれば、このようにして食った男女は2、3万人にもなると言う。このような記事を子どもが読めば卒倒するに違いないが、『資治通鑑』は感情を交えることなく淡々と筆を運ぶ。過酷な現実に目を背《そむ》けることなく、克明に描写することを使命と考えた史官《しかん》によってあたかも記録映画を見るように現実がありありと書き残された。ここに本物の史書の凄《すご》さを見ることができる。

これが映倫パスの『十八史略』と成人映画の『資治通鑑』の差だ。剣道で言えば、面や籠手《こて》を付けて竹刀《しない》を振り回すだけの剣道と防御具を付けず真剣で切り結ぶ本物の果たし合いとの差である。

このように原典の文章にはところどころに現代人には違和感を覚える記述が見える。「ありえへん」事態が起こっていたことを知るわけだ。「ひどい!」と感情的にならず、「なぜこういうことが起きたのか?」と分析的に考えることで、その国、その土地の文化の実態が明らかになってくる。その意味で原典を丹念に読むと、我々日本人あるいは現代人の価値観では計り知れない世界が見えてくる。歴史を読むというのは、この意味で、人間の行動に関するケーススタディであるとも言える。

人物伝の歴史書ほど素晴らしい教科書はない

人間の行動に関するケーススタディを学ぶには、人物論主体の歴史、つまり伝記を読むことである。

19世紀のイギリスの大政治家、ベンジャミン・ディズレーリの有名な言葉に、

Read no history: nothing but biography, for that is life without theory.

というのがある。私なりに意訳すると、

「伝記以外の歴史は読む必要はない。なぜなら、伝記だけは人の生きざまをありのままに描くが、歴史書はそうではないからだ」

歴史書は伝記と異なり、何らかの理論が麗々《れいれい》しく述べられているが、それらは必ずしも正しくない、というのがディズレーリの言いたかったことだろう。

人物論主体の歴史といえば、西洋ではプルタークの『英雄伝』（The Parallel Lives、直訳すると『比較列伝』）、中国では司馬遷《しばせん》の『史記《しき》』を挙げたい。

とりわけ、『史記』の全体像はまさしく「人生の曼荼羅《まんだら》」と言ってよい。『史記』には「人はいかに生くべきか」という哲学的課題に対する回答が見つかる。しかめっつらした理論ではなく、人々の実際の言動から、読み手の好みに応じたロールモデルが見出せる。現代用語で言えば実例ベースのケーススタディ書だ。『史記』を歴史書という観点で見ると、紀伝体や表という斬新《ざんしん》な形式や、書という社会史・経済史的な記述を開拓した先駆的な書である。しかし、司馬遷の歴史家としての天分《てんぶん》が発揮されているのは、列伝の冒頭の数行の小話（エピソード）で、登場人物の人となりをあたかも映画の一コマのように鮮烈に印象づけるナレーションにある。

一例を紹介しよう。戦国の世に食客《しょっかく》数千人を抱えたことで有名な４人（斉《せい》の孟嘗君《もうしょうくん》、楚《そ》の春申君《しゅんしんくん》、魏《ぎ》の信陵君《しんりょうくん》、趙《ちょう》の平原君《へいげんくん》）の大親分がいたが、平原君の列伝は次のような衝撃的な小話から始まる（『史記』・巻76）。

平原君の家の二階からは民家が見えた。そこに躄者《びっこ》が住んでいて、ひょこひょこと歩いて水を汲みに出た。その様子を見て、平原君の侍女が大声で笑った。翌日、その躄者は平原君の家の門の前に来て、次のようにいった。「私は、貴卿が女性より士人《しじん》を大切にされるので、遠くからでも立派な士人が訪れると聞きました。私は不幸にも背疾《せむし》になりましたが、貴卿の侍女の一人が私を見てあざ笑いました。どうぞ、その者の首を頂きたいものです」。平原君は笑いながら「そうしよう」と約束した。

その躄者が立ち去ってから、平原君はつぶやいた。「気の小さい奴もいたものだ。ちょっと笑っただけで、侍女を殺せという。何を考えているのやら！」と、侍女を殺さなかった。一年ほど経つと、食客が次々と立ち去り、半分ほどがいなくなった。平原君はこれはどうしたことだと訝《いぶか》って尋ねた。「私は、諸君に充分礼を尽くしているはずなのに、どうして皆、去っていったのか？」。食客の一人が進みでて、次のように答えた。「貴卿が躄者を笑った侍女を斬らなかったことで、貴卿は士人より愛妾《あいしょう》を大切にする人だとの悪評がたち、それで心意気のある士が去ったのです」。これを聞いて、平原君はその侍女を斬り、躄者を招いてその首を渡して陳謝した。それからまた食客が集まるようになった。

我々は、この短い描写から平原君という人がどういう人であったかを大づかみすることができる。平原君の数十年にわたる人生の、いろいろな出来事の中で、この一コマを選ぶところに、論評がなくとも司馬遷の人生観をうかがうことができる。同時に当時の中国の世情を知ることができる（注意：上の文中の躄者《びっこ》や背疾《せむし》という言葉は現在では差別語として公的な使用は好ましくないとされているが、原文を尊重し、そのままにした）。

このように実例を通して、人間のあり方を考えることが人物伝という歴史を読む意義であると私は考える。共感できる人の生きざまを自分の生き方のロールモデルとし、逆に好ましくない生き方を反面教師とすることである。これが「歴史はケーススタディだ」と呼ぶ所以《ゆえん》である。

伝の冒頭に小話を持ってくる手法は司馬遷が多用した。この斬新なスタイルが好評だったのだろう、2000年にわたって書き継がれた二十四史にもこの手法を踏襲した伝は極めて多い。

ちなみに、中国だけでなく、ギリシャでもこの「小話手法」は人物描写に有効だと考えたようだ。プルタークは『英雄伝』で次のように述べる（「アレキサンドロス伝」1－2）。

「私が書くのは、歴史ではなく、人物伝だ。輝かしき事蹟に必ずしも徳や不徳が明らかになる訳ではない。むしろ、何千人もが戦った大戦争や熾烈《しれつ》な攻防戦より、ちょっとした言葉や冗談の中にしばしば、人物の性格が表われる」

人を家系、社会的地位、勲章や学歴などの外面的な観点から評価するのではなく、生きざまから評価しよう。本物の史書や伝記を原典で読むというのは、まさにそういう人に直接出会えることなのだ。

人生を考えるには過去の人物伝がよい

人物伝のなかでも、人生の生き方を考える上では、現在より過去の人物伝のほうが価値がある。

これは何も尚古《しょうこ》趣味から言っているのではない。過去の人たちは生き方を真剣に考えざるを得ない状況にあったからである。

たとえば日本では、「政治家、選挙に落ちればただの人」という言葉があるが過去の中国では、そういう生易しい事態ではなかった。政治家がいったん権力を失うと、単に自分の命だけでなく一族郎党、何十人、いや最悪の場合は何千人もの命までなくなる、という非常に悲惨な現実が待っていた。

一例を挙げると、江戸時代の儒者・浅見絅斎《あさみけいさい》が『靖献遺言《せいけんいげん》』に愛惜《あいせき》を込めて描いているが、明《みん》の大儒《たいじゅ》・方孝孺《ほうこうじゅ》は永楽帝《えいらくてい》の即位の詔《みことのり》を書くように迫られ、断固拒否した。そのため本人の家族は言うまでもなく、遠い親族や友人・知人まで、合わせて847人が処刑された（一説には873人ともいう）。

過去においては、何も中国人に限らず世界のすべての文化圏において一挙手一投足に常に自分だけでなく数人（場合によっては、何十人、何百人）もの命がかかっていた。こういった事態を想像すると、その言動の判断に文字どおり「全身全霊」を傾けていたことが分かる。近年のように法律で人権が保護されている状況での言動はいわば、命綱を付けたロッククライミングだが、過去はそうではなかった。一歩間違えば殺されてしまうかもしれない状況での言動は格段に重みがある。この意味で、歴史の原典は真剣に人生の生き方を考える人間にとっては永遠に必読の書であるのだ。

このような原典の歴史書・生活誌が豊富な時代と言えば、西洋では古代のギリシャ・ローマ、東洋では中国の春秋《しゅんじゅう》戦国時代が挙がる。とりわけ古来、中国の文物を尊重してきた我々日本人にとっては、中国の歴史書は懐古趣味の観点からでなく、自分の生き方のロールモデルとなる人物を探し出すという観点から必読の書であると私は確信している。

歴史は過去だけでなく、現代をも表わす

歴史というのは当然のことながら過去の事柄なので、現代人とは価値判断が異なる。それで

過去のことなど知ったところで現在には直接当てはまらないと考える人もいる。この意見は一見、正論のように聞こえる。しかし、多くの歴史書を繙《ひもと》いてみるとそうではないことが分かる。感覚的にざくっと言えば、それぞれの文化圏のコア部分の約8割はこの数千年変わっていない。つまり変わった部分はごくわずかの部分でしかない。

たとえばヨーロッパの近代市民革命以降、西洋流の民主主義や人権の理念、あるいは資本主義的価値観が世界のあらゆる文化圏に影響を与えてきたが、それらの文化の根源を揺るがすところまでは至っていない。

この意味で過去の歴史というのは、何も過ぎ去った昔の話というのではなく、現代的意味も持っているといってよい。

再びブローデルを持ち出すが、彼は文明の移ろいやすさと文化の不動を対比して、出典は思い出せないが、次のような意味のことをどこかで述べていた。

「文明が滅ぶのは最盛期や社会的試練の時期においてであって、短期的に見た場合である。文明は滅びても文化の基盤は残る。文化という基盤の塊は不動でびくともしない」

世界は今後どう動くか――歴史の「ファクト」からつかむ

歴史からは最終的に、世界はどう動いてきたのか、人としての生き方とは何か、を学ぶことができる。

世界はどう動いてきたのか、というのは世界観のことである。リベラルアーツの観点から言うと、**世界観を持つとは、「世界はどう動いてきたか、そして今後どう動くか」ということを自分の言葉で語れることである。**現在も、そして当然のことながら過去においても世界は一つのまとまりではない。それゆえ、世界の動きといってもビリヤードの球のような、計算すれば分かるような単純な動きではない。いくつもの文化圏が互いに競争し合いながら、また同時に共存を模索し合いながら大群となってじわじわと移動しているようなものだ。

このような群れの動きを全体として考える前に、まずは個別の動きをしっかりと把握しておくことが重要だ。群れのそれぞれのメンバー、つまり世界の各文化圏の土着文化（伝統、慣習、風俗、宗教など）を根底から理解することだ。

先に述べたように、ほとんどの文化圏において、現在の21世紀においてすら土着文化の影響は8割以上を占めている。つまり、各文化が何千にもわたって変化することなく維持してきた文化のコア部分を見つけることが世界観を得る第一歩だ。

この時、**通常の歴史観に囚《とら》われていてはこの文化のコア部分を見つけることはできない。**通常の歴史観では、王や貴族、政治家、宗教家などの社会の上層部のごく一部の人たちを過大に評価する傾向が強い。喩《たと》えて言えば、サッカーにおけるスーパーヒーローだけ、あるいはゴールを決めた選手だけを見て試合を論じるようなものだ。一人や二人の活躍だけで試合が決まらないのと同様、世界も王侯や政治家のスーパーヒーローたちだけで動いているわけではない。誰の言葉か忘れたが「大根役者が殿様になることもあれば、千両役者が乞食《こじき》になることもある」のが世の中だ。脇役や端役《はやく》といえども社会を揺り動かす底力を持っている。名もなき大衆の生きざまを含め、文化の根底を支え、動かしている大きな力の本性をつかまない限り世界の動きは理解できない。

この意味でスーパーヒーロー中心の従来（そして現在）の歴史的記述のあり方は、あまりにも視野が狭すぎると私は考える。リベラルアーツの目的は世界の各文化圏のコア概念を理解することだと述べたが、世界の動きをつかむためには従来の年表型の歴史ではなく、ファクトベース（事実に基づく）で当時の大衆の風俗をも描いた歴史からリアリティ溢《あふ》れる世界観を培《つちか》う必要がある（コラム「19世紀までの公式で現代問題が解ける」P.110も参照）。

人生観は「いかに生きるべきか」より「いかに生きたか」で身につく

次に、人としての生き方を学ぶとは人生観のことであるが、それはつきつめて言うと**「人生の意義とは何か」について真剣に考え「人生をどう生きるか」について自分自身で納得できる答えを見つけることである。**そのためには、ビスマルクが言うように、自分が経験する範囲からでは判断材料が少ないので、本を読んだり、他人の体験談を聞いたりすることが不可欠だ。

ただ、人生観というと人はすぐさま「それは哲学の領域だ」と言うが、いったい哲学の実態は何だ？　と聞かれた時に、明確に答えられる人は少ない。

数学や物理なら、対象物が明確にイメージできるし、社会学や文学についても、人それぞれイメージは多少は異なるもののだいたい似たような理解が可能である。しかし、哲学に関してはそうはいかない。哲学というのが何を対象としている学問か、という定義が曖昧《あいまい》であるため、哲学者という名で表わされる人たちも一体何を研究しているのか分からない。

一般的には哲学者とは世界の真理を探っていく人だと考えられているが、じつはそうではないようだ。私にはどう考えても、いわゆる哲学者とは、まさしくソクラテスが命をかけて糾《きゅう》弾《だん》したソフィスト（詭弁家）の思考体系そのものと思える。philosophy（知を愛する）、つまり健全な探究心などは、現代の哲学者にとって不要なのだ、としか結論できない。

彼らは過去の大哲学者の著作の一文一文も揺るがせにせず、語句の出典はどこか、原典と彼の意見はどこが異なるか、同じ著者の他の本ではどのように言い換えられているか、などをしらみつぶしに調べることを任務とする。つまり過去の哲学者たちの思考の枠内が、現代の哲学者に許されたプレイ・グラウンドなのだ。そこにある草木、小石の一つずつを熟知して、即座にその由来を言えないといけないようなものだ。過去の哲学者が問題としているテーマについて、たとえ自分が興味がないことであっても、同じようなしかめっつらをして、あたかもそのテーマが解けないことには、哲学の進歩がありえないというような素振りを見せないといけないらしい。

このような振る舞いをする人たちを、どうやら世間では哲学者と呼んでいるようだ。八百屋が野菜を、魚屋が魚を商売のネタにしているのと同様、これら哲学者は過去の哲学者の言説を商売のネタにした「哲学屋」であるのだ。ついでに言うと、世の中で宗教家と言われている人たちも大半は「宗教屋」である。

紀元前の古代ギリシャ、あるいは春秋戦国の古代中国では「人はいかに生くべきか」や「社会はどうあるべきか」について潑剌《はつらつ》たる意見を堂々と発表した数多くの本物の哲学者がいた。彼らのなかには、今なお知性の光芒《こうぼう》を放っている偉大な哲学者がいる。彼らの教説は確かに人としての生き方の指針にはなるが、数学に喩えるとそれは公式のようなものである。個々の実際問題に対してそれらの公式をどのように適用するかについては残念ながら必ずしも明らかにならない。この点で人生の生き方に関して言えば、「人はいかに生くべきか」という哲学者の観念的な談義よりも「人はいかに生きたか」という、ファクトベースで人物主体の歴史書のほうが自分の行動を決める上ではるかに有益である。

古典を読む価値は2つ

とはいえ、千年あるいは二千年前の人が書いた古典の史書を読んでみたら、と言ってもおいそれとは食指《しょくし》が動かないだろう。その原因の一つは、古典を聖典視するところにあるのではないだろうか。私は古典も一つの情報源と見て、自分自身の視点から内容を吟味し、取捨選択することが、リベラルアーツの観点から古典を学ぶ態度だと考える。

ただ、そうだからといって古典も現在の本と変わるところはない、ということにはならない。古典を読む価値は次の2点にある。

[1]当時の価値観で書かれている
[2]時代を超越して通用する人生観、価値観が分かる

[1] 当時の価値観で書かれている

同じ現象でも文化背景が異なると評価が異なることは現代でもしばしば経験する。

先に、歴史書を読むとそれぞれの文化圏のコア部分の約8割はこの数千年変わっていないと述べた。しかし、目に見える文化は時代とともに変わるから、たとえ現時点で正しいと考えられていることが次世代でも同じ評価が下されるとは限らない。物事の絶対的な評価は難しい。

逆に言えば、物事を現在の価値観だけで評価するというのは極めて危ういことである。たとえば法治国家の現代に生きる我々にとって、基本的人権は当然であるが有史以来、数千年にも及ぶ歴史の中で人命が法によって守られるようになったのはたかだかここ百年にすぎない。さらに言えば、現在でもアジア・アフリカや中南米の一部の地域では基本的人権が無視され続けている。

往々にして現代の歴史家や小説家が描く過去の人物の言動には現代の価値観・倫理観が知らず知らずのうちに投影されている。そういった記述は小説であれば何らの非難にあたらないが、過去の人々の言動を知る、という歴史書本来の目的からすると不都合である。

片目で見ると距離感はつかめないが、両目で見ると正しく分かる。それと同様、物事も現代の価値観という一面からだけでは正しく判断できないが過去の価値観という視点も加え、物事を立体視することで、初めて正しい判断ができる。この意味で、古典を読むことで現代の我々と異なる価値観を知ることは非常に有意義である。

ついでに言うと、「異なる価値観を知る」という意味では、外国人の旅行記も非常に有益である。日本および日本人について理解しようと思えば、室町時代以降、とりわけ江戸期に訪日した数多くの欧米人の記録を読むことをお勧めしたい。日本文化の本質が鮮やかな形で把捉《はそく》されていることに驚くことであろう。

―2― 時代を超越して通用する人生観、価値観が分かる

我々は得てして世の中は時代とともに進歩しているように思ってしまうが、それは錯覚にすぎない。たとえば芸術を考えてみよう。書道では今なお千数百年前の王羲之《おうぎし》や初唐の三大家である虞世南《ぐせいなん》、欧陽詢《おうようじゅん》、褚遂良《ちょすいりょう》の書が最高峰とみなされている。また、西洋のクラシック音楽ではバッハ、モーツァルト、ベートーベンなどが楽聖として不動の地位を保っている。彫刻は今なお2000年以上前のギリシャ彫刻に最高傑作が見出される。

つまり、美の観念は人類共通であるので、民族だけでなく時代を超越して芸術作品の真価が定められる。美だけでなく、人生観や価値観も民族や時代を超越して、今なお我々の心に響くものが古典として読み継がれている。つまり古典を読むことで初めて我々は過去にも現代にも共に通用する、時代を超越した人生観、価値観、すなわち人間というものの本質を知ることができるのだ。

これらの2点（1、2）は、理屈の上では一見相反するように思えるかもしれない。しかし、実際に古典を読んでみると、これら2点が渾然《こんぜん》となって織りこまれて、不思議な魅力となり読者を惹きつけることに気がつく。

中国の歴史書こそ、人生の指南書

中国とインドはアジアの二大文明発祥地であるが、その性格は極端なほど異なっている。江戸時代、大坂の町人学者・富永仲基《とみながなかもと》はその差を「幻のインド、文の中国」と表現した。この差は両文明の歴史記述に明確に見てとることができる。悠久《ゆうきゅう》の時が流れるインドでは、ついぞ一部の王朝を除き歴史書を持たなかった。一方、中国では早くも紀元前数百年の段階から『春秋《しゅんじゅう》』、『国語《こくご》』など、歴史を記述することに情熱を注いできた。春秋とは当時中国に割拠《かっきょ》していた封建領主の国々の年代記を魯《ろ》の史官がまとめた歴史書である。それは歴史的事件を淡々と書き連ねた年表のようだった。しかし、記述があまりにも断片的であるため、事件の背景を理解することが難しかった。それで多少の脚色をして人々の言動も含め、事件をあたかも特派員が現地からレポートしたように書いたのが『春秋左氏伝《しゅんじゅうさしでん》』である。

元来、中国の歴史書（以下、史書《ししょ》と略す）は「善はもって式となし、悪はもって戒《いまし》めとなす」（善以為式、悪以為戒）を目的とする。史書は年表ではなく、過去の善行と悪行から人としての生き方を教える、教科書（鑑《かがみ》）であり、「史書＝人物伝」であるのだ。

一方、日本では歴史書はどのような意図で書かれてきたのであろうか？　日本は文化的には中国から多大な影響を受けた。歴史書においても例外でなく、古くは六国史のように漢文体で編年体の歴史書が国家を挙げて作られた。時代は下って平安後期には和文の歴史書（『大鏡《おおかがみ》』『今鏡《いまかがみ》』『水鏡《みずかがみ》』『増鏡《ますかがみ》』）が、また鎌倉幕府では『吾妻鏡《あずまかがみ》』が作られた。江戸時代には『大日本史』のような本格的な歴史の大冊《たいさつ》が編纂された。これらの歴史書は中国人が考えるような「史書＝人物伝」としての意識はなかった。そのため、日本ではついぞ歴史書が中国のように重んじられることはなく、また人々に行動規範を示すためのリファレンスブックとはならなかった。

ここからは、中国と日本の代表的な古典的歴史書を取り上げ、それらの比較から中国と日本の歴史観や伝統的価値観の差を探り、真剣に生き方を考えるには中国の古典である史書や人物伝を読む必要があることを示したい。

二十四史には講談めいた話もある

『史記』をはじめとして中国の歴代の王朝が編纂した二十四史（あるいは正史ともいう）は、公文書や民間の文書などの膨大な史料を取捨選択して書き上げられた。当然のことながら後世に残ることを意識しているので、内容や文章は吟味された。もっとも中には『魏書《ぎしょ》』や『元史《げんし》』のように「穢史《わいし》」とか「杜撰《ずさん》」とあだ名された悪名の高い史書もいくつか存在する。

二十四史は、いわば政府の正式文書であるから、どんなにか堅苦しいことかと思いきや、軟派な話や講談めいた話もある。これは、中国古来の伝統のようで、古くは紀元前の『春秋左氏伝』、『史記』から綿々と続く。

『資治通鑑』も謹厳居士《きんげんこじ》の司馬光が書いているにもかかわらず、良き伝統を引き継ぎ、民間の噂話《うわさ》（稗史《はいし》）などから眉唾《まゆつば》もののゴシップさえ埋め込まれている。史書は歴史書でもあるのはもちろんのこと、人物伝でもあり、時に民俗学の書でもあるのだ。

その例をいくつか挙げてみよう。

中国では古来、男尊女卑と言われているが、実際は必ずしもそうではなかったようだ。『漢書《かんじょ》』の巻76に張敞《ちょうしょう》の伝がある。なかなか有能な役人だったようで「きびきびした動きで賞罰は厳格だった。悪人は即刻取り押さえるが、時々わざと法律違反を見逃してやった。それで数多くの部下が慕《した》ってきた」と書かれている。

役所では厳しい面を見せていた張敞も家では妻に優しかったようで、妻が化粧する時には眉毛を描いてあげていた。それを告げ口する人がいて、とうとう時の皇帝である宣帝の耳にも届いた。宣帝が張敞を呼んで問い詰めると、張敞は、あははと笑って「夫婦のあいだで、眉毛を描くなどというのは、実にたわいもないことで、それ以上のこともあるでしょう！」と言い返した。宣帝も、これは一本とられたわい、と思った。

本物の史書にはこういったさばけた話もところどころにさりげなく挟みこまれている。

人物伝＝（歴史＋小説）／2

人物伝とは、歴史のように厳密な考証で確実な事実を述べるものでも、あるいは、時代を画する偉大な業績を挙げた人を顕彰《けんしょう》するものでもない。また小説のように、虚構的、情緒的、観念的に作者の理念や理想を描くものでもない。人物伝とは、歴史的事実に立脚しながらも必ずしも歴史そのものでもないところに妙味がある。考証が多少不正確でも、時代精神（Zeitgeist《ツアイトガイスト》）を代表しているのだ。人物伝というのは歴史と小説のちょうど中間の産物、**「人物伝＝（歴史＋小説）／2」**である。

中国の史書にはところどころに「これはきっと編者のフィクションに違いない」と思われる個所がある。

たとえば、秘密会議の様子が、あたかも編者がその場にいたかのごとく臨場感に溢れる筆致で描かれていることがある。人物を活き活きと描くにはこの程度の脱線は許容範囲だと中国人は考えていたようだ。日本で「天知る、地知る、人ぞ知る」として有名な諺《ことわざ》がある。

後漢《ごかん》の楊震《ようしん》が知事であった時、かつて面倒を見てあげた王密《おうみつ》が夜中にこっそりと訪問してきて、黄金十斤《きん》（現在価値にして一千万円）の賄賂《わいろ》を贈ろうとした。楊震が「どうしてこのようなものを持ってきたのか？」と詰問した。王密は「こっそり来たので、このことを知る人は誰もいませんよ」と言うと、楊震が「天知る、地知る、我知る、子知る、何ぞ知るなしといわんか？」（この四者が知っているではないか。どうして人が知らないというか？）と切り返した。（『後漢書』巻54）

二人しか知らない話がいつしか巷間《こうかん》に漏れ聞こえ、それが『後漢書《ごかんじょ》』に書きとめられ、永久に残ることとなった。この一事によって楊震が清廉《せいれん》な士大夫《したいふ》の代名詞ともなったわけだが、こうしたやりとりが文字どおりあったかどうか、ということは重要ではない。史書を読む上で重要なのは、楊震であればこういうことがあっても不自然でない、と当時の人々が考えたという点から、当時の時代精神を読み取ることである。

こういう観点から、中国の史書は歴史書というより人物伝として読まれるべきだと考える。

中国の史書の金字塔、二十四史

中国の歴代王朝が編纂した二十四史は世界に例を見ない歴史書の一大叢書《そうしょ》である。これらは中華書局から標点本という読みやすい形式で提供されていて、日本でも容易に入手できる。また現代日本語では『史記』、『漢書』、『後漢書』、『三国志《さんごくし》』は全訳が出版されている。ただ、この中でもよく読まれるのは、『史記』と、せいぜい『漢書』と『三国志』ぐらいであろう。『後漢書』、『晋書《しんじょ》』（邦訳なし）は読む人はあまりいないだろうが、なかなか味がある。『後漢書』には中国において初めて儒教が政治的・文化的に確固たる勢力を占めた時代の躍動感がよく描かれている。とりわけ、後漢末期の党錮《とうこ》の禁《きん》におけるいわゆる清流《せいりゅう》派の団体行動はあたかも1989年の天安門《てんあんもん》事件における学生パワーの古代版だ。

一方、『晋書』は当時の相反する思潮が描かれている。一つは、竹林《ちくりん》の七賢《しちけん》に代表されるように儒学的政治理念を放棄し、現世の騒乱から逃避し、老荘《ろうそう》思想に耽溺《たんでき》した貴族階級の退嬰《たいえい》的な姿であり、もう一つは、後半の載記《さいき》に描かれているように、実力主義本位の異民族が中国の領土を蹂躙《じゅうりん》する姿である。この意味で、この二書は中国の本質を読み解くためには重要な本である。

『三国志』までの史書は個人が情熱を傾けて書いた超一級の文学作品である。文の国、中国では史書は詩に劣らず、常に文人の必読書でもあった。しかしながら『晋書』以降、編纂の主体が個人ではなく文人官僚のグループワークとなったため、総じて事務的に編纂された。その上、次第に肥大化したため情報源としては重宝されるものの、もはや一般人がわくわくして読める本ではなくなってしまった。さらに二十四史は膨大すぎてとても全巻を読み通せるものではない。『史記』から『明史』までの二十四史の総文字数は、優に２０００万文字を超える。中国史の専門家でも全体を読み通すのはなかなかの難作業であろう。しかし、毛沢東は国家主席として超多忙であったはずにもかかわらず三度も読み返したと言われている。二十四史には中国人の抽象的な政治理念だけでなく具体的な言動のすべてが詰まっている。この意味で二十四史は現代中国を理解する上でも、また中国と日本の根源的な差を知る上でも欠かすことのできない重要な情報源であり続ける。

『資治通鑑』を読んでみよう——中国の真の姿

二十四史は膨大すぎてとても読むことは不可能だが、簡約版として『資治通鑑』がある（厳密に言えば、『資治通鑑』は二十四史全体ではなく、『史記』から『五代史』までの十七史をカバーする）。毛沢東は『資治通鑑』も愛読すること実に17回に及んだと言われている。『資治通鑑』は字数にして約３３０万文字。注も入れると1万ページにも及ぶ膨大な書物だ（中華書局版）。それでも二十四史の7分の1にすぎない。私はかつて『資治通鑑』の全編を通読したが、根性を据えて真剣に読むと、実質1年で読むことは可能であることが分

imagine china/amanaimages

資治通鑑
司馬光が心血をそそいで書き上げた1万ページにも及ぶ歴史書から、現代中国が抱える問題をも読み取ることができる

かった。

一般的には、二十四史の簡略版として十八史略が挙がるが、先にも述べたように、この本や『論語』を読んでいる限り残念ながら中国を理解することはできない。というのは、これらの本に限らず儒教の聖典では、中国の帝王は「徳治《とくち》」の理想国家を目指して日夜、人格を磨き仁《じん》愛《あい》溢れる政治を行なっていたように書かれているが、実態はそうでなかったからだ。

『資治通鑑』にくどいほど描かれているが、**中国の伝統的な道徳は本質的に顔見知りの人々に対する礼儀や道徳を大切にせよ、と教えるだけで、それ以外の他人との付き合いにおける倫理はじつはどこにも規定されていない。**その結果、『資治通鑑』には仰天するほど、悪事が数限りなく書き綴《つづ》られている。人間などまるで虫けらのようにひねりつぶしてしまう盗賊や軍閥の寇掠《こうりゃく》と暴行。死人の肉ですら食べないと生き延びられない大飢饉。まさに広大な生き地獄の世界が幾度となく繰り返された。つかの間の平和も、官吏《かんり》の底なしの苛斂誅求《かれんちゅうきゅう》と宦官《かんがん》や悪徳官僚の桁《けた》違いの賄賂政治で庶民は地獄の苦しみを味わった。どこを見ても、義などは存在しないように見える悖乱《はいらん》の世界、それが偽《いつわ》らざる中国の真実の姿であったのだ。

このような記事をたっぷり1万ページ読んだあとの、私の率直な感想と結論は、「『**資治通鑑』を読まずして中国は語れない、そして中国人を理解することも不可能である**」であった。『資治通鑑』の記事は今から1000年も前の話であるし、その後の1000年に中国は大きく変わった。中国の伝統文化も大幅な変容を受けた。しかし、現代中国の諸問題はすでに『資治通鑑』に網羅されている。たとえば、共産党幹部の賄賂・汚職問題、想像を絶する環境汚染、チベットやウイグルの民族問題、都市と農村の格差問題、これらと類似の事例が『資治通鑑』には必ず見つかる。ビジネススクールではケースと呼ばれる、過去の実例をベースに思考訓練する科目があるが、まさに『資治通鑑』は「中国に関するケースの缶詰」である。つまり、1000年以上も過去の事例からでも現代中国社会の問題の本質や中国人の行動原理を理解することができる。これが『資治通鑑』（だけでなく中国の史書）の凄さであり、私が『資治通鑑』を読むように勧める理由でもある。

我々日本人はほとんどの場合、中国人の善悪のレンジの広さを身をもって体験する機会がないが、『資治通鑑』は、生々しいまでのリアル感をもってバーチャル体験させてくれる。

こういった『資治通鑑』本来の凄さを伝えたくて、私は『資治通鑑』の部分訳『本当に残酷な中国史　大著「資治通鑑」を読み解く』を出版した。

『宋名臣言行録《そうめいしんげんこうろく》』を読んでみよう——命をかけた政治家の存在

日本人にとっての中国の王朝というと、まずは秦《しん》や漢が挙がるだろう。次いで、三国（魏・呉・蜀）や唐、あるいはモンゴルの元《げん》や最後の王朝である清《しん》などが思い浮かぶのではないだろうか？　途中に宋《そう》という王朝はあるものの、有名な人や事件を具体的に思いつかないので何となく印象が薄いのではないだろうか？

しかし、中国人にとっては宋という時代は文化が馥郁《ふくいく》と薫る時代だったと映るようだ。最近、中国のｗｅｂサイトで「暮らす時代を選べるとしたらどの王朝にする？」というアンケートを中国人にとった結果が掲載されていた。各時代それぞれが好きだと答えがあったが、総じて、宋に対しては肯定的で、安定した文化的国家であった、という印象を多くの中国人が持っていることが分かる。

私も宋代が好きだ。ただ、宋代が他の時代に比べて取り立てて戦乱が少なかったとか、政治的混乱がなかったとは思わないが、後世の模範となるような人（士大夫《したいふ》）が綺羅星《きらぼし》のごとく現われた。必ずしも聖人君子ではないが、いずれも個性豊かな人たちだ。ちょうどヘレニズム時代に生きたギリシャ人、ディオゲネス・ラエルティオスの『ギリシア哲学者列伝』（岩波文庫）にギリシャの哲人が活き活きと描かれているように、『宋名臣言行録』を読むと当時の士大夫の息吹《いぶき》を直接感じることができる。

『宋名臣言行録』は昔から『貞観政要《じょうがんせいよう》』と並んで、帝王学の書として有名である。両方を読んだ経験から言うと『宋名臣言行録』のほうが我々にとって参考になる部分が多い。というのも、『貞観政要』は中国史上名君の誉《ほまれ》高い、唐の太宗《たいそう》と臣下との対話が中心に編纂されているが、これは我々庶民には少しばかり話が縁遠い。そういった感覚で私は『宋名臣言行録』を勧める。

ただ、そうはいっても、『宋名臣言行録』の登場人物は我々庶民のレベルをはるかに超えた超一流の政治家・文人だらけである。しかしそういった人の庶民性溢れる側面の話もあり、読みながら、にやりとする場面に遭遇することもある。たとえば次のような話がそうだ。

宋の第三代皇帝・真宗《しんそう》がまだ皇太子であった時、急用があって侍従の魯宗道《ろそうどう》を呼び出そうとし、使いを出したがあいにく外出していた。しばらくすると魯宗道が自宅近くの飲み屋から戻ってきた。それで使いが早く参上するように促《うなが》した。あわてて宮中に駆けこんだ魯宗道に真宗が詰問した。

真宗が「どうして飲み屋などに行っていたのか？」と問うた。魯宗道が答えて言うには「私の家は貧しくて、食器などは揃っていませんが、飲み屋にはそれらが全部あります。それで、客がくるといつも近所の飲み屋に厄介《やっかい》になるのです。今日はたまたま故郷から客人が来たので、一緒に酒を飲んでいました。しかし、私は私服に着替えたので、飲み屋の客たちは私のことは分からなかったはずです」。

皇子の侍従という一国の高官である魯宗道が庶民服を着こんで庶民にまじって一杯飲み屋で故郷の友達と酒を酌み交わしていたのだ。なんともさばけた人がいたものだ。これが文化の香り高い宋の文人であった。

中国の歴史を読むと中国の庶民は日本とは比較を絶するほど悲惨な目にあっている。役人や悪人の悪辣《あくらつ》ぶりも日本をはるかに凌《しの》ぐ。その反面、本物の士大夫（政治家）の資質や責任感の強さはとても日本の比ではない。それは彼らは常に自分だけでなく一族全員の生死がかかった状態で物を考え、行動していたからだ。

彼らの置かれた状況の凄さを剣術に喩えてみれば次のようなものだろう。日本の剣道の稽古《けいこ》では必ず、面や籠手を付け竹刀で打ち合う。そのため力一杯撃たれてもせいぜい痣《あざ》ができる程度で、命に関わるようなことはめったにない。それに反し、中国では防具なしに、真剣で切り結ぶようなもので、ちょっとでも油断すると半身不随になったり、時には命を隕《お》とすことすらあり得る。

武士同士の戦いはさておき、日本では政治家同士の政治闘争や権力闘争ではたとえ敗れても殺されるようなことはめったになかった（例：松平定信《まつひらさだのぶ》、柳沢吉保《やなぎさわよしやす》、堀田正睦《ほったまさよし》など）。それに反し、中国では、政治闘争と言えば、必ず生命と全財産がかかった真剣勝負であったし、今もそうだ。そのような過酷な条件下でも、理想に燃え、信念を貫き通した士大夫を史書や『宋名臣言行録』は描いている。

私の個人的な感想を言えば、近代の日本と中国の国家の指導者たちを比較してみると、中国の指導者たちの何人かに士大夫の凛《りん》とした風格を感じるが、日本の政治家にはそのような人はほとんどいない。この意味で、千年経っても史書や『宋名臣言行録』は光芒を失うことなく、また国を超えて、人としての生き方の指針を与え続ける書である。

日本の古代の歴史書、六国史——日本人の性質は1000年前から変わらない

日本の古典文学といえば、記紀万葉《ききまんよう》といわれるぐらい、『古事記《こじき》』と『日本書紀《にほんしょき》』は日本人であれば誰でもその名前は知っている。しかし、『古事記』や『日本書紀』そのものについてはまったく知らない人が多い。一体分量として、現在の文庫本にして何冊ぐらいになるのか？また1500年ほど前の文章は素人が読めるものなのだろうかと尻込みしていないだろうか？思い切って手にとって見ると案外薄い。『古事記』は文庫本一冊だし、『日本書紀』でも2冊だ。文章も、『源氏物語《げんじものがたり》』や『枕草子《まくらのそうし》』よりもずっと易しく、辞書なしでもだいたい理解できる。

奈良時代から平安時代にかけて、漢文の編年体形式で『日本書紀』を含め合計6種の歴史書が書かれた。これを六国史という。六国史は、時代が特定できない神代《かみよ》を除くと、だいたい紀元5世紀から9世紀までのことが書かれている。日本史や世界史に限らずどこの国の歴史でも代表的な歴史書の原本を読むことで初めてその国の実態に触れることができ、興味が湧《わ》いてくるものだ。六国史もそうである。実際に読んでみると我々が日本人でありながら気づいていない点がいくつか見えてくる。

たとえば、日本では、同期入社（あるいは同期入省）であれば、一定の年齢までは、同時に昇進・昇格することが慣例となっている。この一律昇進のシステムも六国史に見える。『続日本紀《しょくにほんぎ》』の巻21、天平宝字《てんぴょうほうじ》2年（758年）8月には、「大学生や医針の学生、暦算、天文、陰陽の学生で、年齢が25歳以上の者は全て位階一つ上げよ」との詔《みことのり》が下されている。またすべてをチェックしたわけではないが、『続日本紀』以降にしばしば見られる除目《じもく》（官僚の昇進・昇格）では、だいたい同じメンバーが何度も同時に昇格している。

また日本では古来、何かにつけ能力よりも血統が重視された。中国では隋《ずい》代に科挙《かきょ》が初めて実施され、唐代にはかなり定着した。日本人は遣唐使や遣渤海《ぼっかい》使などによって科挙で官僚を選抜する仕組みは知っていたにもかかわらず、あくまでも血統にこだわった。その理由を『続日本紀』の巻17、天平勝宝《しょうほう》元年（749年）2月の記事には「傍流の者がトップにたつと訴訟の原因ともなるので、それを防ぐために嫡流《ちゃくりゅう》の者を郡司に選ぶべし」と命じた、とある。実力は主観的である上に勢力争いの原因ともなるので、血統のように確実に決まる方法が望ましいと考えたのである。さらに、これより約半世紀後の弘仁《こうにん》2年（811年）には「才能重視で役人を選抜すると失敗するので今後は一切血統で選べ」という嵯峨《さが》天皇の詔が再度出されている（『日本後紀』巻21）。

これらのことは「日本人には多様な価値観の並存を認めつつ包括的に最適運用するというマネジメントができない。つまり多様性、複雑性には対処できない」という私の結論を裏づける

（詳しくは第3章で述べる）。

その一方で、日本人は状況に対してじつに柔軟に対応していることも明らかとなる。たとえば『続日本紀』巻29の神護景雲《じんごけいうん》2年（768年）には、陸奥《むつ》の国から税金（庸調《ようちょう》）を毎年都まで運搬するのは負担が大きすぎるのでいったん地元の国司《こくし》に納め、10年ごとに運搬するように変更してほしいとの要望が提出された。中央政府もこの願いはもっともだと認可した。また、『日本後紀』巻22、弘仁《こうにん》3年（812年）には大学には勉強についてこられない落ちこぼれ学生が多いので、カリキュラムを「実状に合わせて」（稍合物情）変更するように命じた。

不都合な点があれば改善していくという高い柔軟性は良いことのように思えるが、一面では原則（プリンシプル）がいつの間にか、なし崩し的に形骸化してしまう危険性を伴う（この点については第4章でも述べる）。これら六国史の記述から日本人の原則軽視の風潮は昔からのものだと分かる。

また、中国からの文化受容にも日本独自の判断が優先したことも分かる。『日本書紀』によると、百済《くだら》から仏教と儒教が同時にもたらされたが、日本人は儒教のコア概念である血族を理解しつつも意図的に無視していた。血族とは父系を同じくする親族のことを指し、同族間では結婚が許されなかった（同族不婚）。中国ではそのタブーを破る者は人倫を乱すものとして野生動物同然の礼儀知らずとみなされた。日本は中国（や朝鮮）から儒教を受け入れたようでありながら、同族不婚の掟《おきて》を無視していた例は六国史には数多く見出される。たとえば、『続日本後紀』（巻10）の承和8年（841年）の記事に、桓武《かんむ》天皇の娘の高津内親王《たかつないしんのう》は異母兄の嵯峨天皇の妃となったことが記されている。時代は下り、平安中期（1000年ごろ）の後三条《ごさんじょう》天皇の母親は禎子《ていし》内親王であった。つまり父母とも同じ天皇家であった。儒教の伝来からすでに500年も経ち、中国の倫理観も十分理解していたはずの平安朝の天皇家ですら儒教の教えを無視していた。

このように、六国史を読むと、日本人の根源的な性質（一律昇進、能力より血統重視、儒のコア概念の無視）が1000年以上にもわたりほとんど変化していないことが分かる。この意味で、六国史は日本人の本来的な性質を知るためには必須の歴史書である。

もっとも六国史は記述がぶっきらぼうな点が多く面白みに欠ける。明治の中国史学の大家、内藤湖南《ないとうこなん》は『日本文化史研究』（上巻・P.122、講談社学術文庫）で『続日本紀』を「当今の官報のような材料を日記体に並べたもの」とけなしている。内藤湖南は中国に関する専門家として世に知られているが、元来は日本に関して深く研究しており、ある時、火事ですべての本を焼いてしまってから、一転して中国だけに特化するようになった。したがって湖南の日本の古代に関する指摘は思いつきで言ったものでなく、深い学識に基づき、肯綮《こうけい》に中《あた》っている。

戦後忘れ去られた徳川光圀の『大日本史』

『大日本史』は水戸藩主の徳川光圀が藩の事業として編纂させた日本の歴史書である。日本の古代から室町初期（1392年南北朝《なんぼくちょう》の統一）までの千数百年の歴史を綴《つづ》った唯一の歴史書であるが、和文ではなく漢文で書かれた。また編年体ではなく、『史記』が始めた「紀伝体」を採用し、「紀」に天皇を、「伝」に皇族や貴族、武将や学者の伝記を収めた。ただ現在の日本では、残念ながら『大日本史』というのは受験問題に出るので、名前と概要だけ覚えておけばよい存在に成り下がってしまった。実際に何がどう書かれているかに関してはまったく世間の関心を引かない。しかし、かつて明治期において初めて全容が公開され、それを読んだ哲学者の西田幾多郎《にしだきたろう》は次のように絶賛した。

明治以来、我が国の歴史学は、西洋史学の影響を受けて、長足の進歩を遂げたとは、しばしば耳にする所であるが、自分の見る所を以てすれば、明治大正の間、歴史の名に値するほどの著述は、一つも無い。むしろ我々の考へてゐる歴史といふものから見て、真に歴史と云ってよいものは、水戸の大日本史があるだけである。（『大日本史の研究』P.39、日本学協会編集、立花書房）

残念ながら、『大日本史』の現代語訳は出版されていないので、普通の人にとっては読むことのできない幻の本である。出版されない理由はいろいろあるだろうが、最大の理由は、国粋主義・軍国主義と密接に関連していたという世間一般の「いわれなき誤解」が原因だと私には思える。

たとえば Wikipedia の『大日本史』の項では次のような記載が見える。

「全体的に水戸学＝大義名分論とする尊皇論で貫かれており、幕末の思想に大きな影響を与えた」

尊皇論が国粋主義と同一視される戦後の風潮にあっては、この本が忌《い》まわしき昭和の軍国主義と重なり、否定的な印象を持たれるのであろう。しかし、これはまったくの「いわれなき誤解」であるというのは、実際に通読した人にはよく分かるはずだ。

たとえば、『大日本史』というのは、後醍醐《ごだいご》天皇の南朝を正統とし、楠木正成《くすのきまさしげ》を英雄視した一方で足利尊氏《あしかがたかうじ》を譎詐《けっさ》権謀の極悪人だと決め付けた、と言われているが、本文を読むとこのようなイデオロギー的な決め付けがいかに実態からかけ離れたものかが分かる。後醍醐天皇の体制が脆《もろ》くも崩壊したことについては、公卿が武家を奴隷のごとく見下していたことが原因だと手厳しく評価している。また足利尊氏の事跡《じせき》についても、正当に評価していることが多い。「尊氏は敗北してもそれに従う武士が多くいた」、あるいは「規略遠大、金帛《きんぱく》を視ること土石の如し」など、『大日本史』は尊氏を必ずしも否定ばかりしていない。世の中には具眼《ぐがん》の士もいるものだ。『大日本史』の公平な編纂姿勢に対して次のような評価を与えている記事もある。

『大日本史』の特色は史料を尊重し、京都、奈良、吉野、紀州方面をはじめ、中国、九州、北陸の一部、東北地方などに館員を派遣し史料収集にあたらせたことである。また本文では「六国史」以外の史料については出典を明記している。（『日本大百科全書』内〈大日本史〉の項）

しかし、たとえこのような客観的な記事があっても現在の日本は、『大日本史』についてまともな議論ができる状況にない。というのは、現代語訳が存在していないだけでなく、そもそも原文である漢文の『大日本史』ですら容易に入手できない状態であるからだ。

それで、大日本史というと、読みもせずに、単に噂を聞いて、尊皇主義や国粋主義を鼓舞する本だというイデオロギー的な面だけを取り上げて、根拠もなく批判するばかりである。私がこういった現状を残念に思うのは、昭和15年に春秋社から発刊された、山路愛山《やまじあいざん》の漢文書き下し文の『譯文・大日本史』（春秋社・全10巻）を10年ほど前に読了して、『大日本史』には大義名分的なイデオロギーに基づいた記述も一部存在するとは認めるものの、基本的には資料的に十分な裏づけを持って書かれた極めて素晴らしい良書であることを知ったからである。

私の読後感を言えば、『大日本史』は、学術的に由緒正しい史料をフルに駆使して、『太平《たいへい》記《き》』で歪《ゆが》められた南朝至上主義のアンバランスをむしろ正そうとしたように感じられる。それはちょうど、中国の正史である三国志とそのフィクションバージョンである『三国志演義《さんごくしえんぎ》』の関係に近い。民間の語り部が、人気取りのために勝手に挿入した勧善懲悪の筋書がいつの間にかフィクションではなくリアリティを持ち、ついには、歴史の事実がそのフィクションによって歪曲《わいきょく》されるに至った。

日本史に関して「ウナギの匂い」ではなくウナギそのものを味わいたいと思うならぜひ一度、書き下し文の大日本史にチャレンジしてほしい。きっと今まで観念的にしかとらえられていなかった歴史的事件のひとこまひとこまがリアリティを持って迫ってくるだろう。また現代人の書いた時代小説によく出てくるような、ふやけた倫理観ではなく、張りつめた当時の倫理観の厳しさにも驚くことであろう。

中国人は、後世の評価に人生をかけた

しかし正直なところ日本の歴史書は中国の史書に比べると、面白みに欠ける。この差は本質的に歴史書というものに対する概念が異なっているところから来ると思える。

繰り返すが、中国人にとって歴史書というのは、単に歴史的な事件を記述するのではなく、人としての生き方を知るための鑑《かがみ》である。その姿勢を最も先鋭的に表明したのが『史記』を書いた前漢の司馬遷である。彼の個性的な思想と文体を盛り込むために、わざわざ新しく紀伝体という体裁を発明した。そして『史記』が大成功したため、それ以降の中国の正史はすべて紀伝体にならって作成されることとなった。しかし、司馬遷以前の歴史書も人としての生き方の鑑である、との概念・意図は存在していた。『春秋左氏伝』は体裁こそ、編年体であるが、事件に遭遇して見せるそれぞれの人の言動が良きにつけ、悪しきにつけ、読む人に自己反省を促《うなが》す。『資治通鑑』も編年体であるが、人としての生き方の鑑という視点が貫かれている。中国人は思想を抽象的な哲学的言辞で定義して足れりとはせず、必ず思想の具現化としての模範となる言行を史書に求めたのである。

この考えを端的に表現したのが、「生同志、死当同伝」（生きては志を同じくし、死してはまさに伝を同じくすべし）である。これは『宋名臣言行録』の范景仁《はんけいじん》の言葉であるが、彼は司馬光と肝《かん》胆相照《たんあいて》らす仲であり、生死を共にしていた。生きている間だけでなく、死んでからも、自分たちの固い友情を世の中の人に理解してもらいたいというのだ。**後世の評価に自分の人生をかける**、という中国の伝統的価値観がこの句に凝縮されている。「歴史＝人物伝」と考え、**後世の人に対しても恥じない言動を常に意識する、**こういった明確な歴史観を持って行動した人たちの伝記の集大成が中国の史書である。それゆえ、『史記』や『資治通鑑』などの史書は中国だけでなく、朝鮮や日本で営々と読み継がれてきたのだ。

日本は中国から多くの文化的影響を受けたが、ついぞ中国の史書のようなものを作り出すことはなかった。私は日本人とか中国人という枠を超えて人間として生きる道を机上の観念論ではなく、実際の言動を伴って示してくれるのが中国の史書であると考えている。この意味で、我々日本人にとっても中国古典の「本物の史書」は何にもまさる人生の指南書であると確信している。

COLUMN/002

19世紀までの公式で現代問題が解ける

――「土着文化」を知らずに世界は理解できない

数学では、まず初めに基礎概念や公式・基礎方程式を習う。たとえば、三角関数であれば、sin, cos, tan の意味とそれぞれの関係を示す公式 sin(x) = cos (90-x) や倍角、和積の公式、あるいは基礎方程式 ($\sin^2(x)+\cos^2(x)=1$) など。この部分をしっかりマスターすると応用問題を解くのは難しくない。しかるに数学の苦手な人はたいていにおいて、この初めの部分を理解できないまま、適当に飛ばして応用問題に向かうため、いつまで経っても応用問題が解けないのである。

ところで最近、現代の世界に起こっているさまざまな問題について分かりやすく解説するテレビ番組や書籍が人気だ。こういったテーマに関心を持ち、日本だけでなく世界に視野を広げるという勉強熱心さには敬意を表する。ただ、やり方がすこ～し間違っているのではないかと懸念する。それというのは、公式や基礎方程式を学ばずに、直接、複雑な現代社会の応用問題を解こうとするような無謀さを感じるからである。現代の国際社会の問題は複雑な状況がからみあっているので、とてもとても一国だけで処理できるものではない。さらに、それぞれの文化圏が持っていた伝統的価値観や論理と近代の西欧市民社会が確立した「自主・独立・自由・人権・民主主義」などの近代思想が複雑に入り混じっているため、現在発生している問題がはたしてどの要因から発生しているのかを知るのが極めて難しい。問題の根本要因をつかめないのである。

たとえば、イスラム文化圏を考えてみよう。言うまでもなく、イスラムとはムハンマドが7世紀に現在のサウジアラビアで起こした一神教である。それが西は北アフリカ、さらにはスペインを席巻《せっけん》し、東はアフガニスタンからパキスタン、インド、東南アジアまで実に広大な範囲に広がった。当然のことながら、イスラムが来る前には、すでに各地では独自の土着文化が育っていた。いわば、イスラム文化圏とは二階建ての家のように、一階部分は土着文化であり、その上にイスラムという二階建ての部分をあとから増築したようなものだ。二階部分の建て方はどこでも同じだが一階部分は地域ごとにかなり異なっている。

土着文化の上にイスラムがかぶさることで、現在社会において彼らの物の考え方・論理や行動パターンが非常に分かりにくくなっている。たとえば東南アジアは伝統的に女性の社会的地位は高い。フィリピンのように大学などの高等教育を受ける比率は女性のほうが高いところもあるほどだ。一方、中近東のイスラム文化圏では男性中心社会である。イスラム教を国教としているマレーシア、インドネシアでは（たぶん）今でも女性の社会的地位が高いと想像される。それで、マレーシアやインドネシアの社会問題を考える場合、必ずしもイスラムというステレオタイプの思考だけではとらえきれない。つまり、これらの国々の問題は、はたしてそれがイスラム以前の土着の慣習や物の考え方に由来するのか、それともイスラムに由来するのかが分かり難い。

日本を考えてみても、明治維新以降、西欧の近代市民社会の考え方がかなり浸透してきたが、それでも今なお日本の固有文化に根差した発想が支配的だ。本章でも述べたが、私は個人的には、日本に限らず、ほとんどの文化圏では、現在の21世紀においてすら土着文化の影響は8割以上を占めていると考えている。それゆえ、日本の問題を考えた場合、問題の根っこは、近代市民社会の構成要因である「自由・人権・民主主義・法治主義」などではなく、日本古来の村社会的なところに存在する。ついでに言えば、お隣の韓国・北朝鮮・中国においても、現在発生している問題の中核は彼らの伝統的価値観から来ると考えると納得できる。中国や北朝鮮などはなまじっか「共産主義・社会主義」などという見かけだけの看板を掲《かか》げているため、その標語に目くらまされて本質を見抜くことができず、迷論を吐く政治家や評論家がやたらと多い。もっとも、その迷論を吟味することなく、無邪気に信じているほうもどっこいどっこいだが。

さて、冒頭の数学の公式・基礎方程式と応用問題のテーマに戻ると、私の言いたいのは、

「**世界の現代の社会問題という応用問題にとりかかる前に、各国の土着文化という、公式・基礎方程式をしっかりと学ぼう**」

ということである。具体的には、20世紀、21世紀のような現代的な問題を云々《うんぬん》する前に、19世紀まで(日本で言うと明治以前)の歴史を生活誌的観点からしっかりと理解しようということである。

文化の根源、つまり各文化圏の公式・基礎方程式を知ろうと思えば、一般の人々の生の生きざまを知る必要がある。この点では、ヨーロッパの歴史家には生活誌の観点から社会全体を描いた好著が多いので、ぜひ手に取って読んでほしい。

科学や技術は現代だけでなく、過去においても生活の基盤を支えてきた。生活に密着しているだけに科学や技術にはそれぞれの民族の思考方法がより一層色濃く反映されている。たとえば、江戸時代の蘭学《らんがく》はヨーロッパのすべての学問分野ではなく、医学・薬学・天文学・博物学などごく限られた分野だけであった。この選択からでも、観念的・思弁《しべん》的な事柄より実用的な事柄、あるいは芸道的な事柄に興味を持つ日本人の性格がよく分かる。そして、日本人の思考のベースを明らかにする。

第3章

ものづくり日本はどこへ行くのか?

——科学史、技術史から見る「日本文化」と「日本製造業の強み/弱み」

経営本より科学史、技術史を学ぶ

ビジネスパーソンにとって、会社人生をどう生きるか、あるいは今後の社会の動きにどう合わせるべきかを考える時、自然と経営本に手が伸びる。私も過去、数多くの経営本を読んできた。その経験から、自分の悩みが明確である時などには経営本は確かに手っ取り早く回答を得るのに役立つ。しかし、もっと広い、あるいは高い視点に立って今後の社会の大きなうねりの方向性を根源的に探ろうとすると、経営本というのは寸足らずだ。

「そうしたらどのような本を読めばよいのか?」という自らの問いに、私自身も以前は自信を持って答えることができなかった。しかしその後、リベラルアーツの観点から、日本も含め、世界の各文化圏のコアをつかむという課題設定をして、いろいろな本を読んでいくうちに自然と答えが見つかった。それは、経済や社会の発展の原動力となった科学や技術の発展の経緯、つまり科学史と技術史を理解しておくことが必要だ、ということだ。

身近な例として、日本の開国を考えてみよう。日本はペリーによる開国(1854年)から半世紀も経たないうちに先進工業国の仲間入りができた。日本以前にヨーロッパ諸外国とのコンタクトがあった国は、中東、インド、中国、東南アジアなど数多くあるが、いずれも近代的な産業システムを構築することができなかった。

この差は一体どこから来たのだろうか？

幕末・明治の志士《しし》たちに先見の明がありヨーロッパの社会システムを積極的に取り入れたことは確かに大きな要因ではあったが、ペリー来航までに日本の工業技術レベルがすでに相当高かったことが大きく寄与している。また明治以降、政府の構想に沿って実際の機械製造、工場建設などの実務を担当した技術者・職人・労働者の資質が高かったことも認めねばなるまい。ヨーロッパ以外の国々で日本を除いては近代化が成功しなかったという根本原因は政治や思想にあったのではなく、科学や技術、それに職人や工芸に対する伝統的な考え方が日本のようではなかったということだ。

日本の産業構造のこれからを考えるには

「日本の家電産業はサムスンに負けた」「日本は製造業から金融やソフトウェアなどに重点を移すべきだ」など、現在の日本の産業構造に関する非難や提案は絶えない。30年ほど前にジャパンアズナンバーワンと言われ、巨額の貿易黒字に悩んでいたが、今や逆に貿易赤字の垂れ流し状態である。1980年代を風靡《ふうび》した日本的経営は今や誰も讃美しない。それどころか、韓国のサムスンや中国企業の追い上げで一流の大企業といえども危ないという。さらには、

2011年の大震災以降の原子炉の廃炉問題、エネルギー問題など、解決の見通しのつかない問題も山積している。

製造業で世界の覇者となったはずの日本は一体どうなったのだ、これからの製造業はどうすればよいのであろうか？　こういった不安は日本人の誰もが共有しているであろう。

これらの問題の全体像は大きすぎてとてもつかめるものではない。その理由は、現代の我々はあまりにもその問題の近くにいるからである。富士山の中腹にいる人は、富士山の細部は見えても全貌は見えないものである。しかし、富士山から遠く離れた人には逆に細部は見えないが全貌はつかめる。これと同様に、現在の問題のまっただ中から少し視点を引いて、長いタイムスパンで見ると問題の本質がつかめる。

本章では、この問題の根幹に横たわる日本文化の本質を、科学史・技術史の観点から抉《えぐ》り出す。同時に日本文化に根差す日本の製造業の長所と短所を指摘する。

科学、技術、工芸の歴史から文化が見える

通常、日本の文化や社会問題を考える時に、神道、仏教、儒教といった思弁的なもの、つまり思想・哲学・宗教・社会科学の観点から考えがちである。

しかし私はそれよりも、**日本人が得意とする手を動かした工芸や技術からのほうがよく分か**

ると考えている。その理由は、**日本文化の本質は物（ブツ）に色濃く反映されている**からである。とりわけ、中国や朝鮮と日本を思想面から比較しても差異は見つけにくいが、物（ブツ）に対する取り組み方を比較することで差異が非常にくっきりと分かる（注：ここで「朝鮮」というのは、現在の韓国や北朝鮮だけでなく、歴史的な王朝である高麗《こうらい》や李氏《りし》朝鮮の総称として用いる）。

この意味で、日本の社会や文化の本質を探るためには、日本だけでなく諸外国（本章ではヨーロッパ、イスラム、中国、朝鮮を対象とする）の科学史と技術史を俯瞰《ふかん》的に知る必要がある。この時、科学や技術の各部門を専門的に細かく研究する必要はない。

ドイツの科学史の大家であるダンネマン（Friedrich Dannemann）はその著書『大自然科学史』の中で、ジグムント・ギュンター（Sigmund Günter）が科学史を学ぶ上での注意点として次のように述べていたことを記す。

> ここで大切なのは、こまかい知識でもないし、一つ一つの問題を研究することでもない。そうではなくて、大きな理念（イデー）やこのような理念のおかげで受けている成果について、一つのざっとした像を描くことが、大切である。（『大自然科学史』第9巻・P.7、ダンネマン著、安田徳太郎・加藤正訳、三省堂出版）

つまり、科学や技術がそれぞれの社会でどのように受け入れられ発展したかというストーリーを大きなくくりでとらえることができればよいのだ。その上で、比較に重点を置いて考えることで、日本の社会や文化の本質を知ることが可能となる。

はじめに、日本人のアナログ思考と欧米のデジタル思考について考えてみたい。

ペリー提督が見抜いた日本の技の長所と短所

江戸末期のペリーの黒船来襲が日本社会を大きく転換させたことは、日本人なら誰もが歴史で習う。しかし、それでは、ペリー提督の一行が一体何をし、何を見たのか？　と問われると途端に答えにつまる。日本人の大多数にとってペリーの黒船は、日本を変えたという抽象的なフレーズにすぎず、実態は皆目知らない。「灯台下暗し《とうだいもとくらし》」と言うが、外国人の指摘には我々日本人が見過ごしてしまう点が多く含まれている。ここでペリーの意見に耳を傾けてみよう。

ペリーの一行は日本と沖縄を訪問し、米国に帰ってから米国議会に詳細な報告を提出した（『ペルリ提督　日本遠征記』全4冊、土屋喬雄・玉城肇訳、岩波文庫）。それを読むと、短期間の滞在で、しかも限られた見聞の範囲で、日本の工業の発展を正確に予測し、日本の工芸の長所と短所を的確に指摘していることに驚く。

もっともペリーは遠征艦隊の司令官に任命されてから、日本に関する本で、当時入手可能なものはすべて集めて読破したと言われている（もっとも当時、日本に関する本は二十数冊しかなかったようであるが）。そういった周到な準備があったので、短期間のうちに日本文化の本質的な強さと弱さを理解することができたと思われる。

まず強みについて彼は次のように述べる。

実際的及び機械的技術に於て日本人は非常な巧緻《こうち》を示している。そして彼らの道具の粗末さ、機械に対する知識の不完全を考慮するとき、彼らの手工上の技術の完全なことはすばらしいもののようである。日本の手工業者は世界に於ける如何なる手工業者にも劣《おと》らず練達であって、人民の発明力をもっと自由に発達させるならば日本人は最も成功している工業国民《マニユファクチャーリング・ネーションズ》に何時までも劣ってはいないことだろう。（一部現代かなづかいに変更。以下同じ。前掲『ペルリ提督　日本遠征紀』巻4・P.127－128）

逆に弱みとしては、

すべてのアメリカ人は、木造の家屋を建築する際に日本の大工達が示した熟練した技術、即ち整理の巧さ、接合の滑《なめらか》な仕上げ、床張りの整然さ、窓框、移動式戸板 Movable door panel 及び幕のきちんとしたはめ方と滑《すべ》りよさを歎賞した。家屋や公共建築物全体の設計は、構造の細部の仕上げよりも甚《はなは》だ劣っていた。（同前巻4・P.128－129）

さらに、つづけて、

石工職にも大工と同じく自由又は大胆な着想はなかったが、その仕上げは極めて完全なものであった。（同前巻4・P.129）

と指摘する。

ペリーがチラリと垣間見た当時の日本人の長所、短所が今でもそのとおりだと感じるのではないだろうか。

日本人は細部を徹底的にパーフェクトに磨き上げるのは得意であるが、奇抜なアイデアを実現したり、複雑な物事を扱うのが極めて下手である。幕末・維新の動乱、第二次世界大戦後による大きな変革を経ても、なお日本の本質的な部分は変わっていないことがペリーの記録から読み取れる。

道具に現われる「日本人のアナログ思考」と「欧米人のデジタル思考」

ペリーは無意識のうちに、西洋と日本の根本的な差を鋭い直観で探りあてたが、それについて論理的に説明しよう。

日本で使われている日用品や道具を西洋のものと比較すると、ある一定の傾向が見られる（図5参照）。

日本と西洋の考え方の差（アナログ vs. デジタル）を示す具体的な物として、下駄と靴、帯とベルト、鉢巻きと帽子、風呂敷とカバン、布団とベッド、箸と鉛筆、など数多く挙げることができる。

たとえば、寿司を巻く道具である「すのこ」は、最大の太さに限界はあるものの太さに応じてかなりフレキシブルに対応できる。一方、「ケーキの型」は一定の形しかできない。また、日本の「引戸」が開閉を任意の位置で止めることができるのに対して、西洋の「観音扉《かんのんとびら》」では開か閉（オンかオフ）がベースとなっている。

このように柔軟性に富むのがアナログの特徴で

図5 日用品に表われる「日本のアナログ思考」と「西洋のデジタル思考」

日本（アナログ）	西洋（デジタル）
下駄	靴
箸	フォーク
柄杓《ひしゃく》	じょうろ
帯	ベルト
風呂敷	カバン
布団	ベッド
寿司巻き（すのこ）	ケーキの型（cake mold）
引戸	観音扉（ドア）

使う人の技巧（コツ）に頼る日本と、道具に技巧を組み込む西洋。日用品には両者の違いが表われる

あり、反対に柔軟性に欠けるのがデジタルの特徴である。

この対比から、日本のアナログ的（柔軟）な物の考えと西洋のデジタル的（確定的）な物の考え方が一貫していることに気がつく。ある物はアナログであり、別の物はデジタルであるというのではなく、**一貫して日本はアナログであり、西洋はデジタルである。**一見表層的に見えるこれら道具類の差は、両文化の根源的な発想の差に由来している。これが物（ブツ）から見ると文化の差がよく分かると述べた理由である。

道具に技巧をビルトインする西洋の発想

ペリーが感心したように、日本の大工の道具は一見シンプルで、道具自体には種もしかけもないが、出来上がったものは非常に精巧である。なぜ、日本の道具はシンプルなのに精巧なものができるのであろうか？　また西洋の道具はなぜシンプルでないのか？　ペリーの観察から、日本人の考え方と西洋人の考え方が別系統であることが予感されるが、この差を、水を撒《ま》く道具「じょうろ」と「柄杓《ひしゃく》」で説明しよう。

じょうろというのは、水を入れると、小さな子どもでも簡単に水を撒くことができる。一方、桶《おけ》に水を入れて柄杓を与えても、子どもは水を撒くことができない。せいぜいそこら辺りをびしょびしょに濡らすのが関の山だ。この差はどこから来ているのだろうか？

じょうろの場合、子どもがすぐに水撒きができるということは、じょうろという道具に初めからある程度のレベルの技巧が埋め込まれているからである。ところが、じょうろを使って水撒きをしていると、さらに上達するものの、ある時点で上達がストップする。つまり、じょうろという道具そのものに能力以上のことはできない。このことから、西洋の道具には素人でも上手に仕事ができるように「技巧がビルトインされている」が、上達代《しろ》が少ないことが分かる。

一方、柄杓では最初は水が上手に撒けない。それは柄杓という道具に技巧がビルトインされていないからである。つまり、柄杓で上手に水を撒けるようになるには熟練を必要とする。また、練習して最終的にどこまで上手に水が撒けるかというのは、道具そのものに内在しているのではなく人間の腕にかかっている。この違いは、じょうろと柄杓だけにとどまらず、日本（アナログ）と西洋（デジタル）のすべての道具に共通して見られる（例：弓とアーチェリー）。

この考察から、**西洋文化の根底には「道具に技巧をビルトインする発想」**があり、**日本文化の根底には「各人が修業を通して技巧を個別に習得する発想」**があることが分かる。

MASAAKI TOYOURA/orion

BLOOM image/amanaimages

じょうろを作った西洋、柄杓で水を撒く日本
このような簡単な道具にも、西洋と日本の考え方の根本の違いはくっきりと出る人間の感性は本来アナログ的である（つまり数値化できない）が、西洋ではまずそれをデジタル化（数値化）する。また、経験から法則（ルール）を抽出する。一般的にはそれらは、原理とか法則と呼ばれる。そして**実際の問題に際しては原理・法則を適用**して処理する。一方、日本では、ルール化というプロセスを一切すっ飛ばして、各人が個別的・属人的に技《わざ》として法則を会得し、それを実際問題に適用して処理する（図6参照）。つまり、西洋では道具だけでなく考え方そのものがデジタル的なので、**西洋では社会システムもすべてがデジタル的にできている**。同様のことが日本のアナログ思考にも言える。

図6 アナログとデジタルの処理の違い

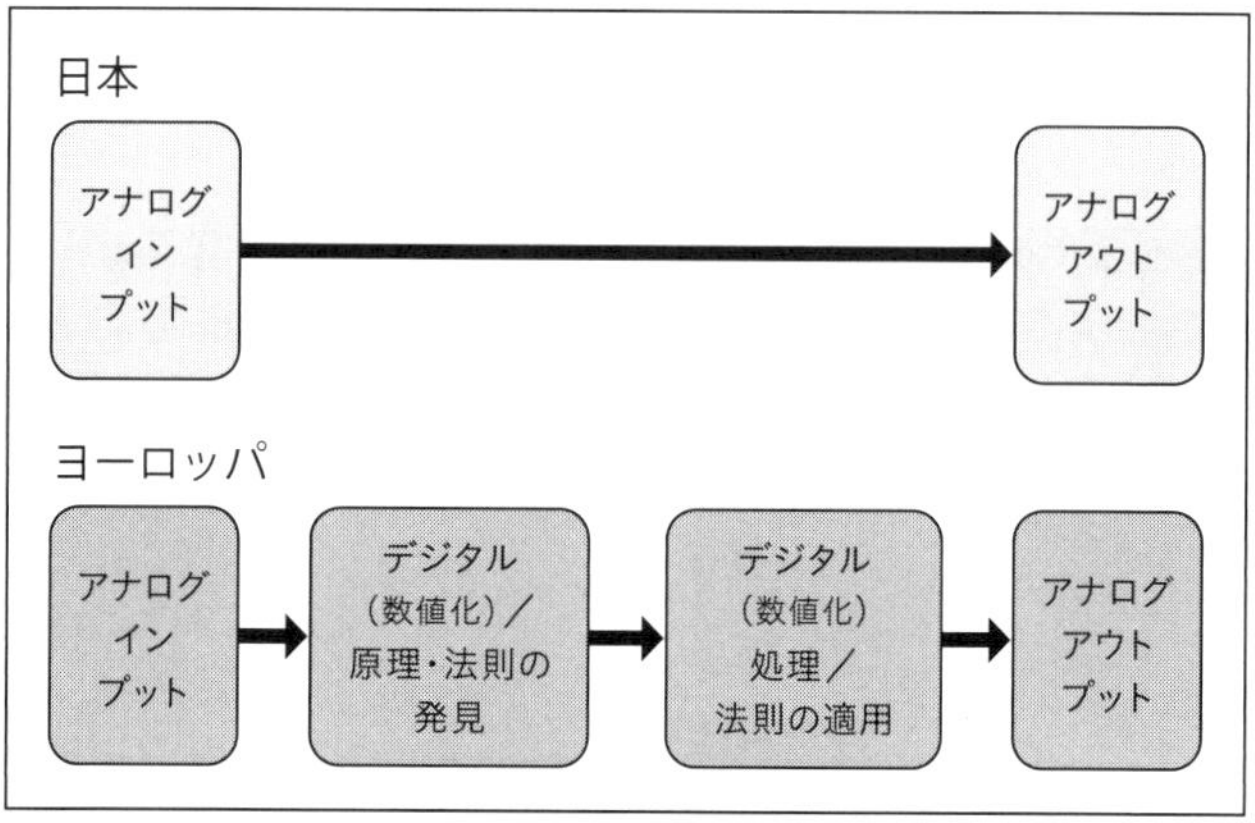

日本では、数値化・ルール化の過程を飛ばし、アナログのままアウトプットする。西洋では、法則を抽出したうえでアウトプットする

ツュンベリーの指摘した日本人の「園芸的メンタリティ」

日本人の考え方を知るために、江戸時代に来日した西洋人の指摘に耳を傾けてみよう。

長崎の出島《でじま》に滞在していたオランダ人は定期的に江戸まで旅行し、将軍に謁見《えっけん》することが義務づけられていた。1609年から1850年まで合計166回行なわれた。彼らのうち何人かは、道中で日本社会の実態を見聞した内容を江戸参府日記として書き残した。有名なものとしてはケンペル、ツュンベリー(ツーンベルク)やシーボルトのものがある。

ツュンベリーは『江戸参府随行記』に、1775年に長崎から江戸まで旅行した際に日本の田畑の風景を見て雑草が一本も生えていないことに驚いたと次のように記す。

私はここで、ほとんど種蒔《ま》きを終えていた耕地に一本の雑草すら見つけることができなかった。それはどの地方でも同様であった。このありさまでは、旅人は日本には雑草は生えないのだと容易に想像してしまう

Topham Picturepoint/amanaimages

C・P・ツュンベリー
スウェーデンの医者・植物学者(1743―1828)。長崎から江戸までの道中、彼の鋭い観察眼は、雑草が一本もない農地から日本文化のコアをあぶりだした

であろう。しかし実際は、最も炯眼《けいがん》な植物学者ですら、よく耕作された畑に未知の草類を見いだせないほどに、農夫がすべての雑草を入念に摘みとっているのである。（『江戸参府随行記』P.131、C．P．ツュンベリー著、高橋文訳、東洋文庫）

ツュンベリーの指摘から、日本人の文化の根底には次のような考え方があることが分かる。元来、農業というのは利益を目的とした経済活動である。経済活動であるからには、利潤を得るために投資（金、労力、資材など）するというのが経済的合理性だ。ところが、日本人は農業を経済的活動としてとらえていない。なぜなら草の一本や二本は残っていたところで、農作物の収穫高に影響しないにもかかわらず、日本人は丹念に草むしりをするからだ。この活動はもはや利潤目的の行動とは言えない。元来、趣味的に行なう園芸的活動は、利潤などまったく考えずに草木の世話をするが、日本人の農作業はまさに「園芸」そのものである。さらに、農業にとどまらずこの「**園芸的メンタリティ**」（Gardening Mentality）は日本のあらゆる分野に見られる。

日本は科学の国か、技術の国か

最近の日本は、いろいろな科学の分野の業績が高く評価されてノーベル賞を次々と受賞している。このような現象から、日本人は科学に強い、あるいは科学的な思考が得意な民族と思われるかもしれないが、私はそうではないと考える。日本人は本来的には実利的な技術に長《た》けた民族なのである。

この特性を理解するためにはまず、科学と技術の本質的な差を知ることが必要だ。科学と技術は似ているようで同じではない。世の中の定義はさておき、私は両者の差を次のように定義する。

「**科学は現象を説明する理論を必須とする。加えて、体系化を志向する。技術は実用的な解決法を主旨とし、必ずしも根源的な理論を求めない**」

このことをふまえた上で、日本の科学と技術の発展の様子を見てみよう。

日本は古くから中国や朝鮮半島から文物を輸入してきた。当然、科学や技術も含まれている。それらが、在来の固有技術のなかに取り込まれて融合し、中国や朝鮮とは異なる発展を遂げた。

日本における古代からの科学、技術の発展を見ると、根本原理を追求するという西洋人の姿勢や粘り強さを見出すことはできない。日本人は、目先の問題解決だけで事足れり、として原理まで追求する意欲を持たなかった。日本の科学者や技術者に科学的精神が欠けていた、あるいは知能が劣っていたのではなく、実用解を見つけた時点でその問題に対する興味が消滅していたのだ。あるいは、興味が原理を求めるために深掘りする縦方向ではなく、関連分野の幅広い知識（博学）を求めるという横方向に拡散していったとも言えよう。

江戸時代の日本で博物学がもてはやされたのはこの嗜好《しこう》の結果であり、植物・動物・鉱物が渾然《こんぜん》となった本草学《ほんぞうがく》が学究者だけでなく大名にも愛好されたのはそういった日本人の気性の反映であると言えよう。本草学に類する学問として植物学が挙げられる。前節でも紹介した、スウェーデンの植物学者カール・ツュンベリーはヨーロッパ植物学の大家・リンネの弟子であるが、江戸では桂川甫周《かつらがわほしゅう》、中川淳庵《なかがわじゅんあん》ら一流の蘭学者たちと直接対談した。それにもかかわらず蘭学者たちのなかでヨーロッパの植物学を本格的に研究したのは宇田川榕菴《うだがわようあん》などごくわずかであった。

本草学と植物学の差は、効用性のありなしである。本草学は**人間に役立つもの**（植物、動物、鉱物）しか考察の対象にしない、一方、植物学は効用性とは関係なく、植物の生態や構造を科学的観点から考察する。日本人にとっては、有用でない植物は鑑賞こそすれ探究する対象でなかったと考えられる。

日本の科学の発展には、このような日本人の性分とともに、何事をも「**芸事**《げいごと》」として臨《のぞ》む姿勢が濃厚に存在している、ということも忘れてはならない。一例を挙げれば、算術は当初、実用的見地から学ばれたが、そのうちに実用をまったく度外視して「芸事」としての和算が広く愛好されるようになった。確かに、一部の和算家（関孝和《せきたかかず》や建部賢弘《たけべかたひろ》）は円周率（π）をそれまでにないような精度や無限級数展開で表わすなど純粋数学の発展に寄与したが、いずれも体系的な数学という学問を打ちたてるという方向ではなく、一事を極めるという芸道的な方向であった。

日本では、ヨーロッパのように自然界の現象を解明するのが科学の使命であるとの考えが希薄であった。

その例として日本科学の発展の一大エポックである江戸時代の蘭学の発展を見てみよう。

「江戸時代は身分差別の厳しい封建主義のもと、鎖国で海外の物資・情報が遮断《しゃだん》されていた」という通俗的な考えを信じている人は多い。しかし、日本における蘭学の発達を調べてみると、このような画一的な考えは当たっていないことが分かる。

鎖国下の日本には、長崎の出島を経由して西洋の学問が蘭学の名前で国内に広まった。ただ、蘭学と言っても当時の西洋にあったすべて

図7 科学の発展に見る民族性

	ヨーロッパ	中国	日本
数学	抽象的。原理追求	具象的（変数や例題に具体的数値）。幾何学なし、代数学のみ	算術が芸道となる（例：算額）。数値計算主体。流派別の秘密主義
物理	四元素説とともにアトム（原子）説あり	観念的な陰陽五行説が中国の自然観の全体を支配	関心なし。理論もなし
天文学	プトレマイオスは79個の周転円で惑星運動を記述。ヒッパルコスは1年の長さを誤差わずか6分の精度で計算	日食や月食の正確な記録あり。天体運動に関する論理はない	江戸時代まで、独自暦なし。宣明暦を823年間使用（862年～1685年まで）
博物学 物産学	系統や分類に徹底的にこだわる。大部な書籍を出版する	本草学。薬学的見地（実用）からの興味。人間に有用な植物しか対象とせず	蘭癖《らんぺき》（大名や豪商、豪農たち）による趣味的収集（例：細川重賢《ほそかわしげかた》、島津重豪《しまづしげひで》、平《ひら》賀《が》源内《げんない》、木村蒹葭堂《きむらけんかどう》）

科学の発展を見ていくと、日本人は実利的なものに関心を示し、「芸事」として臨み、自ら科学理論を打ち立てる気風に欠けていることが分かる

の学問体系が取り入れられたわけでもない。かつての百済《くだら》からの文化摂取や、遣唐使や入宋僧などによって中国の学問・文化の摂取でもそうであったが、**日本人は、必ず自分たちの主観に従って必要なものだけを選択的に取り入れる傾向が顕著である。**蘭学でも日本人の趣向で医学や薬理学、本草学、暦学や天文は熱心に取り入れられたが、数学、物理学は見向きもされていない。また社会制度、つまり保険、郵便、民主主義、株式会社の仕組み、などにも関心は払われていない。

総じて、日本人は実務的・実利的なものには大いに関心を示したが、抽象的・観念的・制度的なものには関心を示さなかったということだ。いくつか例を挙げてみよう。

儒学においては江戸時代に朱子《しゅし》学が官学として尊ばれた。朱子は従来からの儒学の倫理的な枠組みにとどまらず、周敦頤《しゅうとんい》の『太極図説《たいきょくずせつ》』をベースとして人間界のみならず、全宇宙をも統一的に理解しようとした。万物の根源には理と気があると考えた。理とは「自然界の法則」、気とは「エネルギー」である、と説く。そして理を極めること、つまり「窮理《きゅうり》」が重視された。それに対して、江戸時代の日本の儒学においては、朱子学者にしろ古学者（伊藤仁斎《いとうじんさい》、荻生徂徠《おぎゅうそらい》）にしろ、誰ひとりとして「窮理」を重視した人はいない。また江戸時代の漢方においても、臨床医学的見地から治療法については熱心に取り組んだが、人体の生理学的なことには興味を示していない。生理学に対する不熱心さは蘭学者においても同様であった。天文・暦学においても、日食や月食などの現象面への関心は高かったものの、宇宙の構造や天体運行の原理（朱子学でいう「理」）に対しては極めて関心が低かった。また蘭学においては医学が率先して取り入れられたが、それは臨床医学にすぎない。1628年にイギリス人のウィリアム・ハーヴィが論証した「血液循環説」のような人体の生理学的な理論は日本には入らなかった。

これらから分かるのは、日本は伝統的に中国科学・技術や蘭学の受容は盛んであったが、それから刺激を受けて自ら科学理論を構築するというような気風が日本には欠けていた、ということだ。

日本の技術の2つの節目

日本の技術を歴史的に見ると、**2つの大きな節目**がある。

一つは**奈良時代**。法隆寺《ほうりゅうじ》の五重塔や奈良の大仏（東大寺盧舎那仏《とうだいじるしゃなぶつ》）などがその例だ。この時代の技術のうち、たたら製鉄や漆《うるし》技術など、一部の技術を除いては、ほとんど中国・朝鮮からの輸入技術である。冶金《やきん》技術に関していえば、日本独自の技術改良の結果、中国や朝鮮にも高く評価された日本刀が作られるようになった。平安時代以降、工芸技術（刀剣、仏像、建築）は注文主の求めに応じて技術レベルが次第に高くなった。ただ、一般の技術（農業、土木）に関していえば大きな発展はなかったようだ。その原因としては、まず少ない人口が挙げられる。ある推定では日本全国で、平安時代で550万人、鎌倉時代で800万人しか住んでいなかったため、荘園制度の低い生産性の土地でもそれだけの人口は充分養えた。その後、室町時代になって二毛作や計画的な堆肥《たいひ》が普及し、加えて、大規模な新田が開発されるに伴い農業・土木技術が大きな進展を遂げた。そして、日本の農業生産が大幅に拡大したのは、太閤検地《たいこうけんち》によって、従来の荘園領主ではなく耕作者（あるいは一村全体）が納税の義務を負うようになってからである。

日本の技術を大きく変えた２つ目の節目は、**16世紀の鉄砲と時計の伝来**である。

１５４３年のポルトガル人による鉄砲伝来によって、日本では初めて機械部品の組み立てがなされた。意外に思われるかもしれないが、この時まで日本人はネジを知らなかった。鉄砲の筒は、細い板を鉄心にらせん状に巻いて作るが、銃身の底部はネジ止めする。ネジは西洋では紀元前から知られていた機械部品・メカニズムであるが、日本人だけでなく中国人もネジを知らなかった。ついでに言うと、ネジ以外で日本人が知らなかったために大きなデメリットを蒙《こうむ》ったものにガラスがある。確かに、正倉院《しょうそういん》にはガラスの器は残っているが、すべて美術工芸品である。西洋ではガラスは単に工芸品としてだけでなく、フラスコや温度計、レンズ、プリズムなどに使われた。西洋とイスラムでは、各種のガラス器具が安価にかつ大量に生産できたことが、その科学と技術の発展に大きく寄与した。

鉄砲に次ぐ時計であるが、これは日本だけでなく西洋の機械産業の礎《いしずえ》である。時計を一番初めに発明したのは中国人だった。11世紀には水車で駆動される大がかりな時計が宋の都・開《かい》封《ほう》に設置された。ただ、その後、中国では時計に関する技術伝承（例：脱進装置《だっしんそうち》）が途絶えた。西洋はイスラムを経由して中国の脱進装置の仕組みを理解し、機械式時計を製造した（一説には、ヨーロッパ人は独自に脱進装置を発明したとも言われる）。

機械式時計は14世紀にはヨーロッパ中に普及し、16世紀には宣教師たちによって中国や日本に機械式時計が伝えられた。とりわけ清の康熙《こうき》帝と乾隆《けんりゅう》帝は大変な時計マニアで、それぞれ4000個以上もの素晴らしい時計を収集した。それだけでなく、時計を修理させるため、イエズス会士の中で技術に詳しい者を雇い、中国人の技術者を指導させた。しかし、これら中国人の技術者たちはスピンアウトしてベンチャーを起こすということはなく、時計産業は成立しなかった。結局、莫大な金を使って集められた中国の時計は単に宮廷の高級玩具にとどまり、社会にまったく影響を及ぼさなかったというのが、中国の実態だった。一方、日本には時計は数えるほどしか入っていない。しかし、鍛冶《かじ》職人が分解して修理したことで構造を理解し、その後自力でそのデッドコピーを作れるようになった。最終的にそこから、からくり人形および明治以降の機械産業へと発展した。

少し脱線するが、和時計の話をしたい。というのも、和時計の発展には日本文化の特徴がよく現われているからである。

当時、時計には天符《てんぷ》と呼ばれる、時を刻むための脱進装置がついていた。棹《さお》のようなものに重《おも》りがついて、重りの位置によって時計の進む速度を変えることができる。この時代、時間の長さが昼と夜で異なる不定時《ふていじ》法であった（現在のように年中一時間が同じ長さは定時法という）。それで、毎日、日の出と日の入りに天符の重りの位置を切り換え時計の進む速さを調整していたが、そのうちにこれを自動化した。これが日本独自の自動化で、天符を上下二つ備え、日の出と日の入りで上下を切り換えたところから、二挺《にちょう》天符と呼ばれた。機械が人の生活に合わせるのか、人が機械の仕組みに合わせるのか、この問題に対して**日本人は機械を人に合わさせた**。ヨーロッパにおいても伝統的に日本と同じで不定時法であったが、機械式時計の普及に伴い、定時法に切り替えた。つまり日本とは逆に、**ヨーロッパでは人が機械の仕組みに合わせたのだ**。ここにも日本とヨーロッパの考えの差を見ることができる。

ちなみに、和時計は明治6年の暦と時間の切り替えで不要となり、捨てられたが、西洋人たちは見事な美術工芸品の和時計を二束三文で大量に入手し、母国に持ち帰った。それで、ヨーロッパには日本の和時計が数多く所蔵されているという噂である。

この差は、何も過去の話ではない。現在においてもＥＲＰ（資材管理ソフト・Enterprise Resource Planning）など全社的に大規模なソフトウェアを導入する時、欧米の企業はなるべくパッケージの仕様に合わせて業務を改善しようとするのに対して、日本企業は既存の業務をそのままパッケージに載せようとして大規模なカスタマイズを行なう。この結果、パッケージソフトのバージョンアップのつど、大幅なシステム開発費が発生している。

結論として、日本の科学と技術の古代から近代にかけての発展を通して見ると、日本は明治に至るまで厳密な意味での科学はほとんど存在せず、極論すれば技術オンリーだった、と言えるだろう。例外は和算における円周率の計算や、麻田剛《あさだごう》立《りゅう》（1734－1799、杵築《きつき》藩出身の蘭学天文学者）のケプラーの第三法則の発見などごくわずかだ。

技術に見る日本と西洋の視点の差

前節では日本と西洋の差を日用品や道具に見られるアナログとデジタルという観点から述べたが、ここではシステムという観点から比較し、それぞれの文化圏が持っている文化のコア概念を探ってみよう。

比較対象として、**水車、時計、水運・運河、低温殺菌法、染色**を選ぶ。

—1— 水車——日本の米搗《つ》き水車、西洋の巨大動力源の水車

日本は雨が多く、川の水量が豊富にもかかわらず、水車利用が広まるのは遅かった。

まず、水車が日本に伝えられたのは7世紀で、その様子は『日本書紀』巻22（紀元610年）に記載がある。

"De Re Metallica", Georgius Agricola

水車の違い
西洋では鉱山の水抜きなど大規模な動力源として水車を活用した（右）。日本の場合は規模も小さいし、活用用途も限定的

「高麗王が曇徴《どんちょう》と法定《ほうじょう》の二人の僧を日本に派遣した。曇徴は五経にくわしく、さらに技術者として、絵の具や紙墨も上手に作ることができた。水車を作ったが、本邦においてこれが最初であったようだ」

しかし、水車はほとんど普及しなかったことは『徒然草《つれづれぐさ》』第51段に「大井《おおい》（嵐山《あらしやま》）の住民は水車をうまく作れなかったので、宇治《うじ》の住民に作らせた」との記述があることでも分かる。水車は日本では広く普及しなかっただけでなく、精米、製粉、揚水など、用途が極めて限定的であった。さらに規模も小さかった。ただ江戸期には多様な使われ方をしたが、一般的と言えるほどの普及はなかった。こういった歴史的背景から、日本で水車というと、田舎にあってコットンコットンと音を立てて米を搗いている、のどかな光景を連想するのだ。

一方、西洋では水車は紀元前からかなり多目的に使われてきた。

たとえば、南仏はマルセーユの北西、数十キロのバルブガル（Barbegal）には紀元4世紀の初めに建設された古代ローマ時代の水力製粉工場の遺跡がある。直径2.7メートルもの大きな水車が合計16個駆動されて、一日あたり4トンもの製粉能力があったので地域住民1万人の需要を優にまかなえた。

さらに近代に入ると、16世紀の冶金学者のアグリコラが描いているように、ヨーロッパでは直径20メートルもの巨大な水車が鉱山の水抜き用に使われていた。というのは、鉱山では水抜きが最大の課題だったからだ。水抜きというのは、昼夜休む間もなく続けなければならない一番きつくつらい仕事であった。それで日本の鉱山では罪人にやらせたほどだ。

ヨーロッパは日本と異なり、雨が少なく、川の水量が少ないため、ダムを作って川を一部せきとめてまでして水車用の水を確保した。あるいは、水車の回転運動をクランクによって水平運動に変えることで、多数のクランク棒を連結し、川から1キロ程度離れた場所にも、水車の動力を伝達した。これら経験をベースにして水量、回転数、水を掛ける位置などに関して科学実験を行ない、一層効率の良い、大規模な動力を出せる水車システムが完成した。

このような比較から、同じシステム(水車)でありながら、それぞれの文化圏(日本・西洋)の取り組み方がはっきりと異なっていることが分かる。

[2] 時計――工芸製品としての時計と精密機械としての時計

前に述べたように、日本人が時計のメカニズムを知るようになったのは、徳川家康の時計が故障したため尾張《おわり》の鍛冶職人・津田助左衛門《つだすけざえもん》が修理するように命じられたことがきっかけだった。時計を自力で分解・修理する過程で、時計の構造を理解した津田助左衛門は献上品とそっくりのコピーを作った。これ以降、時計は国内でも製造されるようになった。とりわけ17世紀末に、昼夜の時間の長さが変わるという、日本の不定時法に合わせた和時計(例:尺時計《しゃくどけい》)が安価に製造されるようになったため、広く普及した。ただ、和時計の進展は時間の精密さを向上させるという方向ではなく、二挺天符のようなからくり、あるいは工芸製品としての粋《いき》な装飾のような方向であった。

一方、西洋（イギリス）では航海の正確さと安全を確保するために経度を正確に測定する実用的な要求に応えて、超精密な時計（クロノメーター）の開発に成功した。このおかげで、ヨーロッパ各国は航路を正しく取ることができ、蒸気汽船を世界各地に安全に航行させることが可能となり、ひいてはアジア・アフリカの植民地獲得に大きな威力を発揮することになった（ただ、フランスのように時刻の正確さより装飾に凝《こ》った時計を製造していた国もあり、一概にヨーロッパの時計は専《もっぱ》ら実用性を追求した、と断定的に言うことはできない）。

［3］水運・運河――川の一方向の流れの利用と運河での大量輸送

日本でも、近世の江戸時代には河川の水運が発達した。天竜《てんりゅう》川、保津《ほづ》川などを開削している。これをヨーロッパと比較すると、利用の程度において格段の差があることに気づく。

たとえばイギリスの場合、産業革命以前の国内にはすでに網の目状に運河がめぐらされ、大量輸送は内陸の運河を使っていた。イギリスは比較的なだらかな地形であるが、それでも土地の高低差がある。そこで、数十メートル程度の丘であれば、運河をパナマ運河のように水門（閘門《こうもん》という）で仕切り、船を上下させて乗り越えた。

イギリスだけでなく、ヨーロッパ大陸の国々（フランス、オランダ、ドイツなど）も数多くの運河を掘り、外洋を航行する巨大な船を内陸の奥まで導いて物資を大量輸送していた。

これと比べると、日本の水運による物資輸送は、淀川《よどがわ》や高瀬川《たかせ》など一部の河川を除いて、ほとんどの場合、川の流れる一方向（つまり上流から下流へ）の利用にとどまる。

―4― 低温殺菌法――火入れとパスチュアリゼーション

酒の腐敗を防ぐ「火入れ」と呼ばれる低温殺菌法は日本においてすでに１４００年ごろまでには実用化されていた。しかし、なぜ火入れをすると腐敗が防げるのかという科学的な解明には至らなかった。

その後１８６６年にフランス人、パスツール（Pasteur）はワインの腐敗を防ぐ目的で同様の手法を発見した。彼は、手法の発見にとどまらず、その理由も科学的に解明したため、低温殺菌法は、現在ではパスチュアリゼーション（pasteurization）と呼ばれ、世界に広く普及している。

日本人が、先に「火入れ」という技術を発見し、酒の腐敗という難題がこの技術によって解決されたので、それよりさらにつっこんで根源的な原因追求をしようとは思わなかった。

―5― 染色――工芸と化学工業

日本では、染物は工芸的な見地から、多様な、あるいは鮮やかな色を出すことに努力を傾注した。一方、西洋では発色の現象を科学的に探究した結果、発色の原理を解明するに至った。

その過程で、近代化学の基礎となるいろいろな原理が発見された。その結果、染色産業にとどまらず広く化学産業が興ることとなった。

ここでもそうだが、日本人は望みの色あいを出すまでは実に研究熱心であるが、ひとたび希望する色を得ると、その原因やメカニズムにまで探究が及ばない。それゆえ、発色が化学工業にまったく結びつかなかったわけだ。

このように、使われている単語は同じでありながら、実態は大いに異なっていることが分かる。さらに、馬や牛などの畜力や自然力など人間以外の動力の活用をまったく真剣に考えていないなど、**総じて日本は伝統的に全体最適化やシステム思考が弱いといえる。**

技術史から見た日本と中国や朝鮮との文化の違い

顔や頭は正面の鏡だけからでは、全体的な姿は分からないが、三面鏡を使えば分かる。これと同じく日本を全体的にとらえるためには、中国と韓国（朝鮮）という「合わせ鏡」で見ることが必要である。特に、韓国（朝鮮）は日本と似たような立場で中国の影響を大いに受けているので、日本との比較からいろいろなことが分かる。

1 日本と中国の差――なぜ日本はすみやかな近代化に成功したのか

東アジアにおいて、中国は文明の水準が頭《ず》抜《ぬ》けていたため、科学のみならず文化面で外部から影響を受けることが少なかった。インドからの仏教と音韻学を除くとほとんど外部からの影響なしと言っていい。商人として中国を訪れ、定住したイスラム教徒からも多少の影響はあっても、それは際立ったものではなかった。

中国の科学史に大きな転回点をもたらしたのが、明末に西洋からキリスト教布教のために中国にやってきた宣教師たちだった。宣教師たちの多くは当時の西洋の科学技術に関してもかなり高いレベルの知識を持っていた。中国人はこれら宣教師から西洋の数学について話を聞いて関心を持ち、ユークリッド原典をはじめとして

図8 日本と中国での科学の受け入れ方の差

	中国	日本
医学	『欽定各体全録』(1720年)。康熙帝の命による解剖書(満州語)を完成するも出版せず	『解体新書』(1774年)。民間人(前野良沢、杉田玄白)が翻訳し、流布する
翻訳	翻訳書のうち数学が1/3(*)を占める。漢訳書は利用されず	医学、天文学が主体。実用百科事典『厚生新編』の翻訳(未完)
翻訳者	西洋人(イエズス会士)が主体	日本人が主体。儒者以外の通詞、蘭学者
科学者の地位	低い。科学者のトップの地位に就いても、科挙を目指した(例:清・厳復)	儒者と同レベル。将軍の侍医(奥医師)の桂川甫周や緒方洪庵は蘭学者
技術の受容	康熙帝や乾隆帝は膨大な数(数千)の時計を所有したが、宮中のみの使用で、民間には配されず	徳川家康の時計の修理から、民間に時計製造業者が現われる。機械産業発展の礎となる

(*)『中国の科学文明』藪内清著、岩波新書、p201

ヨーロッパからの科学知識をどのように受け取ったのか、具体例で日中を比較すると、明治以降、日本はすみやかに近代化に成功したが、中国はそうでなかった理由が見てとれる

数学の専門書を数多く翻訳した。中国で漢訳された西洋の科学書の約3分の1が数学書であったことからも中国人の西洋数学に対する関心の高さが分かる。

マテオ・リッチをはじめとして明末、清初にはヨーロッパから数多くの宣教師が中国に来てヨーロッパの科学知識を広めたが、ごく一部の例外を除いては、**中国人の教養人（文人）たちがヨーロッパ言語を学び、原典から直接、知識を得るというところまでは至らなかった。これが日本の蘭学者たちとの大きな差である。**ここにも明治以降、日本はすみやかに近代化に成功したが、中国はそうではなかった理由が見てとれる。

〔2〕日本と韓国（朝鮮）の差——職人魂と技術者蔑視

日本と韓国はどちらも中国文明の影響を強く受けている上に身体的特徴も似ているので、たいていの日本人は韓国の歴史、とりわけ李氏朝鮮の歴史を知らずに、日本と同じような歴史であったのだろうと勝手に思い込んでいる。しかし、次のようなことは日本の常識では理解できない。

□ 韓国（朝鮮）では姓が３００弱しかないが、日本では30万近くあるのはなぜか？

□ 韓国（朝鮮）はかつて陶器・磁器では日本よりはるかにレベルが高かったにもかかわらず、その後発展しなかったのはなぜか。すべての原因が、秀吉《ひでよし》の朝鮮出兵（文禄《ぶんろく》・慶長《けいちょう》の役《えき》）のせいだというのは論外として、本質的に別の原因はなかったのだろうか？

□ 李朝《りちょう》朝鮮において支配者階級であった両班《ヤンバン》は建国当初、人口比では10％以下であったが18世紀ごろから急激に増加し、現在では韓国国民の大多数が両班の子孫だと名乗っているのはなぜか？　なぜ、先祖の身分を詐称《さしょう》しようとするのか？

一般論を云々《うんぬん》するのではなく、このような具体的な事例を考察することで初めて、朝鮮の人々および日本人のものの考え方の本質をとらえることが可能となる。

科学技術の点に絞って言うと、文字知識を尊重する**崇文《すうぶん》の国であった朝鮮では、工芸や技術に携わるのは賤《いや》しい職業だと軽蔑された**。それゆえ、科学技術の発展に対して関心を持っていた知識人は圧倒的に少数であった。結果的に李朝では、科学技術はあまり発達しなかった。

これとの対比で日本を考えると、改めて言うまでもなく、現在の日本の産業は遠く奈良時代からの工芸技術および科学技術の伝統の上に成り立っている。とりわけ近世・江戸時代の職人の技能や自分の腕に自信と誇りを持つ職人魂に多く負っている。我々にとってはこの伝統があまりにも当たり前すぎて分からないが、韓国人にはこの伝統が際立って見えるようだ。

今から30年前に、克日《こくにち》をテーマとして出版された本がある。『韓国人が見た日本――日本を動かしているもの』（朝鮮日報編、サイマル出版会）には、韓国が日本を追い越そうと、日本の成功要因を真似《まね》て頑張っているものの、どうしても真似られないものがあるとして、次のように言っている。

いま韓国の役場や企業でも、そのような〔日本の産業成功の〕秘訣の要素の一部または全部を心掛けて、仕事に臨んでいると思われる。ただひとつだけ、韓国人にどうしても今さらまねられないものがある。

それはたとえみすぼらしい飲み屋でも伝統工芸でもいいが、数百年ものあいだ連綿として引き継がれている伝統なのだ。自分のものを根気強く大事にしながらも、他人のよきものを消化する根強い頑張り精神、それから逆境に屈せぬ負けず嫌いの競争心などが韓国人には欠けているのではないだろうか。（P.236）

この意見の背景には、李朝の厳しい身分制度がある。両班、中人《チユウイン》、常民《ジヨウミン》、賤民《チヨンミン》（白丁《ペクチヨン》＋奴《ノ》婢《ビ》）という階層があったが、職人（工匠）や芸人（広大《クワンデ》）は僧侶や妓生《キーセン》と同じく社会の最底辺の奴婢クラスに属した。その意識は李朝朝鮮とともに滅びたのではなく、現代にも根強く生きている。たとえば、1976年から1979年に韓国の月刊誌に韓国の技能者たちの実態と本音を取材した記事が掲載された。その日本語訳が『アリラン峠の旅人たち』（正・続、安宇植編訳、平凡社）というタイトルで出版された。

それからは、職人の悲痛な叫び声が聞こえてくる。

□「国の大工」と称された褒老人の言葉：「昔から、大工でまっとうな暮らしができた例は稀だったよ」（正・P.194）
□鍛冶屋の母親は、わが子に鍛冶屋にだけはなって欲しくないと語った。（正・P.230）
□窯場《かまば》の職人が下賤《げせん》の者と蔑《さげす》まれ、人間扱いされなくなったのは、商い半分、物乞い半分の生活だったため。（続・P.126）
□人間国宝級の腕前の細工師・許筠の言葉：「（ジャーナリストの言う）伝統工芸の誇りなど糞くらえだ。粧刀匠の心情などこれっぽっちもわかっていないたわごとだ」（続・P.198）

こういった背景が分かると、日本では江戸時代に伏見、灘《なだ》の酒が江戸まで、船や馬で運ばれているのに対して、朝鮮ではそのような現象は見られなかった理由が理解できる。まず、朝鮮では水漏れしない酒樽《さかだる》を安価に、かつ大量に作れなかったが、単に木材が乏しかったというだけでなく、かんな、大鋸《おが》など、木材を大量に、しかも安価で精密に加工するための製材道具がなかったためである。

職人は社会の底辺なので、どうあがいても暮らしが豊かになれない運命にあるとあきらめる。つまり自分の技能がたとえ素晴らしくとも、誇らしく思わず、新たな技能を身につけようとも思わない。朝鮮では重い土甕《どがめ》がすべての容器に使われていた。酒もこれに入れられた。しかし近距離ならまだしも、遠距離を運搬するには重すぎるし、第一、運搬中に割れやすい。それならば、ある木工職人が樽のようなものを考案してもよいはずだが、それがなかった。そして、仮に何らかの軽い容器があったとしても、当時の朝鮮は陸路（道路、橋）にしろ海路・水路にしろ交通網の整備が不十分であったため、大量輸送は不可能であった。つまり流通網が未整備だったので、大量生産しても売りさばけなかったのだ。

このように、銘酒を全国に売るというのは、酒が作れるか／作れないか、という単発の問題ではなく、酒樽の製造技術から始まり、身分制度、全国輸送システム、および金融システムという社会の仕組み全体に関わる大きな問題であることが分かる。

ついでに言うと、朝鮮では各地に特産品がなかった。『苦難の韓国民衆史』（新教出版社・咸錫憲著作集）の記述によると、李氏朝鮮時代には宮廷がミカンのような特産品に重税を課すので、生産者が重税逃れのためにわざと自分のミカンの木を枯らしたり、切り倒した。類似の事態が頻発していたようだ。これが李氏朝鮮時代に、その地方独特の特産品が乏しかった理由である。

このように**技術および技術者蔑視の伝統の上に立つ韓国の製造業は、いつまで経っても根幹の部分で日本や欧米先進国を凌《りよう》駕《が》することはないと私は確信している。**これは韓国や北朝鮮の人たちの知能が劣っているというわけではまったくない。詳しくは第5章で述べるが、ニーダムが中国の科学の発展の阻害要因を科挙の制にあり、と指摘したように、韓国や北朝鮮の社会システム、評価システムが現在でもなお旧態依然として、技術蔑視であるからだ（参照：『サムスンの真実』金勇澈著、バジリコ)。

脈々と受け継がれている職人の技術

ここからは、今後の日本の製造業のあり方について考えていこう。

昭和30年までは、職人が手作業で作るものが町中に溢れていた。家内工業的な生産システムにもかかわらず、比較的品質の高いものが大量に生産できた。これが、日本が得意とする工芸、いわゆるクラフトである。実用性と機能性を備え、それでいて廉価であった。職人は何回となく同じものを作るため、技能レベルが高くなり、良質のものを速く大量に作れたからだ。京都指物《さしもの》や江戸指物に見られるように、民芸品でありながら、美術品のように美的感覚が優れているものもある。日本の職人の感性はかなり芸術的であったということが分かる。

このような工芸の伝統技術は現代の工業製品にも活かされている。陶磁器の伝統はトイレタリー製品や絶縁碍子《がいし》に活かされている。筆の製造技術は化粧筆に転用されて世界中の女性に愛好されている。彫金などに見られる高度な金属加工の技術は、きさげ加工技術として超高精度を要求されるすばる望遠鏡（ハワイの国立天文台）の反射鏡に活かされている。

『虜人日記《りょじん》』に見る日本人の職人気質

第二次世界大戦当時、数多くの日本軍兵士が米英軍の収容所に収容されたが、その時の様子を描いた本に会田雄次《あいだゆうじ》の『アーロン収容所』（中公文庫）と小松真一《こまつしんいち》の『虜人日記』（ちくま学芸文庫）とがある。この2冊の本には、期せずして日本人の優れた職人技を垣間見ることができる。

捕虜となった日本人たちは捕虜収容所の中で、ろくな道具や材料がないにもかかわらず、ジュラルミンの切れ端などでみごとなシガレットケースや戦闘機の模型を作った。シガレットケースというのも単なる四角い箱というのではなく、ボタンを押すとばね仕掛けでたばこが一本ずつ飛び出てくるような精巧なものまで作られたという。こういった工作熱が収容所全体に広まり、展示会が行なわれるほど盛んだった。

日本にはこのような優秀な職人技の伝統がある一方で、生産性や効率に対して思慮が足りないとの指摘もある。

『虜人日記』の著者の小松氏は化学の専門家で、当時、フィリピンで酒精の製造を指導していた。そこで見たのは日本人の技術者たちが、車用の工業材料として使う酒精でも極めて純度の高い製品を作っていたことだ。小松氏は、日本人は目的も考えずひたすら高品質を目指し、経済性や効率を軽視したとして次のように指摘している。

〔フィリピンの酒精工場を調査して〕蒸留器も日本では、酒精の品質を最上のものとしているのに対し、〔フィリピンでは〕酒精の品質を悪くしている。どうせ自動車用だというので平気でいる。したがって蒸留操作は極めて簡単である。日本人は不必要に神経質で、化学的に純粋でないと何だか気が済まず、自動車なんぞに用いるのに、不必要なまで手をかけて品質の良い物を造っている。（一部省略、P.31）

小松氏のもう一つの指摘は、「米国は物量に物言わせ、未訓練兵でもできる作戦をやってきた」ということだ。これは、まさしく「じょうろと柄杓《ひしゃく》」の項で説明したことだ。アメリカの戦闘機や機械は未訓練兵、つまり素人でも操縦できるように作られているため、訓練や運用にかかるコストを低く抑えることができた。その結果、戦争が拡大し、熟練者が戦死しても、なおかつ戦線の広大な展開を可能とした。一方、日本の戦闘機や機械の操縦には熟練を要するので、熟練した人たちが次々と戦死するに従い、もはや戦闘機を上手に操縦できる人がいなくなってしまった。ちなみに、小松氏のこの本を読んで山本七平《やまもとしちへい》が『日本はなぜ敗れるのか――敗因21カ条』という本を書きあげた。

多様性に対応できない日本

私は以前から日本の社会全般および会社・組織の現在の根本的な弱点は次の点にあると考えている。

「**日本人には多様な価値観の並存を認めつつ包括的に最適運用するというマネジメントができない。つまり多様性、複雑性には対処できない**」

この考えが正しいとするなら、これは**個人個人の能力の掘り起こしや再教育で解消できる問題ではなく、日本民族の根本的問題である。**

たとえば、日本の教育システムの議論で、自由な発想を持つ人間を作り出さなかった、という意見がある。客観的に、欧米の国々と比較すると、全面的にではないにしろ、認めざるを得ないのが実態だ。

産業界に目を向けると、明治の初期に欧米の産業の隆盛をつぶさに目にした久米邦武《くめくにたけ》の『特命全権大使 米欧回覧実記』（岩波文庫）に詳しく描かれているように、欧米社会では、イノベーターを高く評価しているのが、日本との決定的な差である。日本でのイノベーターの社会的評価は、現在でもそうだが、まだまだ低い。つまり、**自由な発想をしたところで、社会的評価を受けられないという宿命が、日本社会の固定化された枠組みとしてイノベーター創出にとって**

は致命的な冷却水となって、常に降り注いでいるのだ。

日本人が多様な価値観をうまくハンドリングできないという能力の欠落は、今までの工業化社会では目立った欠陥ではなかった。しかし、社会システム全体がソフト化していくにつれ、社会現象の複雑性が大幅に増し、ついには、現在見るように日本人が扱える限度を超えたというのが実態だ。

世の中には、こういう根源的原因を突き止めずに、表層的な議論をする人がいる。たとえば「日本の製造業も、まだまだ大丈夫である」「2つの種類の違うグループ（創造性豊かなエンジニアのグループと製造をきっちり管理するグループ）のマネジメントができれば、創造のプロセスが機能する」と説いている人もいる。しかし、まさにこのような多様な価値観を持った複数のグループのマネジメントは、日本人が根本的に不得意としている点なのだ。

かつて私はリウィウスの『ローマ建国史』をじっくり通読して、ローマの強さの原因の一つが「原則・プリンシプル」の堅持にあることを理解すると同時に、その裏返しとして日本の弱点を確信したので、上で述べた結論に至った（この点については第4章で詳しく述べるが、先走って言うと、「原則・プリンシプル」の堅持以外に、ローマの強さの原因は「自由」の尊重にある）。

物事を理論的に探究しない、言い換えれば、法則性への熱意が希薄である、ということは、必然的に複雑な現象に対する対応力の低さとなって現われる。つまり、日本人は複雑度（complexity）の高い製品は苦手であり、理詰めで効率を向上させようとする気風に乏しい、ということである。

日本の技術力は本当に高いか？

日本の製造業のレベルは世界的に見て高いというのはいわば、世界の定説となっている。しかし、本当に手放しで讃美できるものなのだろうか？
アメリカ生まれの作家で日本研究家であるアレックス・カーは『犬と鬼』で次のように近代日本を辛辣《しんらつ》に批評している（アレックス・カーのこの本はだいたい１９８０年から１９９０年の日本について書かれている。なおこの本の出版は２００２年）。

日本が環境技術を持っていないことが浮き彫りにされたのは、九七年一月二日、ロシアのタンカー、ナホトカ号が転覆し、積んでいた重油一三万三〇〇〇バレルの半分が石川県沖に流出した時だった。（中略）結局のところ、海岸の油を片づけたのはひしゃくを持った漁村の女性たちだった。

テクノロジー大国日本で、流出重油をどうやって除去しているか。ひしゃく、〔毛布と〕ポリバケツである。（『犬と鬼　知られざる日本の肖像』P.68－69、アレックス・カー著、講談社）

つまり、日本海でタンカーが座礁し、大量の重油が海に流れ出したが、それを柄杓《ひしゃく》、毛布、バケツですくい取っているとカーはあきれたのだ。日本は世界の先進国の中でもトップグループにいて、自動ドアや新幹線の開業以来の無事故運転など、非常に高度に工業化している。そのような国が海の重油を取り除くのに、なんら近代的な機械や道具を用いず、江戸時代かと思わせるような道具で処理をしていたことに驚いたのだ。カーの批判はさらに続く。

日本では、冷暖房装置や電気機器類を収めたボックスが、あとからつけ足したように必ず屋上に乗っかっている。（同前、P.195）

家には冷暖房装置は必需品であるが、日本では人が住みだしてから冷暖房装置を取り付ける。それで、エアコンの場合、長く曲がりくねった配管がなんともみっともない形に建物の外に露出しているケースが多く見られる。当初から計画すれば合理的な設置が可能であるはず、というのがカーの意見だ。また、悪名高い道路工事にしても、やれガスだ、やれ水道だ、と別個に工事をするので、年中、道路を掘り返しては埋めている。これについてもカ

Paylessimages, Inc/amanaimages

ぐちゃぐちゃな冷暖房の装置
日本でよく見かけるエアコンの外部配管。計画性が不足している日本的思考法の典型

ーは不合理だと指摘する。

これだけでなく、東京駅や新大阪駅の改修工事では、工事の足場が取り払われてすっきりしたかと思えば、しばらくするとまた同じ場所に別の工事のための足場が組み立てられるということが、数えきれないほど繰り返されている。なんとかならないかと思っている人は多いものの、実態はまったく改善されていない。これは、もはや個々人の問題ではなく**日本の社会全体が効率に対して不感症であることが根本原因だと言える**。

カーの批判だけでなく、最近10年以内に発生した社会システムを巡る問題、たとえばいまだに数千万件の不明データが解消されていない年金システムや、福島原発事故の汚染水問題などを見ても、日本人の複雑性への対応能力の低さは明らかである。

この複雑度（complexity）への対応能力の低さは、代表的な工業製品を部品点数順に並べてみると明らかになるであろう。

乗用車……………………3万点
船舶（タンカー）…………30万点
航空機……………………300万点
宇宙船・大型クルーズ客船…1000万点

乗用車は今や機械製品ではなく電子製品になってしまっているが、一昔前の機械製品であった自動車では部品点数は約3万点である。船舶、ここでは商用タンカーを指すが、図体は大きいものの部品点数は30万点にすぎない。航空機は約300万点ある。確かに日本は第二次世界大戦時、零戦のような優秀な航空機を作る技術があったが、戦後、アメリカの意向で航空機産業が潰《つぶ》されてしまった。その後航空機製造は復活はしたものの、部品点数が300万もある大型旅客ジェット機を車と同じように上手に作れるかというと私は疑問に思っている。

さらにスペースシャトルに至っては、部品点数は1000万点近くある。宇宙船といえば最も有名なのが1969年に月面着陸したアポロ11号であろう。当時は日本の自動車や繊維産業は非常に強く、大幅な対米黒字で、激しい貿易摩擦を起こしていた。日本の製造業の技術レベルはアメリカを凌駕《りようが》したと自惚《うぬぼ》れていた。

しかし、冷静に考えてはたして日本の技術でアポロは作れただろうか？　今の携帯電話よりもはるかに貧弱なパワーしかない当時のコンピュータで巨大なシステムを制御したわけだが、日本はそのような複雑なハードとソフトが作れただろうか？　コンピュータはともかくも、機械にしても、部品点数が数百万点レベルにもなると、いくら部品一つ一つの精度が極めて高くとも、全体としては信頼係数はかなり落ちる。つまり、アポロやスペースシャトルが幾度となく成功したのは、部品一点ずつの精度の高さというよりも、システム的に信頼度を100％近くにまで高めることができたからに他ならない。その結果、何回かの不幸な事故はあったもののの、ほとんど無傷で帰還することができた。

仮に、日本にアメリカのように潤沢《じゅんたく》な資金があったとしても、たぶんアポロやスペースシャトルは作れなかったと私には思える。それは日本は単品の部品を精密に仕上げるのは得意であっても、複雑なシステム全体をうまく設計できないからである。実際、都市計画、年金システム、原子力などの、産業システム・社会システムにおいて日本人は大規模で複雑なものは不得意としている。

最近の事例でいうと、２０１３年8月17日の報道にあったように、「無人の超音速飛行機の飛行実験でトラブル」が発生している。超音速飛行機といえば、英国とフランスは共同でコンコルドを製作し、１９７０年代には商用運航もしていた。それから考えると超音速飛行機というシステムの完成度においては、日本は英仏にじつに50年以上も遅れているわけだ。

また、三菱重工業は２０１１年にアイーダ・クルーズ社から３３００人収容可能な大型クルーズ客船2隻を合計１０００億円で受注したが、顧客の仕様変更続出等の理由で、約６００億円もの損失を出すことが確実となった。タンカーなどの商船は部品点数が数十万点なのに対して、大型クルーズ客船は１０００万点にものぼり、工程管理などがはるかに複雑だ。大型客船では、欧州勢のドイツのマイヤー社、イタリアのフィンカンチェリ社などが三菱重工業のライバルであるという。今回の三菱重工の失敗は、客先の度重なる仕様変更が主原因ではあるものの、欧州のライバル社が大赤字を出していないことから考えて契約から製造に至るトータルマネジメントにおいて欠ける点があったと言えよう。

結局、日本の科学史、技術史を通して見ると日本の製造業に関しては「**日本が強いのは、部品点数が一定限度以下の製品である**」ということが、くっきりと浮かんでくる。

日本の技能の将来

最後に、日本の技能の将来について考えてみよう。

日本では伝統的に職人技を重視するメンタリティがあった。これは**西洋の「道具に技巧をビルトインする発想」とは異なり、職人の腕を上げることを意味する**。その結果、中小企業でも腕のよい職人がいる会社は現在のグローバルマーケットでも活躍することができる。たとえば日本にある３００万の会社のうち88％が小企業であるが、その中で１００社以上の会社が、世界でトップシェアを握っている。痛くない注射針の岡野《おかの》工業や指を怪我《けが》しないプルアップ式の缶詰の谷啓《たにけい》製作所などがそれだ。あるいはハワイのすばる望遠鏡の反射鏡を磨いたきさげ職人も挙げることができよう。

日本の工芸職人は、伝統技術のハビタット（技術伝承グループ）に支えられて仕事をしてきた。つまり蒔絵《まきえ》、漆塗りの指物《さしもの》といった伝統工芸は、数人、あるいは十数人が一つのチームとなって部分的な作業を順送りにこなしていくので、この連環の一つの部分でも職人が欠けると、あるいは職人のレベルが低いと、ものにならないという問題を抱える。この状態は、樽の側板の一つでも短いとそこまでのレベルにしか水は溜まらないことに喩《たと》えられる。この問題とともに、現在は職人として技能を磨く時期が、たいていの場合、高校卒業以降、つまり18歳以降となっている。この年代は職人としての腕を磨くにはすでに遅い。理想を言えば小学校から、一歩譲って遅くとも中学校卒業時点から職人技を磨かないと本物にはならないと、識者は指摘する。ただ職人になったからと言って、とりたてて社会的地位や金銭的メリットがあるわけでもないのが現状だ。学歴重視の現在の社会で職人への道を志すインセンティブに欠けている。この結果、自分の腕に誇りを持つ日本の伝統的な職人魂は今後も引き続き存続するとは予想されるものの、日本が世界に誇れる工芸はハビタットの消失とともに衰えていくことは避けられない。**工芸のレベルの低下は、長期的には製造業全体のレベルの低下にもつながる。**

結論を言えば、日本人は多様な価値観の並存を認めつつ包括的に最適運用するというマネジメントが弱く、多様性、複雑性への対処が苦手だという欠点がある。その一方で、低い機能しか持たない道具を熟練でカバーするという職人気質は薄れつつあるものの、いまだに色濃く残っている。このように、日本の強みと弱みを知ることで、**今後の日本の製造業が取るべき道は、熟練技術の継承と発展にある**ということも明らかとなる。

COLUMN/003

日本人の園芸的メンタリティの由来

——はたして勤勉性は日本人のDNAなのか?

本文で述べた園芸的メンタリティのもとをたどると江戸時代の石田梅岩《いしだばいがん》による石門心学《せきもんしんがく》や、二宮尊徳《にのみやそんとく》に代表されるような勤勉性を称揚《しょうよう》する教えにたどりつく。彼らは、勤勉というのは、利益を目的とする卑《いや》しい行為ではなく、人格を磨くための修行だと教えた。つまり労働は人格陶冶《とうや》のために行なうのであるから長時間労働することに価値があり、効率的に働くという観点は極めて軽視された。

しかし、私は日本人がこのように勤勉になったのは、江戸時代になってから習得した「獲得形質」であり、けっして縄文時代からの「生得形質」ではなかったと考える。というのは、江戸以前、すなわち平安時代、鎌倉時代、室町時代の庶民の生活を描いた記録物、具体的に言うと、『今昔《こんじやく》物語（特に本朝世俗部）』、『宇治拾遺《うじしゅうい》物語』、『沙石《しやせき》集』、『古今著聞集《ここんちよもんじゆう》』を読んでみて、庶民——といってもたいてい、京都近辺の中産階級の話が多いのだが——の生活ぶりになんとも、怠惰な要素を多く感じたからである。たとえば、中流貴族といえども、ちょっと落ちぶれてしまうと、土塀が崩れても修理せず、庭の雑草も茂り放題となっている。文章からでは分かりづらいが絵巻物に描かれた様子から当時の生活態度をうかがうことはできる。『絵巻物に見る日本庶民生活誌』(宮本常一《みやもとつねいち》著、中公新書)という本で、宮本常一氏は多くの絵巻物から当時(平安後期から室町)の庶民の生活ぶりを探りだそうとしている。たとえば、「石山寺縁起《いしやまでらえんぎ》絵巻」には多くの働いている人が描かれていて、仕事に精出していると述べている。しかし絵から判断すると、当時の人々の労働態度は、現在の規準からは勤勉だとは言えない雰囲気であるというのが分かる。

また『古事記』の上巻(神代)に見られる古代日本人は、猥雑《わいざつ》であっけらかんとし、じつに南洋、ポリネシアの島々の楽天的な生活態度を髣髴《ほうふつ》とさせる。住居にしても、衣服にしても冬の寒さに対する対策が極めて貧弱で、南方系の文化を基盤としていると考えられる。古代の生活態度が変わったのが、江戸中期の人口が短期間にほぼ倍増したあたり(1700年頃)からである。その後つい最近まで大多数の日本人は勤勉な生活態度を強《し》いられてきたが、今ようやく、元の南洋民族当時の生活のように、あくせくとしないでもやっていける時代になった。現在、就職しようとする学生は、勤勉に仕事をしようという意識よりも、何やら楽しいこと、あるいは生きがいを求めて職探しをするという。さらには、そういった就職活動すら面倒だとして、自主的にフリーターやニートになる若者(だけでなく中年も)が増加していると聞く。これは根本的に勤勉さというものが日本人のDNAとして組み込まれていない証拠ではなかろうか? もし、日本人が根っからの勤勉性に富む人種であれば、このような社会現象は起こらないはずと私は考えている。

第4章

一般的に日本では西洋というとフランス革命以降、つまり19世紀以降の近代市民社会のことしか考えない傾向が強い。その上すべての事象をキリスト教、一神教に関連付けて説明しようとする。これはあたかも、すべての日本の伝統を強引に仏教だけ、あるいは神道だけに結びつけて説明しようとしているのと同じぐらい危険で愚かなことである。

ヨーロッパのコアを形成している「ギリシャ・ローマ」と「中世」の2点からヨーロッパ社会をじっくり観察すると、ヨーロッパを動かしている根本原理を理解できる。

ヨーロッパ文化圏のコアを探る

——「ギリシャ・ローマの自由」と「中世の生活」

ヨーロッパの根幹の思想とは

「日本の歴史を語る」と言った場合、いつの時代から始めるであろうか？　まさか、昭和から始める人はいまい。明治？　江戸？　これもあり得ない。日本の歴史は数百年程度の短いものでないことぐらい誰もが知っている。確固たる史実の残る奈良時代から始めるかもしれない。しかしたいていの日本人は日本の歴史といえば、縄文時代からだと考えるだろう。縄文時代については、有名な人物など誰一人としていないし、正確な歴史的事実を聞いたことはないが、それでも日本人の魂のふるさととしてまず第一に縄文時代を考え、弥生時代、古墳時代と続く。

同様の質問で「ヨーロッパの歴史を語る」と言った場合、いつの時代から始めるであろうか？　ヨーロッパも日本同様、古くからの歴史があったのは知っていても、たいていは現在のヨーロッパの枠組みが確定した1648年のウェストファリア条約（ヴェストファーレン条約ともいう）以降を考えないだろうか？　あるいは、近代市民社会を成立させたフランス革命と産業革命以降がヨーロッパだと考えていないだろうか？　フランスの標語である「自由・平等・博愛」（liberté, égalité, fraternité）はフランスの啓蒙思想家たちが近代国家にふさわしい概念として新たに作り出した、と考えている人は多いのではなかろうか？　遡《さかのぼ》っても、せいぜいルネッサンスからがヨーロッパだと考えてはいないだろうか？

日本の歴史が縄文時代から始まるとしたら、ヨーロッパの歴史も紀元前の旧石器時代、新石器時代から考えるべきであろう。その時代から現在までの数千年間の大きな構成要因をざっと並べると次の6点になる。

A. ケルト、ゲルマン
B. ギリシャ・ローマ
C. 中世
D. キリスト教
E. ルネッサンス
F. 市民革命

本章ではヨーロッパを網羅的に説明するのではなく、「**B. ギリシャ・ローマ**」と「**C. 中世**」に絞って述べる。その理由は、この2つがヨーロッパ文化のコアを形成しているにもかかわらず、大部分の日本人には縁遠く、その価値を正しく認識していない人が多いからだ。

まず、ゴシップ的な記事ばかりで歪曲《わいきょく》した理解しかされていない**共和政ローマの質実剛健な姿**を知ることだ。次いで、キリスト教が支配し、かつては「暗黒の千年」（Dark Age）と言われた**中世の人々の暮らしぶり**を当時の記録から知ることだ。

たいていの日本人はヨーロッパ社会の中心を貫いているのはキリスト教だと考えているが、それは大きな誤解だ。ロシア革命で誕生した社会主義国家のソヴィエト連邦に支配された東ヨーロッパ諸国はヨーロッパとしての本質をまったく失わなかった。また、現在ヨーロッパ各国ではキリスト教信者が急激に減っているにもかかわらず、ヨーロッパの根幹部分は本質的には変わっていない。これらの事実から**ヨーロッパの行動原理をキリスト教だけに求めるのは明らかに間違っている。**

「ギリシャ・ローマ」と「中世」の2点からヨーロッパ社会をじっくり観察することで、ヨーロッパ文化のコア、ヨーロッパを動かしている根本原理を理解できることを示す。

ギリシャ・ローマの根強い伝統を知らない日本人

ギリシャ・ローマと併称されるが、日本では伝統的に文科系（哲学・歴史・文学）においては、ローマよりギリシャを尊重する傾向にあった。たとえば、哲学と言えば必ずソクラテス、プラトン、アリストテレスなどのギリシャ人は挙がるが、ローマ人の名前は絶えて聞かない。文学では、ホメロス（ホーマー）を筆頭としてアイスキュロス、ソポクレス、エウリピデスなどのギリシャの三大悲劇詩人などのギリシャ人の名前は知られているものの、オウィディウス、ウェルギリウス、ホラティウスのラテン三大詩人の名前は聞かれることは稀《まれ》だ。歴史ではギリシャのヘロドトスやツキディデースは昔から何回か翻訳されているものの、ローマの歴史の大家であるリウィウスの名前は知られていない。

このように、ヨーロッパの根幹をなすローマの歴史や考え方は、部分的には知られているものの、残念ながら長らく日本人には正確に知られてはいなかった。日本の知識人の悲劇は、現代のヨーロッパの政治や思想に対して、ローマがどれほど広くかつ深い影響を持っているかを皆目知らずにヨーロッパおよび世界の人々と付き合っていることである。これでは、日本といえばいまだに「ゲイシャ、フジヤマ、ハラキリ」を連想する外国人と五十歩百歩である。

リウィウスの『ローマ建国史』の衝撃

私は大学生の時（1977年）にドイツに1年間留学した。その時、ミュンヘンの大きな書店で、ギリシャ関係の本と勝るとも劣らない量のローマ関係の本があるのを見て、初めてヨーロッパにおけるローマの偉大な影響力を知った。当然、それまでにヨーロッパ各地に残るローマの遺跡（円形劇場、水道橋、神殿など）を訪れてローマの影響を知ってはいたものの、思想面でも遺跡に勝るとも劣らない甚大な影響を及ぼしていたことを認識したのであった。とりわけ、**キケロの影響は日本人には想像できないほど大きく、ラテン語のテキストといえば必ずと**

言っていいほどキケロの文章が取られていた。

当時、私はギリシャ語やラテン語が読めなかったが、レクラム文庫から出ている対訳本（ギリシャ語・ラテン語とドイツ語）やドイツ語訳の本をすべて購入して日本に持ち帰り、読み始めた（すべてといっても文庫本でたかだか100冊程度であるが）。ローマ関係でいうと、キケロ、セネカはこのようにして主要なものは読んだが、リウィウスの『ローマ建国史』は部分的にしかなく、いつか全巻が揃えば読みたいと思っていた。

数年後（1982年）、今度はアメリカに留学し、図書館でローブ（Loeb）版のギリシャ・ラテン叢書《そうしょ》（ギリシャ語・ラテン語と英語の対訳）を見て、その豊富さに驚いた。レクラムとは比較にならないほど揃っていたが、値段は学生の身には少々高く全部を揃えるわけにはいかない。それでも200冊近く買い込んで帰国した。リウィウスは全巻揃っていたが、読む時間がとれず、いつの間にか忘れてしまっていた。

幸いにも10年ほど前に時間の余裕ができたので、ようやくローブの英文でリウィウスを読み通した。全部で13冊、総ページ数は6500ページ（ただし、英語の部分はその半分）もある膨大なもので、読み終えるまで半年近くかかった。しかし、読み終えて大変大きな衝撃を受けた。感想を一言で言うなら、

「**リウィウスの『ローマ建国史』を読まずしてヨーロッパ精神は分からない**」

というものであった。

普通、学校で習う歴史というのは年表ベースに政治体制の話に終始し、人々が実際にどういう暮らしをし、どういうことを考えていたのかという具体的な点に関しての説明がほとんどない。こういった暗記ものの歴史の授業というのは、喩《たと》えてみれば果実の搾《しぼ》りカスみたいなもので、リウィウスが記述している本物の歴史というのはたっぷりと果汁のつまったジュースのようなものだ。

リウィウスの歴史書の原題の「Ab urbe condita」とは「ローマ（urbs）が建立（conditus）されてから（ab）」という意味で、まさしく、ローマが紀元前７５３年４月21日にロムルスとレムスによって建国されてからリウィウスの時代までの約７００年の歴史が記述されている。建国当初のローマは、非常に小さな国、というより村であったが、それからどんどん大きくなって、紀元前後に大帝国になった。

リウィウス（Titus Livius, 紀元前59－紀元17）は熱烈な愛国者であり共和主義者であった。ローマ皇帝、アウグストゥスの支援と便宜を受け、数多くの資料を自由に閲覧することを許された。40年を費やし、１４２巻にものぼる膨大な『ローマ建国史』を完成した。ただ、現存するのはそのうちの約４分の１の35巻（第１－10巻、第21－45巻）にすぎない。他の巻は完全に失われた

adoc-photos/Corbis/amanaimages

ティトゥス・リウィウス
ローマの大歴史家（紀元前59年－紀元17年）は、アクション映画のようにローマの歴史の光と影を活き活きと描いた

か、あるいは「要約」しか残されていない。

たいていの人は残念に思うだろう。しかし、私は不謹慎を承知で言えば「失われるべくして失われた」と考える。当時の本といえば今のような本の形式ではなく、巻き物であったので一巻を写すのは大変な労力が要る。それを百巻以上も作成しなければいけないのであるから、興味のないような内容であれば、飛ばしたいと考えるのが人情だ。つまり失われた部分は当時の人たちにとって関心が薄い内容だと想像される。逆に、現存する部分はぜひとも残すべき部分だったと言える。このことから写本というプロセスを通じて、書いた本人の精神だけでなく、時代精神をも知ることができる。

リウィウスはローマがどのような理念のもとに国家が発展してきたかを克明に記した。そして、自分の本が後世に役立つようにとの思いで、「質実剛健」のようなローマの良い点だけでなく、悪い点も書き記したのだが、しばしば「古代ローマの理想化に走り、矛盾、誤謬《ごびゅう》に満ちている」と非難される。また長文の演説が頻繁に出てくるが、それは史実というより、リウィウスの創作であることは疑う余地がない。しかし、このような内容こそがまさに当時の人々の考え方そのものであったと私は考える。**ローマ帝国の滅亡後も古代ローマの精神がずっとヨーロッパ社会の地下水脈となり、近代になってマキャヴェリ、モンテスキューなどの政治思想となって表出し、フランス革命へとつながった。**実際、マキャヴェリは『ローマ史論』で、モンテスキューは『法の精神』で、それぞれリウィウスの記述に従って古代ローマ史の事例をひきながら、偉大な国家を形成するための数々の原則を述べた。

『ローマ建国史』に頻出する「自由」

前節で私はリウィウスの『ローマ建国史』に衝撃を受けたと述べたが、それは**「自由」という単語が頻出**する点にあった。また**何事を行なうにしても「原則・プリンシプル」を確認しつつ行なう**点でもあった。現代の日本は一応「民主主義国家」であるが、リウィウスの『ローマ建国史』に現われる民主主義の概念と比べるとあまりにもかけ離れている。その根本原因は、「自由」と「原則・プリンシプル」の概念のとらえ方の差である。

ローマは伝説では紀元前753年に建国され、ロムルスが王となって治めた。その後7人の王が即位したが、紀元前509年にタルクィニウス王の息子であるセクトゥスがルクレティアを陵辱《りょうじょく》したことに端を発し、ブルータスがタルクィニウス王を追放して、ローマの政体が王政から共和政に変わった。自由という単語が強烈な光を放ってローマ史に登場するのは、王政を倒して共和政になる時だ。

リウィウスの『ローマ建国史』の第2巻からは共和政ローマの話になるが、途端にliberやlibertus（自由）という単語が頻発する。学校で習うような年表式や概要の歴史ではなく、2000年前に書かれた本物の史書を通じてこの自由という単語を何度も目にすることで、私は初めて、ヨーロッパ人にとって「自由」というのは我々日本人の想像をはるかに超えて重要だということを知るに至った。

ヨーロッパにおいて「自由」なしには、個人や社会がまったく活力を持たないのだ。それに反し、日本における「自由」の重みは、比較にならないほど軽い。「自由」は、あるに越したことはないが、なくてもやっていけるのだ。こう言うと、「そんなことはない、日本でも先の第二次世界大戦の時は軍部の圧制にどれほどの人が苦しんだことか！」といきり立つ人もいよう。しかし、自由に対するヨーロッパ人の渇望の度合いはこういう人たちですら想像できないほど強烈なものだ。それをとことん思い知らされるのが、このリウィウスの第2巻以降の物語である。彼らの考える「自由」の重みを知り、ひいてはヨーロッパ文明のコアの概念をつかむためには、『ローマ建国史』は日本人にとっては必読書だと私は考えている。

ヨーロッパの悲惨な戦争の実態

自由が尊いものだといっても、我々日本人にはぴんとこないのは、日本には自由を喪失した悲惨な戦争経験がないからだ。

ヨーロッパでは、戦争は日本人が考えているよりもはるかに酷《むご》い結果をもたらす。我々は、ある単語の意味や内容について自分の理解している概念が、一般的に通用すると錯覚している。第2章でも触れたが、戦争という単語もそのうちの一つだ。

日本において、近代戦争はさて置き、明治以前の戦争といえば、古くは、源平の合戦、関ヶ原の戦い、戊辰《ぼしん》戦争などがあるが、これらはいずれも武士団同士の戦いである。この実態はヨーロッパ人から見れば異様であった。たとえば、安土桃山《あづちももやま》時代にはザビエルやフロイスをはじめとして数多くのイエズス会士が日本を訪問しているが、そのうちの一人にヴァリニャーノがいる。彼の『日本巡察記』には、「彼等〔領主〕の間には通常戦争が行なわれるが、一統治権のもとにある人々は、相互の間では平穏に暮らしており、我等ヨーロッパにおけるよりもはるかに生活は安寧である」（『日本巡察記』P.10、松田毅一訳、東洋文庫）との記述が見える。

つまり、ヨーロッパにおける戦争とは、日本のように職業軍人である武士団同士の戦いではなく、都市に住む住民全体の生命そして全財産がかかっていた戦いであったことが分かる。戦争に負けると、財産は略奪され、成年男子は皆殺し、女子どもは奴隷にされて生涯こき使われるという悲惨な運命が待ち受けていた。それゆえ、ヨーロッパの町々には堅固で高い城壁が築かれ、住民総出で防衛した。あるいはカエサルやタキトゥスが生々しく伝えるように、古代のガリア人やゲルマン人は戦争ともなれば、女や子どもまで含めて、家族総出で戦場に赴《おもむ》き、男たちと運命を共にした。

現在、中近東やヨーロッパの町々を旅行すると各地で見事な城壁を見ることがあるが、これらには数万人、あるいは数十万人という住民の全生命と全財産がかかっていた。紀元前数世紀、アッシリア王国の首都、バビロンの城壁は8階建てのビルに相当する高さがあり頑丈なものだった。ヘロドトスの伝えるところでは、城壁の上の通路では二台の馬車がすれ違うことができたと言う。このような頑丈な壁でもそれを突き崩す道具があった。たとえば、紀元1世紀、ユダヤの暴動をきっかけにしてユダヤとローマが全面戦争することになったが、ユダヤ軍の司令官のフラウィウス・ヨセフスはこの戦争の一部始終を『ユダヤ戦記』に書いた。そこには牡羊というとてつもなく大きな槌《つち》のような城砦崩しの道具がしばしば登場する。除夜《じょや》の鐘をつく棒の何倍もの大きな棒で、城壁をつくと、そのつど、まるで地震のように地面が大きく揺れる。何度となく同じ場所を打たれると、さすがにどんなに堅固な城壁でも崩れてしまう。いったん城壁が崩れるや、兵隊は城内に乱入し、あらんかぎりの虐殺と略奪をした。これが西洋における戦争の実態である。

これと比較すると、日本では、一つの町や城が一般住民ごと攻められたケースは、たとえば信長《のぶなが》に攻められた一向一揆《いっこういっき》や島原《しまばら》の乱《らん》など、数えるほどしかない。10年も続き、天下の大乱と言われたあの応仁《おうにん》の乱の最中ですら、主戦場の京都では合戦の合間に天皇主催の歌会が開催されていたと伝えられているほどだ。

このように、ヨーロッパでは戦争に負けると、庶民までもがたとえ虐殺を免《まぬか》れたとしても捕虜となり奴隷として売り飛ばされてしまう運命にあった。それゆえ、都市の自由というのは住民にとっては自らの自由と同等の価値があったわけだ。

ガリア人、ゲルマン人の強烈な自由への思い

リウィウスの『ローマ建国史』やヨセフスの『ユダヤ戦記』を読むと、地中海地方一帯の人々は自由への渇望を共有していたことが分かる。しかし、北方のガリア族やゲルマニア族は、地中海地方よりさらに激しい自由への渇望を持っていたことが、カエサルの『ガリア戦記』やタキトゥスの『ゲルマーニア』などから分かる。

たとえばカエサルの『ガリア戦記』（近山金次訳、岩波文庫）には次のような文句がたびたび見える。

「ローマに隷属するより寧ろ祖先から受けついだ自由を守るように」（P.105）

「昔の戦争で得た名誉と祖先からひきついだ自由をとりもどせないなら戦場で死ぬ方がよかった」（P.220）

（ウェルキンゲトリクスの演説）「自分らが冷静に穀物を棄て家を焼き財産をそこなうという方法で永久の支配と自由を得よう、と言った」（P.264）

ガリア人たちは、普段は仲間同士の抗争が絶えないが、いったん、ローマによって自分たち

の自由が脅《おびや》かされそうになると、一致団結して共同戦線を張りローマに立ち向かった。その時のスローガンは「ローマに隷属するよりむしろ、祖先から受け継いだ自由を守ろう」というものだった。

ゲルマニア族はローマにとっては手ごわい相手で最後まで屈服させることができなかった。タキトゥスの『ゲルマーニア』（泉井久之助訳、岩波文庫）の記述によると、ゲルマニア族の自由(libertas)への戦いぶりはローマにとってはどの国、どの民族よりすさまじく、手ごわいものであったとして次のように言う。

> ゲルマーニア族ほど絶えずわれわれの緊張を惹き起こしたものはなかった。これもひとえにゲルマーニア族のもつ自由の意気と精神がアルサケースの王政を凌いで、より強烈であったためにほかならない。（P.169）

ヨーロッパの歴史に貫通する自由への渇望

自由が何よりも尊いものだという意識は過去2500年のヨーロッパの歴史を太く貫いている。ギリシャ・ローマの自由のための戦いは、近世のヨーロッパ市民革命時に革命のエネルギーを鼓吹《こすい》した。

たとえば、第2章でも紹介したが『十八世紀パリ生活誌』という本がある。この本はタイトルどおりフランス革命の前後のパリ市民の生活実態（ディテール）を描写したものだが、筆者のルイ・セバスチャン・メルシエの個人的経験を次のように述べる。

「私の頭脳は、ティトゥス・リウィウスの『ローマ史』にすっかり夢中になっていた（中略）私はそれほど古代ローマ人の運命と一心同体になっていたのだ。

私は〔ローマの〕共和政のすべての擁護者たちとともに共和主義者であった。（中略）共和政の偉大にして壮大な歴史を読むにつけ、共和政をよみがえらせることができればなどと思うようになるのも確かである。元老院や自由の話を聞き（後略）」（『十八世紀パリ生活誌』下・P.176－177）

このように、ラテン語の授業で読まされたリウィウスのローマの歴史を通して、当時の青年たちは共和政の本当の意味を理解し、王政の下で抑圧されている自由を求めて革命精神を培っていったのだった。

1989年のベルリンの壁の崩壊以降、ヨーロッパでは小国（バルト3国、スロバキアなど）の独立が相次いだ。たとえ経済的に不利になることが分かっていても、独立国家になることを望むのはヨーロッパ人に古代からずっと、国家の「自由」や「自治」に対する限りない憧《あこが》れがあるからだ。

それに比べると、日本人にはこういった自由への渇望が極めて希薄である。端的に言えば、戦後七十数年近くも米軍が日本に駐留しているが、この異常事態がまったく大きな社会問題となっていない。ときたま、軍用機が墜落したり、基地移転問題が持ち上がる時だけ、ジャーナリズムが取り上げ、にわか国防議論が起きるが、それ以外は米軍の駐留に対してまったく拘泥《こうでい》していない。

このような日本人は「自由」を何よりも重視するヨーロッパ人の心情を正しく理解できているはずがない。また彼らから見れば戦後70年経って、冷戦がとっくの昔に終わっているにもかかわらず、いまだに米軍が駐留している日本をまともな独立国家だとは考えていないに違いない。そのような日本が急に「集団的自衛権」で国内が沸騰していると聞いても、親（米軍）のすねかじり坊やがヒステリーを起こして何か叫んでいる、という程度にしかヨーロッパ人や北米人は評価していないと私には思える。

言論の自由

身体の自由と並ぶ、**言論の自由は、ギリシャ・ローマに限らず、地中海圏一帯に共有**されていた概念だった。

ローマと数度の死闘を繰り返したカルタゴの名将ハンニバルがスキピオにザマの合戦で敗れたあと、カルタゴでは、ローマと講和するかどうかの市民会議が開催された（リウィウス『ローマ建国史』第30巻・37章）。席上、貴族派のギスコが講和に反対し、戦争続行を強く主張した。

しかし、ハンニバルは将軍として過去20年近くもローマ軍と死闘を繰り返した経験から、カルタゴにはもはやそのような力が残っていないことを充分に知っていたので、ギスコの空論に我慢ができなくなり、ギスコを演壇から手荒く引きずり降ろした。その行為に対し、至るところから「市民の自由を無視した前代未聞の狼藉《ろうぜき》だ」との非難があがった。つまり、市民はどのような意見であろうと、少なくとも公言する権利は侵害されるべきでない、という認識をカルタゴ人は持っていたということが分かる。

これ以外にも、リウィウスの『ローマ建国史』には、ローマ元老院や平民が主催する民会でお互いに自由に主張を述べ合っている様子が縷々《るる》描かれている。

言論の自由に関して、ネポスの『英雄伝』(De excellentibus ducibu sexterarum gentium)からティモレオンの話を紹介しよう。『英雄伝』といえばプルタークの『英雄伝』(The Parellel Lives)が有名で、数多くのギリシャやローマの偉人が取り上げられているが、ネポスの『英雄伝』にも二十数人の主に将軍たちの話が載せられている。歴史資料としての価値は低いとの評価ではあるが、人物伝という観点から見ると日本人にとってはヨーロッパ人の理想像を知るには恰好《かっこう》の書である。

さてティモレオンであるが、シチリア島生まれのギリシャ人で哲学者のプラトンと同世代の人である。当時、シチリア島では、独裁者《タイラント》(僭主《せんしゅ》)が支配し、人々がその圧政に苦しんでいた。ティモレオンは民主政治を行なうべきとの信念を持ち、独裁者や外国の侵略に対して先頭に立って戦った。それで、住民から慕《した》われたが、中にはティモレオンを妬《ねた》み、弾劾《だんがい》する輩《やから》もいた。しかし、彼らの言動を圧殺することを好まず、次のように述べた。

あるときラピュスティウスという短気で感謝を知らぬ男が、ティモレオンを告訴すると言って、彼に裁判所への出頭を求めてきた。このとき多くの市民が駆けつけて、ラピュスティウスの厚顔無恥な行いを腕ずくでも阻止しようと試みたが、ティモレオンは一同にそれを思い止まるよう求めた。「ラピュスティウスにせよだれにせよ、皆がこのような訴えを自由に行えることこそ、自分がこれまで最大の努力を払い、最大の危険を冒した真の目的であったのだ。だれもが自分の欲するとおり法に訴えることが許されるなら、これこそ自由の姿なのである」とティモレオンは言うのであった。またあるとき、ラピュスティウスと同類のデマエネトゥスという名の男が、民会でティモレオンの業績を貶《けな》し出し、いくつかの個人的な批判を行ったさい、ティモレオンは「いままさに長年の祈りが成就した。だれもが自分の思うことを発言しても罰せられないという自由をシュラクサエ〔シチリア島〕に取り戻せるよう日夜不死の神々に祈ってきたのだ〔がそれが実現した〕」と述べた。

(『ネポス 英雄伝』P.137－138、ネポス著、山下太郎・上村健二訳、国文社)

ティモレオンは長年、シチリア島には言論の自由がなかったが、命がけでそれを取り戻した。そして、自分を非難する人たちをも含めて、誰もが自由に発言できることを心から喜んだ。

本当の「自由」がない日本

元来、日本には「自由」という単語も概念も存在していない。それで、なかなか自由の本質や実態をつかむことができなかった。

漱石《そうせき》は『私の個人主義』の中で、イギリス留学中にようやく個人主義・自己本位、つまり個人の自由というものの本質を理解し、これで自分が確立したと述べている。個人の自由という概念が明治の日本人には極めて異質で理解し難かったことが分かる。

元来、自由という漢語は存在していたが、「勝手きまま」という意味で用いられていた。freedom あるいは liberty に対して自由という訳語が与えられたのは文久2年（1862年）のことだった。当時幕府の外国方英語通辞《つうじ》の頭をしていた森山多吉郎《もりやまたきちろう》が英和対訳辞書に載せたのが最初である、と穂積陳重《ほづみのぶしげ》の『法窓夜話《ほうそうやわ》』に書かれている。

しかし、本格的に用いられるようになったのは、福沢諭吉《ふくざわゆきち》が慶応《けいおう》2年（1866年）に出版した『西洋事情』に自由という訳字を用いてからである。ただし、福沢も当時はまだ「自由とは我儘《わがまま》とはややもすれば誤りやすし。いまだ適当な訳字あらず」と述べている。

幕末の開国以来、すでに１５０年近く経ち、日本の社会制度はかなり西洋化されているが、日本の社会の基本理念そのものは今なお西洋のそれとはまだまだ大いに異なるように思える。日本人同士は同じ価値観を共有していると考えられているので、本質を鋭く突く議論は、遠慮を通り越して「ご法度《はっと》」とみなされていることが多い。それがため、自由奔放《ほんぽう》なアイデアが窒《ちっ》息《そく》死させられる。この点、国籍が多様であると日本人固有の譲り合いがないため、議論が本質をめぐり活発化する。この点を日本人は「外国人は無礼だ」と怒るようだが、グローバル社会においては、このような理性的な無礼を許容できなければいけない。総じていえば、**今の日本には本当の意味での「自由」（ギリシャ語・ἐλευθερία, eleutheria）と、「思想・表現の自由」（ギリシャ語・παρρησία, parrhesia）がまだ充分に根づいていない**というのが私の率直な思いである。今後の日本が本当の意味でグローバル化するには、ぜひともこれら２つの自由の概念を真に理解する必要を感じる。

古代ローマにもあった武士道

「遼東《りょうとう》の豕《いのこ》」という語がある。中国の遼東のある村に白豚が生まれた。そのあたりの豚は灰色や黒色なので白豚は珍しい。それで、皇帝に捧げようと考え、白豚を連れて都に上る途中の村々で白豚をたくさん見るようになり引き返した。つまり、自分では珍しいものだと思っていたのは自分の知識が狭《せま》いせいで、世の中にはその程度のものなら数多く存在するという喩え話だ。

新渡戸稲造《にとべいなぞう》が英語で『武士道』を書いてから、世界に日本文化の一つとして武士道があるということが知られた。ただ、武士道精神というのは、本当に日本にしかないのか、この点をしっかり考えないで、やみくもに「日本精神には武士道がある」と強調するのは「遼東の豕」の愚《ぐ》を犯すことになる。というのはリウィウスの『ローマ建国史』やプルタークの『英雄伝』を読むと、紀元前のローマにも新渡戸が言う武士道精神と同じ行動原理を持っていた人が何人もいたことが分かるからだ。その例を3つばかり挙げてみよう。

一例1一 左手の勇者、スカエウォラ（リウィウス『ローマ建国史』巻2・第12節）

ポルセナ王（Porsena）の軍に攻められてローマは籠城を余儀なくされた。しかし、そのような消極的な態度にローマの勇気はどこに行ったのだと憤慨した若者がいた。その名をガイウス・ムキウス（Gaius Mucius）という。彼は、単身敵陣に乗り込み、ポルセナ王を暗殺しようと決心し、長老たちの前で、自分の計画を述べ、了承をもらった。暗闇に紛れて敵陣に入り、王の近くまで来たところで、肝心のポルセナ王の顔を知らないのでまごついてしまった。それで、一番見栄えする服装の人間を王と推察し、即座に刺し殺し、逃亡しようとした。しかし、殺したのは書記だった。護衛につかまり、王の前に引き出されたムキウスは堂々とした態度で、王に向かって次のように言った。「私はローマ市民だ。敵対する者として、わが敵を殺すのは本分だし、そのためには死も恐れぬ。勇気ある行為も、忍耐強く耐えるのも、共にローマの伝統だ。たとえ私が死んでも後に続くものがローマには数え切れないほどいる」。

ローマの若造、ムキウスのこの傲慢《ごうまん》な物言いに腹を立てたポルセナ王はムキウスを火責めにして、この暗殺計画の全貌を吐き出させよ、と護衛に命じた。その時、ムキウスの右の傍《かたわ》らには、ちょうど祭壇があり、火があかあかと燃えていた。

ムキウスが言った。「王よ、見るが良い、名誉を求める勇者にとって拷問《ごうもん》などが何ら苦にならないかを！」。そう言いつつ、ムキウスは祭壇の火の中に右手を突っ込んだ。肉の焼ける音と臭いがあたりに漂ったがムキウスは眉一つ動かさなかった。王はびっくりして、玉座から降りて、護衛にムキウスを火から離すように命じた。王はムキウスの豪胆に敬意を表してこう言った。「君は、わしの責め苦より、ずっとむごい責めを自らに課したようじゃな。その勇気がわが方のためだったら、わしはどんなにか褒美《ほうび》を取らせたことか。しかし、君は敵方だから、そうもいくまい。だが、その豪胆に免じて君を無罪放免としよう」。

無事ローマに帰ったムキウスは右手が焼け爛《ただ》れて使えなくなり左手だけになってしまった。それで「左の」という意味の scaevus から取って、Scaevola（スカエウォラ）というあだ名をつけられ、ローマの歴史上、最も豪胆な勇者として知られるようになった。ローマの長老たちはムキウスの勇気を讃《たた》えて彼にティベリス川河畔の土地を贈呈した。後世、この場所はムキア牧場と呼ばれた。

〔例2〕卑怯《ひきょう》を許さず、義を通したカミルス（リウィウス『ローマ建国史』巻5・第27節）

紀元前4世紀、カミルス（Marcus Furius Camillus）というローマの将軍がいた。当時（紀元前395年）、ローマはファレリ族（Falerii）と交戦状態にあり、長らく陣地をはさんで対峙《たいじ》していた。ある時に、ファレリ族の一人の教師が自国を裏切ってローマに恩を売ろうとして、自分の教え子たちを欺《あざむ》いてカミルス陣地に連れて行き投降した。知らせを受けたカミルスは「不届きなやつだ。戦争中でも、義が大切だ。教師を裸にして、腕を縛りあげよ。子どもたちに、棒を与え、これで教師を殴《なぐ》りながら親元に帰るがよい」と諭《さと》した。

祖国を裏切った教師を裸にして子どもたちに殴らせるという恥《はじ》を与えた。これはカミルスが寛大であったというより、当時の人々は、それで充分に罰になっていると考えたためだ。誰もが、気高い廉恥心を持っていたと推察される。

さて、子どもたちが無事に戻ったことを喜んだファレリ族は、カミルスが、子どもたちを人質にしてファレリ族を追い詰めず、無条件で返してくれた度量に敬服して、自ら進んでローマに降伏した。

一例3一 倹約を実践した、将軍マリウス（プルターク『英雄伝』マリウス・7）

日本ではローマというと、カエサル（シーザー）から後の時代、ネロなどの廃頽《はいたい》とデカダンスの帝政ローマ時代を思い浮かべる人が多いであろう。しかし、先述のリウィウスを読むと、廃頽のローマというイメージがまったく覆《くつがえ》される。ローマは質実剛健をもって鳴る、武断国家であったのだ。そういった武人の代表がローマの実力者でカエサルの外伯父でもあったガイウス・マリウス（Gaius Marius, 紀元前157－紀元前86）であった。

「ローマの兵士にとっても、将軍が食事の時に同じパンを食べたり粗末な藁床《わらどこ》で臥《が》したり壕を掘ったり柵を築いたりする場合に一緒に仕事をしてくれたりすることはこの上なく喜ばしい観物であった。名誉や財物を分けてくれる将軍よりも、労苦と危険を共にしてくれる〔マリウス〕将軍の方に敬服し、楽な生活を許す将軍よりも寧ろ共に苦しむことを欲する将軍の方を愛慕する」（『プルターク英雄伝』巻6・P.63、河野与一訳、岩波文庫）

ここで見るように、マリウスの振る舞いは日本の古武士を髣髴《ほうふつ》とさせる。

これら3つの例を通して分かるように、新渡戸稲造の『武士道』に見られる武士道精神が日本だけにあったという意見はあまりにも偏狭《へんきょう》で日本びいきにすぎる。武士道精神と同等のレベルの高い精神性は紀元前のローマにも見られたし、探せば世界各地にもっといろいろと出てくるだろう。日本の知識人が世界に情報を発信する場合、日本を愛するあまり、武士道精神を日本独自のものだと思い込み、世界に向かって「日本に武士道あり！」と意気込んで「遼東の豕」にならないように願う次第だ。

プリンシプルを重視するヨーロッパ、軽視する日本

「自由」と並んでヨーロッパでは「プリンシプル」を重要視する。プリンシプル（Principle）は「**原理**」あるいは「**原則**」とも訳される。

原理や原則というのは、いつでも、誰でもが頼れる基準で、どのような時でも揺らぎのないものだ。それゆえ、常に信頼できるものである。一方、原則にあまりにもこだわりすぎると柔軟性に欠ける。このように長短はあるものの、基本的にはギリシャ・ローマだけでなくヨーロッパでは、一般的に原則を明確にして事を行なう。それに対して、日本人はともすると、場合に応じて原則を崩して対応するので柔軟性は高い。ただ、それだけに日本人は「原則」はそのつど必要に応じて変更できると安直に考えている節が見える。たとえば、フロイスの『日本史』にはキリスト教を布教しようとする宣教師に対し、武将たちが次のように言うシーンが見られる。

彼ら〔武将たち〕にとって第六誡（汝《なんじ》、姦淫するなかれ）の守りはきわめて困難であり、彼らの多くの者は、もし伴天連《ばてれん》たちがこの掟《おきて》に関し少しく寛大であるならば、ただちにキリシタンになるであろうと公言していた。（中略）もし伴天連たちがこの掟に対して便宜《べんぎ》を計り、それほどまで厳格に考えることをやめるならば、キリシタンの数は疑いなく倍化するであろうから、（伴天連たち）がそうするように（と）（修道士）を説得せんとした。（『フロイス日本史』巻5・五畿内篇Ⅲ、第48章・P.27、松田毅一・川崎桃太訳、中央公論社）

室町時代の日本人にとって、婚外の性交渉（不義）を行なうことはとりたてて悪いことだとは考えられていなかった。それで、もしこの点を許してもらえるならとっくの昔に仏教に愛想をつかしている武将たちにとってはキリシタンになることなど何らの障害もないと言った。つまりキリスト教といっても人間の考えることだから、多少の融通は利くはずと考えるのは日本人の論理では至極当たり前の発想である。しかし、ヨーロッパ人（イエズス会の宣教師）にとっては、キリスト教の大原則を根底から否定する暴言にしか聞こえない。この点においては室町（安土）時代の日本人の論理は現代の日本人の思考回路と異なる点はない。

さらに言えば、幕末に尊王攘夷《そんのうじょうい》を叫んだ薩長が欧米とのわずか一度の戦闘で敗北するや、手の平を返して今度は、逆に一番積極的に開国に向かった。最終的には日本のためにはよかったとはいうものの、彼らの言動からはプリンシプルを感じ取ることは難しい。

過去の時代はさておき、最近の例を言えば、自転車の走行に関して、日本ではしばらく前までは横断歩道でも、車道でも、車道のどちら側を走行しても合法的であった。近年、道路交通法が改正されて、自転車の歩道走行や反対側通行は原則禁止されたが、まだまだ旧来の方法での走行を多く見かける。自転車での事故ですでに何人もの死亡者が出ているにもかかわらず、一向に規則が徹底されないし、それにも増して、行政当局が自転車や歩行者が安全に通行できるように、チェックもしないし、道路も整備しようとはしない。一方、ヨーロッパでは、自転車専用の道路を整備し、行政も市民もこぞって交通規則を守っている。

この例を見ても、日本人は原則の重みを官民とも正しく理解していないと言える。

斎藤親載《さいとうちかのり》氏の『アフリカ駐在物語』（学生社）には、インド人が語った言葉として、「**日本人は愛されるが、尊敬されない。英国人は嫌われるが、それでも尊敬される**」（P.115）という指摘が見える。この理由を考えるに、つまるところプリンシプルのありなしに帰着する。つまり、プリンシプルを行動規範とするイギリス人は厳しい指導力を発揮するので、嫌われる。しかし、賞罰の規準や目標設定が明確なので地元民にも何をすればどうなるのか分かりやすい。さらに、いざ困難な事態や敵との争いになると、時には非合法とも思える手段を弄《ろう》することを辞せず、とにかく目標を達成するので頼りになる。イギリス人は行動規範や組織の統率において、リーダーとフォロワーの明確な区別をつけ、リーダーの自覚を持ち、プリンシプルを立て、そのとおり実行する。ところが日本人は同胞意識を醸成しようと努力をするので、やさしい兄貴ではあるが、何を原則としているのかが不明瞭なので指揮官とは思われないし、尊敬もされないということだ。

この点を直截《ちょくせつ》的に指摘したのが白洲次郎《しらすじろう》の『プリンシプルのない日本』（新潮文庫）だ。白洲次郎は太平洋戦争後、進駐軍のマッカーサーに対して誰もが恐れをなして直言できなかった中、ただ一人正々堂々と言うべきことを言った。後年、マッカーサーが「唯一私のいうことを聞かなかった日本人」だと述懐している。

白洲次郎は『プリンシプルのない日本』で次のような例を挙げている。

例えば何々省の事務次官が記者会見で、省の方針に関することを滔々《とうとう》とぶつ。ぶっていることは事務手続きの問題ではない。往々にして当の大臣の全然御存知のないことで、大臣の命令による発表ではない。公務員が省のポリシーを云々《うんぬん》することは、公務員としては明らかに逸脱行為であるが、聞いている新聞記者諸君も当の大臣も、その記事を読む読者諸君もちっとも不思議とは思わない。公務員の言及可能の範囲はおのずから、公務員とは何ぞやというプリンシプルにおいて、はっきりしているはずであるが、この様なわかりきったことすら不問に付せられるのが現状である。（P.218）

さすがに、若い頃イギリスはケンブリッジで10年近く本格的なイギリスの教育を受けただけ

祥伝社　ノンフィクション　9月の最新刊
平和なき時代の世界地図
戦争と革命と暴力
戦後70年
特別企画
四六判ソフトカバー
本体1300円+税
佐藤優×宮崎学
歴史を知り、これからの世界情勢を読む
■中東から世界へ、核兵器の時代が到来する
■「イスラム国」の世界革命宣言は「革マルvs中核」に通じる
■日本が最も「革命」に接近した日があった
■徒花のように咲いて散った学生運動
■アベノミクスは国ぐるみの「地上げ」だ
■日本は戦争をするのか
本書は、戦後70年を総括する
重要な作品であると同時に、
近未来に起きるであろう
動乱に備えた「頭の体操」でもある。
そして宮崎学氏と私の
友情の産物である。
(佐藤 優)
978-4-396-61537-6

あって、白洲次郎はプリンシプルの真髄とその重要性を正しく認識し、当時（戦後直後）の日本に欠けているものを指摘した。プリンシプルというのは日本人の間では、「できるなら守ったほうがよい」という程度の認識で、それを破ったところで、別段問題にされないと考えている節がある。しかしいったん、国際社会に出るとプリンシプルに従うか否《いな》かは、その人、あるいはその国の真価が問われる重大な問題であるということだ。

古代ギリシャ人やローマ人はいかにプリンシプルを重視したか

古代のギリシャ人やローマ人が原則（プリンシプル）をいかに重視したかについての事例を4つ紹介しよう。

［例1］スパルタの奸計《かんけい》じみた頓智《とんち》（モンテーニュ『エセー』巻1・第23章）

フランスのモラリスト、モンテーニュの『エセー』は古代ギリシャ人やローマ人の言行録の宝庫だ。そこに書かれている、プリンシプル重視をあざ笑うかのような話を紹介しよう。

「ラケダイモン〔スパルタ〕の使節の一人は、或る法律の変更の許可を得るためにアテネに遣わされたとき、ペリクレス〔紀元前5世紀のアテネの大政治家〕が『ひとたび法令をしるした布告版は、これを取りはずすことが禁じられている』と言ったのに対して、『それでは、裏返しにすればいい。そのことは禁じられていない』と勧告した」（『新装版・世界の大思想5　モンテーニュ随想録（エセー）』上巻・P.105、松浪信三郎訳、河出書房新社）

条文を機械的に文字どおり解釈すれば、確かにラケダイモンの使節の言うとおりだと納得せざるを得ない。実質はともあれ、形式的にでもプリンシプルを守ろうとするのがヨーロッパ人であることが痛いほどに分かる話だ。

例2　崖《がけ》から突き落とされた居眠り隊長（リウィウス『ローマ建国史』第5巻・47章）

紀元前390年に、北イタリアからガリア人が怒濤《どとう》のごとくローマに進軍してきた。ローマ軍は敗北を重ね、遂にわずかにカピトリウムの丘の 砦《とりで》を除きローマ全市が蛮族《ばんぞく》に占領されてしまった。カピトリウムの丘は急峻な崖に守られて難攻不落と信じられていたが、ふとしたきっかけでガリア人に抜け道を知られてしまった。ある晩、ガリアの決死隊がその崖を攀《よ》じ登ってきた。ローマの守備兵は油断して眠りこけていた。敵兵が砦に雪崩《なだ》れ込もうかというその瞬間、食糧不足にもかかわらず、殺されずに飼われていた鵞鳥《がちょう》の一群が忍びこんできた敵の侵入に気づき叫び声を上げた。けたたましい叫び声を聞いて、警備に当たっていたマンリウスは跳ね起き、真っ先に敵に当たった。騒ぎを聞きつけて味方の兵士が次々と駆けつけ、ようやくのことでガリア兵を撃退し、砦を守り抜くことができた。さて、翌朝民会が開かれ、守備兵の怠慢《たいまん》が非難され、全員を処罰すべきとの意見が提出された。しかし反対が多く、結局守備隊長一人だけを処罰することに決着した。隊長は、皆の見守るなか国事犯として、タルペイアの崖から突き落とされた。

私はこの部分を読んで傷《いた》ましい気分になった。せっかく敵を退け、皆が祝っている中、一人だけ仲間に殺されたのだ。しかし、古代ローマ人にとってこの判決は誰もが納得する判決だったということから、私の考え方、感じ方に彼らと相容《あいい》れない点があるのだと知った。

想定問答として、日本では、同じ事件が起きたらどうしただろうか、と考えてみよう。『日本書紀』や『大鏡』などに記載されている類似の事件から類推するに、隊長は、責任を取らされて島流しにされるものの、数年経てば、何ごともなかったかのごとくまた呼び戻される、といった温情的な処置がとられたのではなかろうか？　『大鏡』では藤原道長《みちなが》の甥の伊周《これちか》は道長によって大宰府《だざいふ》へ島流しされるが、わずか1年で京に呼び戻されている。江戸時代では、本人は遠島《えんとう》、家族は恥を忍んでひっそりと生きるということにでもなるのだろう。

―例３― 奴隷の反乱で無実の数百人を処刑（タキトゥス『年代記』第13、14巻）

よく知られているように、古代のギリシャ・ローマでは奴隷が数多くいた。一説によるとアテネでは人口の3割、ローマ帝国では人口の2割が奴隷であったという。ローマの中流家庭では平均8人の奴隷がいたと言われる。ローマの史家、タキトゥスは『年代記』の中で奴隷に対する過酷な法律の成立とその厳格な適用について次のように物語る。

まず紀元57年に次のような法案が成立した。

「もし〔奴隷の〕主人が自分の奴隷に殺された場合、（中略）犯行の当時同じ家にいたときは、他の奴隷といっしょに罪を償《つぐな》わねばならぬ」（『タキトゥス年代記』下巻・P.143、第13巻32節、国原吉之助訳、岩波文庫）

つまり、奴隷のうちの一人でも主人を殺した場合は、同じ家のすべての奴隷は連帯責任を負って死刑になるということだ。この法律が成立してから数年後（紀元61年）に、実際この法律が適用される事件が起こった。

都警長官のペダニウス・セクンドゥスが彼の奴隷に殺された。彼の家には400人もの奴隷がいたが、法律の条文どおりすべての奴隷を殺すかどうかで、市民や元老院で大激論がかわされた。しかし、結局、祖先が作った制度や法律に従い、「古い慣例を同情心から（変更して、罪を）軽減してはならない」との意見が大勢を占めた。その結果、子どもも含め400人の奴隷全員が処刑された（『年代記』第14巻・42－45節の要約）。

―例4―セイヤヌスの娘の悲劇（スエトニウス『ローマ皇帝伝』第3巻・61節）

初期の帝政ローマ期に起こった最大の悲劇の一つが、ティベリウス帝の時に強大な権力を握るも、後に家族もろとも粛清された政治家・セイヤヌスの没落であろう。政治家の没落と処刑は別段珍しいことではないが、この時の様子は陰惨を極めた。スエトニウスは、セイヤヌスの幼い娘の処刑の様子を次のように記す。

「古来からのしきたりで、処女には絞首刑が課せられなかったので、成熟していなかった娘は、死刑執行人によってあらかじめ凌辱《りょうじょく》され、しかるのちに締め殺された」（『ローマ皇帝伝』上巻・P.289、国原吉之助訳、岩波文庫）

つまり法律どおりだとセイヤヌスの娘を殺せないので、条文に抵触しないように、生娘《きむすめ》を犯してから殺したのだ。卑怯な手段ではあるが、原則を守ったという言い訳は成り立つ。

これらの例を見ても分かるが、原則（プリンシプル）を守るというのは、時として非人情的な行為や、こすっからい欺瞞《ぎまん》も敢《あ》えて辞さない。この点において、我々日本人はなかなか原則には徹しきれない。第二次世界大戦中、ヨーロッパではナチスドイツが各地を占領したが、パルチザンが徹底的に抵抗し、死に至るまでその志を変えなかった。それに反して、日本では共産党狩りで特高（特別高等警察）に捕まって投獄された若者の多くが母親が涙ながらに説得するとたいていは転向し、出獄した。理より情を重んじる日本的な情緒をよく示す例と言える。

ユダヤは宗教を生み、ギリシャは哲学を生み、ローマは法を生んだ

日本では「ヨーロッパはキリスト教だから○○なのだ」という言い方をよくする。こういっ

た意見に対する反論はいたって簡単だ。もし、指摘する事項がキリスト教以前のヨーロッパに存在していたなら「それはキリスト教だから」という理由は成り立たない。

「キリスト教社会では契約を大切にする。それは一神教の場合、神と契約がベースとなり、それが社会規範となったからだ」という意見があるが、契約がヨーロッパ社会に出現したのは、なにもキリスト教が定着してからではない。そもそも法律や契約というのは紀元前のギリシャ社会では一般的であり、民事、刑事、いずれもプロの法廷弁護士が雇われ盛んに法廷論争をしていた。その先進的なギリシャの法体系を後発国のローマが習得して自国風にアレンジしたのが、有名な「十二表法」である。

その成立経緯を見てみよう。リウィウスの『ローマ建国史』によると、時は、紀元前454年、いつものことながらローマでは、貴族と平民の対立が激しかった。どちらもいい加減に言い争いに疲れて、決着をつけたいと思っていた。その解決案とは皆が納得する法の制定であった（第3巻・31節－57節）。

調査団が結成され、アテネのソロンの法だけでなく、ギリシャの他の都市の法を学ぶために3人の貴族がアテネに派遣された。2年間滞在した後、紀元前452年に所期の目的を達成して帰国後、彼らは1年も経たないうちに、アテネやギリシャの法をベースとしてローマの国情に合った法律を制定した。それは10カ条から成り立つ法律であり、公の目に触れるところに張り出された。その後、2カ条が追加されて、「十二表法」となって、ローマの法が完備した。

このリウィウスの記述から、ローマ人はギリシャから法律を学んだものの、完全に彼ら自身の政治・風習に適合するように、公開の討議を経てローマの国法として相応《ふさわ》しい形に作り変えた。ローマ人は自分たちの狭い、小さな社会のことしか知らなかったし、それ以外の社会に自分たちの法を適用させようとは考えもしなかったが、法および成文法をベースとした法治という普遍的な概念を考え出した。その原則（プリンシプル）は人類全体に通用する普遍性を持っていたため、結果的に時代、場所を超えて世界中に広まった。

ちなみに、中国も法と法治という概念はすでに紀元前の商鞅《しょうおう》や韓非子《かんぴし》によって唱えられた。しかし、建前はともかく、実際は為政者や官僚たちが法を恣意《しい》的に運用したため（つまり人治《じんち》）、中国の法治の概念は普遍性を持つにはいたらなかった。

このように、ローマはギリシャから引き継いだ法から、最終的には法治という政治理念を作り上げた。この理念がローマ帝国に広がることで、法に基づく契約も広まったと言える。このことからヨーロッパ人はキリスト教から「神との契約」の概念を学び、それが市民生活にまで影響を与えている、といった俗説は間違いであることが分かる。

中世ヨーロッパの猥雑《わいざつ》さ

ヨーロッパ文化を理解するためのもう一つのポイントは中世ヨーロッパの実態を知ること

だ。ヨーロッパの中世とは、ざっくり言ってゲルマン民族の大移動によって西ローマ帝国が滅んだ年（476年）からオスマントルコが東ローマ帝国を滅亡させた年（1453年）までの1000年間を指す。従来この間は「暗黒の中世」（Dark Age）と呼ばれ、近世はイタリアルネッサンスと宗教改革で幕を開けたと言われた。「ヨーロッパの中世」と聞くと「ヨーロッパに1000年続いた暗黒時代で、キリスト教一色の敬虔《けいけん》な人で、冗談も言わない堅苦しい人たちばかり住んでいた」かのようなイメージを抱いてしまいがちである。しかし、実際はかなり違っていた。

オランダの歴史家、文明批評家であるホイジンガ（Johan Huizinga, 1872－1945）の『中世の秋』では、中世は沈滞どころか猥雑で活気溢《あふ》れる人々で満ちて、聖職者は侮蔑されていた、として次のように説明する。

【要約】人々は猥雑で自由奔放なみだらさを謳歌《おうか》していた。民衆は、キリスト教徒といいながら、実際に信じていたのは迷信だらけであった。というのは、教会の堕落は周知の事実であったので、聖職者などはまったく蔑視《べっし》していた。つまり中世の民衆には教会の牧師の説教はまったく届かなかったのだ。教会の牧師の説教は現存している中世の書き物で最もボリュームが多いが、精神文化にまったく寄与しなかった。

ドイツの中世史の研究家、オットー・ボルストはその著書『中世ヨーロッパ生活誌』（永野藤夫他訳、白水社）でドイツを中心とした中世の人々の暮らしぶりを記述しているが、現存している建築物から当時を類推するのは妥当性を欠くとして次のように述べる。

「建造物としては、木造のものは大部分失われてしまっていて、生き残ったものでわれわれが知っているのは、ほとんど石造のものだけである」（第1章・P.11－12）

「農家はわらを混ぜた粘土か木で作られた。石はせいぜい土台用に使われるのが普通である」（第4章・P.119）

「ドイツでは都市ができてから数百年の間なお木造建築が優勢だった」（第6章・P.198）

また当時の人々の暮らしぶりについて、現在のヨーロッパの生活スタイルから想像もできない姿を記す。

「食器としては、木のスプーンがもっぱら利用される。場合によりナイフも使われるが、これは父親がいつも持っているものである。フォークはまだ知られていなかった」（第4章・P.121）

「ふつう各部屋は廊下がなく直接つながっていた。ある目的の部屋へ行くためには、かならずほかの部屋を横切らねばならず、その結果、好むと好まざるとにかかわらずそこにいる人々の生活にかかわることになった。部屋の構成から して各個人の分離、つまり今日われわれがプライバシー、個性、居心地のよさなどと呼んでいる生活様式は、どこにも成り立たない」（第7章・P.239－240）

（一つのベッドで複数の人間が寝るのと）「部屋の構造から、性生活は一家の人々にいつでもどこでも監視されることになる」（第7章・P.247）

こういう環境の中、教会の公式見解「生殖目的のためだけに性交渉は許される」というのは空念仏にすぎず、中世の人々は裸や性に対して極めてあけっぴろげであったことが分かる。

中世を理解することはヨーロッパ全体を理解することである。この点についてボルストは以下のように述べる。「いわゆる中世だけでなくヨーロッパ史も、エリート修道士抜きにしては理解できない」。

ここで、修道院や修道士が果たした役割について考えてみよう。ヨーロッパ文化や歴史を考える時、王侯貴族同士の戦争や、革命・暴動などの政治面

bridgeman/amanaimages

中世のヨーロッパの暮らし

人権と民主主義の先進国である現在のヨーロッパから想像もできないほど、中世のヨーロッパは猥雑だった。ブリューゲルの絵にもその様子は描かれている

だけでなく、ボルストが指摘するように修道院が果たした文化面を正しく理解する必要がある。とりわけギリシャ・ローマの古典文化の継承は修道院が一手に引き受けていたと言ってもいいほどである。中世史の大家・ハスキンズの名著『十二世紀ルネサンス』(別宮貞徳・朝倉文市訳、みすず書房)ではこの間の事情を次のように述べる。

中世初期を通じて文化の主な中心地は修道院だった。無知と野蛮の大海に浮かぶ小島さながら、修道院は、西ヨーロッパの学問を絶滅から救った。(P.24)

修道院では文献の筆写が修道士の仕事の一つであった。彼らは単に教会関係の図書だけでなく、キリスト教から見れば異教の書物、つまりギリシャ語やラテン語で書かれた古代の書物も筆写した。修道院が文献継承にどのように関与したかについては、レイノルズとウィルソンの『古典の継承者たち―ギリシア・ラテン語テクストの伝承にみる文化史』(国文社)に詳しい。

12世紀からは、学問の中心は修道院から大学に移った。しかし、大学は「学問する修道会」(ordines studentes)と言われたように、修道士たちが大学の学問を主導した。とりわけ、著名なのが、ドミニコ会系のパリ大学で活躍したアルベルトゥス・マグヌスとトマス・アクィナス、および、フランシスコ会のオックスフォード大学で活躍したロジャー・ベーコンであった。

修道院は、単に文献上の学問の中心であっただけでなく、実際的な面でもヨーロッパ文化に大きな貢献をした。一つにはヨーロッパの修道院は東方（ギリシャ）の修道院のように個人主義的禁欲主義ではなく、中庸と団体精神をモットーとした。しかし生活自体は自給自足を目指していたため、食糧生産、医薬、建築などについてもかなり高度な技術を有していた。その一つの例が、ビールやワインの高い醸造技術や豊富な薬草（ハーブ）の知識である。またイエズス会士に特徴的であるが、キリスト教の教義だけでなく、先端的な科学知識を自分たち自身も熱心に学習すると同時に、一般大衆も啓蒙した。

自給自足が前提の修道院では「労働は尊い」との精神で、修道士が自ら種々の作業に携《たずさ》わった。これは、労働を卑しめたギリシャやローマの古典時代の価値観を根底から覆し、近代ヨーロッパ社会はこの勤労精神を受け継いだ。

以上、さまざまな面から考えて日本人にとっては、修道院も含め中世全体を理解することがヨーロッパの本質を理解する上で必須だと考える。

中世、イギリスの人々の生活

ドイツやオランダなどヨーロッパ大陸の中世の人々の暮らしは以上のような状態であったが、イギリスではどうだったのだろうか？

イギリス生まれのアレクサンダー・ネッカムは１１５７年、20歳の時にパリに遊学した。ロンドンからパリへの旅とパリでの生活を綴《つづ》ったが、その記述をベースにした本『Daily Living in the Twelfth Century』(University of Wisconsin Press)が出版されている。それによると12世紀当時の一般人の生活は次のようであった。

【要約】ロンドン市内の家は木造であり、火事の時には、家を引き倒して類焼を防止する。また至る所不潔で、糞尿の臭いがする。貧民は普段は野菜や穀物ばかりを食べていて、祭りの時だけようやく羊肉を食べることができた。食事は、手づかみで、木のスプーンはあるものの、フォークはない。医療レベルはまったく低く、健康維持のためには一年に4回放血すべしという規律があった。また、道徳面に関しても、正義などは二の次で、性欲の否定が最高の価値を持っていた。

近代の中世研究家でイギリス人のジョゼフ・ギースとフランシス・ギースの夫妻は日本人になじみの薄い中世の暮らし(イギリス主体)に関していくつかの本を出版しているが、講談社学術文庫から邦訳され、出版されている(『中世ヨーロッパの城の生活』『中世ヨーロッパの農村の生活』『中世ヨーロッパの都市の生活』)。

それを読むと、日本の特徴だと言われている事柄が中世のヨーロッパにも存在していたことが分かる。たとえば、「日本では弥生時代に稲作が始まってから共同で水利を管理し、田植えも同時期におこなったので、和を尊ぶ風土が出来た」。あるいは「日本は高温多湿なので木造りの家が多かった。狭い所に暮らしたので個人のプライバシーというような人権が主張されなかった」とか言われる。しかし、中世のヨーロッパ（ギースはイギリス主体の記述であるが）でも人々は日本とまったく同じような生活をしていた。たとえば、中世イギリスの農村の生活は次のようであった。

【要約】9割以上の人間が農村に住んでいたが、生涯歩く範囲は半径は30キロ以内であった。農村では共同歩調のもとで農作業を進め、村のことは集会で討議する。平等こそが村の大原則であった。

また、中世の都市の生活は次のようであった。

【要約】中世のヨーロッパの諸都市はアラブとは比較にならないくらい粗末であった。たとえば、13世紀、1万人以上の都市は数えるほどしかない。当時大都市と言われた都市でも、パリ（5万）、ゲント（4万）、ロンドン（2.5万）のように10万人を超えることがなかった。

また混浴の公衆浴場があるなど風紀の乱れも蔓延《まんえん》していた。人々は頑迷で迷信深く、病気になると医者より占い師に頼った。貴族、領主も含め文化にはまったく縁遠い生活を送っていた。それを端的に示すのが、14世紀のパリの書店数はわずか28軒、パリ大学の蔵書数はわずか1722冊という数字だ。

ここで目に付くのは、本が圧倒的に少ないことだ。当時は、印刷術もなく、紙も普及していなかった。唯一とも言える書写道具の羊皮紙は非常に高価でパピルスの約50倍もしたことから、本が極めて貴重品であったことは容易に推察できる。

よく知られているように、紙の製法が中国以外に伝えられたのは751年のタラス河畔の戦いで唐の軍が敗れ、中国人の紙漉《す》き職人がイスラム圏のサマルカンドに連れていかれてからである。しかし、紙という製品を高く売るため、イスラムは紙の製法を長らく秘匿《ひとく》した。そのため、ヨーロッパで紙が製造されるのは極めて遅かった。1036年に、当時イスラム圏であったスペインのバレンシアに、また1270年には、同じくイスラム圏のシチリア島に製紙工場が建設された。中北ヨーロッパ（ドイツ、ベルギー、イギリス）で紙が製造されるのは、14世紀、15世紀にかけてである。

こういった事実から、中世のヨーロッパでは紙は貴重品でほとんど一般には流布《るふ》しなかったことが分かる。それゆえ14世紀・15世紀のルネッサンスの起爆材料の一つが紙であろうと推定できる。グーテンベルクの印刷術もこの紙が安価に入手できることを前提として発展することができた。

中世ヨーロッパのおぞましき衛生観念

16世紀半ばにヨーロッパ人が初めて日本に来た。それ以降、多数のヨーロッパ人（イエズス会の宣教師、長崎のオランダ商館員など）が日本を訪問した。彼らは日本についてかなり多くの本を書いているが、いずれも「日本は清潔だ」と手放しで褒《ほ》める。このことからヨーロッパはかなり不潔であったことが想像できる。実際、中世ヨーロッパでは、大便・小便はおまる（chamber pot）にして、窓から道路に捨てたり、あるいは、川にまで持って行って捨てることが習慣となっていた。当時の衛生観念では、それらの汚物が流れている下流で飲み水を汲《く》み、家事に使うことを不潔だとは考えなかった。中世ヨーロッパではたびたび疫病が発生した。とりわけ1347年から数年間にヨーロッパ全土に広まったペストで、人口の実に3分の1近くが死亡したというのもこういった生活習慣と大いに関連していたと言える。

ゲーテに見る知識人の「キリスト教」と「ギリシャ・ローマ」の影響

キリスト教に劣らずギリシャ・ローマの影響が大きいと述べたが、実際にヨーロッパ人の心の中では、この2つはどのように共存、あるいは敵対していたのであろうか？
特殊な例であることは承知の上で、ドイツの大作家ゲーテの意見を聞いてみよう。
ゲーテの自伝『詩と真実・第二部』（山崎章甫訳、岩波文庫）に、若い時の彼自身の聖書に対する敬愛の念を次のように述べる。

私は聖書を愛し尊重していた。というのは、私は私の道徳的教養をほとんどすべて聖書からえていたからである。（P.110）

ゲーテは晩年に至ってもなお、キリスト教に対するこの考えは変わっていない。ゲーテの晩年の10年近く、秘書として身近にいたエッカーマンは『ゲーテとの対話』（上中下、山下肇訳、岩波文庫）でゲーテの言葉として次のように伝える。

たとえ精神的な文化がどれほど進歩し、自然科学がどれほど広く、そして深くひろがっていき、人間精神がどれほど思いどおりに拡大されていこうとも、それは福音書《ふくいんしょ》のなかできらめき輝やいているあのキリスト教の崇高さと道徳的文化以上のものにはならないだろう。（下・P.319）

このようにゲーテにとってキリスト教は彼の精神のバックボーンとなっていた。しかし、人間の教育はキリスト教だけでは不十分だと考えていた。とりわけ、偉大な人間になるにはギリシャ人に学ぶべきだとの強い信念を持っていた。
それは『ゲーテとの対話』の次の言葉に表わされている。

何世記も不変の価値、不変の名声を保ってきた作品を持つ過去の偉大な人物にこそ学ぶことだ（中略）偉大な先人と交わりたいという欲求こそ、高度な素質のある証拠なのだ。モリエールに学ぶのもいい。シェークスピアに学ぶのもいい。けれども、何よりもまず、古代ギリシャ人に、一にも二にもギリシャ人に学ぶべきだよ。（下・P.129）

この言葉に対して、エッカーマンは「古代ギリシャやローマを研究しても必ずしも偉大な人物にならない人がいる」と反論すると、ゲーテはさらに続けてこう言った。

小才《こさい》しかない人間は、古代の偉大な精神に毎日接したところで、少しも大きくはならないだろう。だが、将来偉大な人物となり、崇高な精神の持主となるべき力を、その魂の中に宿しているような気高い人物ならば、古代ギリシャやローマの崇高な天才たちと親しく交わり、付き合ううちに、この上なく見事な進歩をとげ、日々に目に見えて成長し、つい

にはそれと比肩《ひけん》するほどの偉大さに到達するだろう。(下・P.129―130)

このゲーテの言葉から分かるように、ヨーロッパの知識人はキリスト教徒でありながら、異教徒(heathen,Heiden)と言われるギリシャ・ローマの人物もキリストの聖人と同等に、否、それ以上に景仰《けいこう》すべき人、手本とすべき人、と考えていたことが分かる。

ヨーロッパの教育における「ギリシャ・ローマ」の影響力

『西洋文学における古典文学の伝統』(ギルバート・ハイエット著、柳沼重剛訳、筑摩書房)という本がある。この本は単にヨーロッパにおける古典文学の伝統だけでなく、精神活動や教育についてもかなり奥深いところまで筆が及んでいる。

題名が暗示するように、筆者(ハイエット)はヨーロッパの教育にはキリスト教よりもギリシャ・ローマの影響力が強かったと言って次のように述べる(同前、P.208―231)。

【要約】19世紀に熱心にギリシャ・ローマの古典を愛した人々はキリスト教を憎んだり軽蔑した。キリスト教はギリシャ・ローマ的でなく、あるいはギリシャ・ローマ的理想を曲解するがゆえに憎んだ。彼らがギリシャ・ローマに比べてキリスト教を批判する点は次の

3点である。

1．キリスト教はヨーロッパの伝統の中にはなく、オリエントのものであり、従って野蛮で厭《いと》うべきものである。

2．キリスト教の本質は抑圧であり、異教（ギリシャ・ローマ）の本質は自由である。

3．キリスト教は怯懦《きょうだ》で弱い。異教は勇気があり強い。

確かにすべてのヨーロッパ人がハイエットの論に賛同するとは思えないものの、近代のヨーロッパ知識人の思考の骨格に触れることはできる。

ところで戦後、イエズス会の宣教師として来日し、上智大学で英文学を講じているイギリス人にピーター・ミルワード氏がいる。彼自身の精神のバックボーンは当然のことながら、キリスト教であるが、その著書『イギリスの学校生活』ではイギリスの教育システムはキリスト教的ではないと断言する。「日本的師弟関係の再認識」という小論では西欧的な教育について次のように述べるが、その論調はハイエットに酷似《こくじ》している。

西洋の宗教は、たしかにほとんどが東方から、殊にキリストの教えから来たものであるとしても、教育の理念に関するかぎり、西洋の先生はユダヤ人ではなくてギリシア人だったのである。そして実際この点こそ、ギリシア人がその独創性をもっとも強烈に発揮した

点にほかならなかった。（P.150）

このように述べ、西洋の教育の根幹にはギリシャ人の考え、つまりすべてにおいて「なぜ」を問いかける、徹底的な懐疑精神があると指摘する。

さらに、日本は明治以降、西洋流の教育システムを導入したにもかかわらず、懐疑精神という教育の根幹部分をまったく導入しなかったという。その典型的な例が、討論形式で授業を進めようにも「日本の学生は要するにただ黙ったまま」（P.153）なので、討論にならないとの実体験を述べる。

ミルワード氏の指摘は、懐疑精神とは思想、発言の自由が何にも増して尊いものだという概念をベースとしている。しかるに、日本においては伝統的にこの点の自由がなかった（あるいは抑圧されていた）ために、子どものころから健全な懐疑精神を持つような教育が学校でも家庭でもなされない。それゆえ、討論形式で自由に発言してよい、と言われてもまともな討論ができないのだ。

フランスの懐疑精神

ミルワード氏はイギリスの教育の根本にはギリシャの懐疑精神があるというが、フランスの場合も同様である。フランスの大学に入学するためにはバカロレア（baccalauréat）という試験に合格しなければならない。そこには、まさにミルワード氏が述べているような物事を自分自身で徹底的に考え抜く力が試される。たとえば『エリートのつくり方―グランド・ゼコールの社会学』（柏倉康夫著、ちくま新書）にはバカロレアの哲学の試験問題が載せられている（P.39）。たとえば、

「人類の歴史を一人の人間の歴史に対比することはできるか」

「正しい先入観というものはあるか」

「幻想のない情熱というのはありうるか」

これが高校を卒業する若者に課せられたテーマであるのだ。彼らはこれから一つを選んで4時間をかけて論文を仕上げる。もし日本で、このような課題が出されたら、高校生だけでなく成人の日本人でもどれほどの人がまともな答案を書けるであろうか？

この意味で本当の意味でのリベラルアーツ教育の真髄は健全な懐疑精神を養うことにあると私は考える。

イギリス大使の辛辣《しんらつ》な指摘

ヒュー・コータッツィというイギリスの外交官がいる。第二次大戦中、日本語を勉強し、戦後になって日本に何度か滞在した。とりわけ1980年から4年間、駐日イギリス大使として積極的に日本人と付き合い、また、地方都市にもよく足をのばした。日本と日本人に対して高く評価するものの、欠点はずばりと指摘しているのが『東の島国　西の島国』(中央公論社)である。彼は日本人の欠点の一つが、指導層の教養の欠落があると指摘する。

私が驚いているのは、広い文化的素養を培わせることに日本の教育が失敗していることだ。教育を受けた年配の政界、財界、官界の方々と話をしてよく失望させられるのだが、皆さんの自国の文化に対する関心の幅が狭いのだ。「ご趣味やご関心はどういうもので?」と質問すると、たいていは「ゴルフと仕事」だと言い、家にいるときはテレビを見て過ごす、という答えが返ってくる。(P.194)

コータッツィ氏はさらにヨーロッパ人の自由を求める精神に関連して個人の尊厳という点も指摘する。

一般の英国人は、自分の社会的地位に関係なく個人の権利に強い誇りをもっていて、他人が自分を目下のように扱うことを許さない。日本では部長はおろか時には課長でさえ部下にぶっきらぼうな態度で命令している光景によくぶつかるが、英国で上役がこんなことをしようものなら大変なことになる。（P.205）

コータッツィ氏のこの文章はすでに30年近く前に書かれたにもかかわらず、今もって氏の指摘が当たっているということは、日本人は本当の意味での自由や個人の尊厳というヨーロッパ文化のコアをまだ正しく理解していない、ということにはならないだろうか？

以上の記述から分かるように、近代のヨーロッパにおいて、ヨーロッパ人の考え方の根底にはギリシャ・ローマの影響が濃く反映されている。つまり、ＥＵのようにヨーロッパが一つになれるのは、ギリシャ・ローマという古典ヨーロッパを共有しているということが根幹にあるのだと分かる。なぜならキリスト教は、カトリック、プロテスタント、ギリシャ正教の各宗派で分裂し、統一されていないからだ。

それだけでなく、アメリカ合衆国においても古典ヨーロッパ（特にローマ）の理念が今なお力強く息づいている。よく知られているように、上院（Senate）という名称はローマの元老院のコピーであるし、議事堂（Capitol）の名称はローマの聖なる7つの丘の一つ、Capitolium に由来する。また、アメリカの紙幣やコインには次の3つのラテン語の引用が刻まれていることからも古典ヨーロッパの影響力の強さが分かる。

1. e pluribus unum（多より一をなす）
2. novus ordo seclorum（新時代の秩序）
3. annuit coeptis（神は我々の取り組みを嘉《よみ》せり）

これ以外にもアメリカにおけるギリシャ・ローマの影響はいくつかの都市・町がギリシャやローマの都市の名前そのものという点にも表われている（例：アセンズ〔Athens, アラバマ州、オハイオ州、ジョージア州、テネシー州、テキサス州〕、ローム〔Rome, ジョージア州〕など）。

近代のヨーロッパ人はキリスト教徒か？

19世紀後半のヴィクトリア時代のイギリスの社会事情を描いた本がある。

De Agostini/G. Cigolini/amanaimages

アメリカの硬貨に刻まれているラテン語

25セントコインの裏面、白頭鷲の上には「多より一をなす」のラテン語が

『英国生活物語』（W．J．リーダー著、小林司・山田博久訳、晶文社）には当時の労働者は厳密な意味ではキリスト教徒ではなかったということが次のように述べられている。

ローマ・カトリックの司祭はチャールズ・ブースにこう語っている。「英国は文明の面からみれば恐らくキリスト教化されているであろうが、キリスト教国ではない。」（中略）真の宗教は労働者階級の間ではめったに必要とされないばかりか、特にロンドンの貧乏人の間では、まったく存在しないも同然であったと、一般にヴィクトリア朝社会を知る者は口をそろえて述べている。（P.148–149）

この意味で、再度ミルワード氏の言葉を借りると「キリスト教は全然西洋の宗教などではない。なるほどキリスト教は、いろいろな歴史上の事情があって、結果的には西洋でひろく受けいれられた（時には反発を食った）。それは事実だ。けれども、〔キリスト教の〕そもそもの起源は東洋にある」（『イギリスのこころ』P.19、ピーター・ミルワード著、安西徹雄訳、三省堂選書）。

神の前の平等と隣人愛を説いたイエス・キリストの教えをヨーロッパ人が本当に信じていたなら、ヨーロッパに厳然と存在する身分差別や酷《ひど》い奴隷制度が存在し得なかったはずだし、カトリックとプロテスタントの激しい宗教戦争はありえなかったはずだ。キリスト教とはヨーロッパ社会に広く根付いて繁茂《はんも》しているようだが、あくまでも異郷の東洋から西洋に移植された外来文化であることがミルやミルワード、それに前節で紹介したハイエットの指摘から分かる。

近代になって、キリスト教をからかうのではなく、公然と否定する知識人がヨーロッパに続々と現われた。ショーペンハウアーやニーチェ、マルクスなどのキリスト教に対する侮蔑的態度は有名だ。現代では『利己的な遺伝子』で知られるリチャード・ドーキンスがいる。そこまでいかなくとも、**キリスト教の教義に対して懐疑的な知識人は多い。**イギリスの社会思想家のジョン・スチュアート・ミルの『ミル自伝』(第2章)によると、父親のジェームズ・ミル(1773―1836)は若いころからキリスト教に対して懐疑心を抱き不可知論者《ふかち》(agnostic)になった。その父に育てられたスチュアート・ミルも初めから信仰心は持たなかったと述べる。ただ、父から、世間に公言するな、と釘《くぎ》をさされたとも述べる。イギリスの国会議員でありながら、テレビの教養番組では哲学の番組も制作するブライアン・マギーの自分の哲学的半生を描いた『哲学人』では、西洋哲学に傾斜しすぎているという点を割り引いたにしろ、次のようなキリスト教批判はポイントをついていると私には思われる。

キリスト教に対して私が最も根強い反感を覚えるのは、その説明が、解明すべき謎の評価にあたってとんでもない過ちを犯しているからである。私たちが計り知れないほどの無知に直面し困惑しているというのに、単純な解釈を提供するからである。(『哲学人』下・

（P.199、ブライアン・マギー著、須田朗監訳、近藤隆文訳、日本放送出版協会）

現在、ヨーロッパの各国ではキリスト教の信仰を捨てる人が増加しているという。正確な数字かどうか確信はないが、フランスでは8割が隠れ「非キリシタン」であるとの噂もある。私がヨーロッパ人との個人的な付き合いから得た情報はこの噂を裏付ける。しかし、それにもかかわらずヨーロッパ社会やヨーロッパの精神支柱が、少なくとも非ヨーロッパ人には、変化しているようには見えない。このことからヨーロッパをキリスト教の一点からしか考えない日本の知的因襲は誤解も甚《はなは》だしい。

イギリス人の本心

日本人はよく、欧米人は、とにかく論理で滔々《とうとう》と攻め立てると考えている。しかし、イギリス人から見ればこれはまったくの誤解であることが分かる。ミルワード氏の『イギリス人と日本人』（別宮貞徳訳、講談社現代新書）によるとイギリス人も口だけ達者な者は軽蔑するという。

イギリス人は、ねちねちと論理的な議論をフランス人のもの、ぺらぺらと修辞的ないいまわしをイタリア人のものと見て、そのいずれにも深い不信を抱いている。また、ドイツ人やアメリカ人ともちがって、学者や「インテリ」に、昔から軽蔑を感じてもいる。実践理性と経験的事実、つまりは自分で観察し自分で実験した結果に頼るのが好きで（後略）。（P.15）

こういうイギリス人であるから、物事を抽象的にしか考えないのは、不十分と考える。さらにミルワード氏の言を借りると、

〔一般的・抽象的な説明は〕どれほど正確であろうとも、ただ漠然とした印象しか残らない。いちばんいいのは、やはり具体的な細部を一つ一つ説明するという方法ではあるまいか。（『イギリスの学校生活』P.13）

つまり、ある物事を説明する時に、理論的にいくら厳密に定義できたとしても、具体的な事物の詳細な説明には及ばない、ということである。

このように見てくると、通常日本人が西洋はキリスト教が根本であるとか、何でも言論で押し切るのが良いと考えているのは、かなり現実と乖離《かいり》した考えであることが分かる。ヨーロッパは日本とは確実に異なった文化背景の上に成り立っている文化であり、それはキリスト教一色、民主主義・人権一色ではないことが分かる。

本章では、ヨーロッパの文化のコアである「ギリシャ・ローマ」と「中世」の2つを取り上げた。ギリシャ・ローマでは「自由」と「プリンシプル」の重要性を説明し、中世ではキリスト教支配の暗黒の千年といわれる建前をあざ笑うかのような猥雑であけっぴろげで迷信深い中世ヨーロッパの実態を紹介した。

本章で述べたことは広大なヨーロッパ文化のわずかな部分である。しかしピンポイントであっても、これらの具体的な記述を通してはじめてヨーロッパとは何かということを正しく理解できると私は考える。

COLUMN/004

ギリシャが敬愛する自由人・ディオゲネス

——辛辣《しんらつ》な毒舌でも「アテネの宝」

いろいろと本を読んできて、最近ようやく分かりかけてきたことがある。それは、世の中にある宗教や道徳律は教義や儀式こそ違え、共通して説くのは「寡欲《かよく》」、つまり欲を去れということだ。『徒然草』の第18段には「人はおのれをつづまやかにし、おごりを退けて財を持たず、世をむさぼらんぞ、いみじかるべき」とある。例として、古代中国の賢人・許由《きょゆう》が手で汲《く》んで水を飲んだ逸話を挙げる。人からもらったコップ一つでも煩《わずら》わしいと言って、捨ててしまったのだ。いかにも無欲恬淡《むよくてんたん》を貫いた隠者の許由にふさわしい逸話だ。

『徒然草』のこの話の出典は『逸士伝《いつしでん》』で、原文は次のとおり。

許由隠箕山、無盃器、以手捧水飲之、人遺一瓢、得以操飲、飲訖、掛于木上、風吹瀝瀝有聲、由以為煩、遂去之。（許由、箕山《きざん》に隠る。盃器なし。手をもって水を捧げ飲む。人、一瓢《いつぴよう》を遺《おく》る。得て操を以て飲す。飲み訖《おわ》り、木上に掛《か》く。風吹きて、瀝瀝《れきれき》と声あり。煩《うるさ》し

とおもいて、遂にこれを去る)

同時代のギリシャにも同じ考えを持つ人がいた。犬儒と呼ばれ、樽《たる》を住み家《か》としていた市井《しせい》の哲人・ディオゲネスである(アレクサンドロス大王に何か欲しいものはないかと聞かれて、日陰になるからそこをどいてくれ、と素っ気なく言った、その人だ)。

ディオゲネス・ラエルティオスの『ギリシア哲学者列伝』(加来彰俊訳、岩波文庫)によると、ディオゲネスがある時、子どもが水を手で汲んで飲んでいたのを見て、「質素な生活では、この子に負けた」と言って、生活の品々を入れてある頭陀袋《ずだぶくろ》からコップを取り出して棄《す》ててしまった。

寡欲を標榜し、煩わしいものは一つも持たないという質素な生活を営む点ではこの二人は共通していたものの、生き方の基本姿勢は対極的であった。許由は、堯《ぎょう》から「君にわしの後を継いで、天子となってもらいたい」と告げられると「けがらわしいことを聞いて耳が汚れた」と言って、わざわざ耳を洗ったぐらい、潔癖性の人間であった。そして最後には俗世間から隔絶し、箕山《きざん》に隠遁してしまった。

一方、ディオゲネスは飲み食いや睡眠はもちろんのこと、男女の秘め事まで公開の場で堂々と行なったというから、その私生活の開放性は徹底している。そもそも犬儒派(キュニコス派・Cynicism)というのは、どのような所でも平気に住みつく犬(κυων・キュオーン)のような奴だという蔑称に由来する。人から見下げられようと自分の信念に従って生きる、これは自己の信条によほど確固たる自信がないとできないことだ。

彼はアテネ市民からあざけられたが、逆にアテネの人々を毒舌で思う存分に嘲弄《からか》っていた。

□ディオゲネスが「おおい、人間どもよ!」と呼びかけると何人か集まってきたが、「呼んだのは屑《くず》ではなく人間だ!」と杖《つえ》を振って追っ払った。(同前、第6巻・第2章32節)

□ディオゲネスは、日中にランプに火をともし

て「人間を探しているんだ」、と言った。（同前、第6巻・第2章41節）

ところで、この二人（許由、ディオゲネス）のうちのどちらかを選べと言われたら、あなたならどうするだろうか？　たいていの日本人は、許由の潔癖性には多少の堅苦しさを感じるものの、ディオゲネスの強烈な自信と辛辣《しんらつ》な物言いに辟易《へきえき》し、消去法的に許由を選ぶだろう。

しかし、アテネの人々は別の見方をしていた。アテネの人々はディオゲネスを町の宝と考え大切にしていた。その証拠に、

□ある若者が彼の住み家の甕《かめ》を壊した時に、この若者を鞭打った上に、ディオゲネスに新しい甕を贈った。（同前、第6巻・第2章43節）

□また彼が死んだ時に、城門の近くに埋葬した上に、わざわざ大理石の犬を彫った墓碑まで建てたのだった。（同前、第6巻・第2章78節）

私が古代ギリシャ、とりわけ当時の哲学者たちに愛着と憧れを感じるのは、この当時の開放的で自由な言論環境にある。残念なことに、キリスト教がヨーロッパ社会を支配したため、異端にかこつけて自由な言論を抑圧する社会が長らく続いた。近世の市民革命以降、ようやくかつてのギリシャ社会の伝統であった思想・言論の自由を取り戻した。

明治維新から近代化を目指した日本は、ヨーロッパの市民社会の理念を導入したはずなのに根幹のそのヨーロッパ精神を今もって理解できずにいる。現在の日本の社会問題が一向に解決されないのは、真に自由な議論が国民的規模でできないのが根本的な原因だと、私は思っている。この意味で、ディオゲネスのような辛辣な意見の持ち主を許容しただけでなく、市民がこぞって愛した古代ギリシャ社会の包容力と言論の自由に思いをはせることは意義あることだと私は考える。

今までのリベラルアーツに欠落していた「科学・技術史」から、各文化圏のコアに迫ってみよう。複数の文化圏にまたがって科学史、技術史を比較すると、驚くべきことに根底の文化の特徴がくっきりと浮かび上がってくる。科学や技術などは文化とは没交渉であるといった先入観が、完全に覆《くつがえ》されることに息を飲むことであろう。人間の生活そのものを支えてきた科学や技術は人々の考え方を反映すると発想しなかったことが、いかに浅はかであったかと気づくはずだ。科学史、技術史とはまさしく人類の知の歴史そのものである。

第5章

ヨーロッパ、イスラム、インド、中国、朝鮮の文化のコア

——科学史、技術史から眺める人類の知の歴史

「横方向」で科学史、技術史をとらえる

リベラルアーツの知識の総体として４つの視点を述べた。

この点から科学史、技術史を学ぶことは重要であるが、これらを学ぶ時には常に次のような問いかけが必要だ。

□ **時代時代で、最先端を走っていた国・地域はどこか？**
□ **なぜ、その国・地域が最先端を走ることができたのか？**
□ **なぜ、他の国・地域が最先端を走ることができなかったのか？**
□ **ある特定の国・地域の得意分野は何か？**
□ **得意分野を獲得したのは、必然か、それとも偶然か？**

このような疑問を持っていると、必然的に科学や技術の縦方向（時間軸）の発展の経緯を追求すると同時に、横方向（地域）の比較が必要であることに気づく。従来の科学史や技術史では縦方向のみ、つまり個別項目の時間的な発展のみに関心が集中している。しかし、私が科学史や技術史を学ぶ必要性を説くのはそれぞれの科学・技術分野の発展（縦方向）の詳細を逐一

知ることではない。そうではなく、各文化圏の科学史や技術史、それに工芸の発展の歴史的経緯（横方向）を比較することで、日本も含め、各文化圏のコアの概念を把握することに重点がある。

一国の産業の盛衰はたしかに国際環境にも大きく影響されるが、国民の気質・国民性に最も強く依存している。過去のいろいろな状況においてその国の科学や技術がどのように伸びてきたかを知ることで、その国民性を逆照射することができる。本来的に国民性はかなり慣性力が高いので、過去に示した性質はかなりの程度そのまま未来へと伸延することができる。

この意味で、本章では科学や技術の縦方向（時間軸）の発展の概要は述べるものの、焦点はむしろ横方向（地域）の比較にある。つまり、**最終的に各国あるいは各文化圏の科学や技術の発展**（**つまり科学史、技術史**）**を互いに比較することでそれぞれの文化圏のコアとなる概念がつかめる。**さらには文化圏のコア概念だけでなく、ひいては**日本の産業のあるべき姿**が見えてくる。

科学と技術の関連と文化圏

科学と技術の差を私は次のように定義する。これは第3章で述べたとおりだ。

「科学は現象を説明する理論を必須とする。加えて、体系化を志向する。技術は実用的な解決

法を主旨とし、必ずしも根源的な理論を求めない」

この視点に立つと、科学と技術が自《おの》ずから異なる発展をしている理由が明らかになる。つまり、理論を構築するだけの知力がない、あるいは気力・情熱がない民族（あるいは個人）でも根気強く修練を積み、ある程度の機転が利くなら、技術を発展させることは可能である。実際、科学は発展しなかったが技術レベルは極めて発展した国々、民族、地域は多い。また文化圏によって、それぞれ得意とする分野が異なっている。

科学史と技術史を調べて気づくことがある。それは、科学と技術は通常、科学技術と併称されているが、歴史的発展の経緯に関する記述は、科学のほうが圧倒的に分量が多いことである。この理由は、技術は科学と異なり、携《たずさ》わる人の数が圧倒的に多いのが原因であろう。つまり、科学者は歴史的に見るとかなり限られた人数なので、調査対象が絞りやすい。それに対し、技術は、名も知れぬ幾多の職人が携わっているので誰がどのような貢献をしたかを特定することは困難である。また、技術は発展の方向性も科学とは異なる。科学では真理探究という一定の目的があり、優劣がつけやすいので、誰が重要な功績を遺したかが分かりやすい。それに反し、技術は当座の目的を達成すればそれ以上の進展は必要とされないので、功績を評価しにくい。また技術の発展の方向も真理探究に比べると多方面であるため評価がつけ難い。科学の発展は一次元（スカラー的）であるが、技術の発展は多次元的であるとも言える。さらに技術は地域差（バラエティ）も大きいことが包括的な理解を難しくしている。

こういった事情はあるものの、科学と技術はいずれも人間の知的創造の営みであり、金銭や過去の歴史的評価に囚《とら》われることなく公平に評価すべきだと考える。それとともに、それぞれの発展の経緯を個別に見るのではなく、統合的にとらえるべきだとも考える。

ガリレオの地動説で天文学は大いに進展したが、これも高精度のレンズを作るガラス製造技術の発展があって初めて可能となった。科学と技術の発展は関連しているが、まったくの同位相ではない。私はここ十数年、科学史と技術史の大著をいくつも読み比べてみて、この点を確信するに至った。この観点を得ることで初めて、日本文化のコアが分かり、またヨーロッパ、イスラム、インド、中国、朝鮮の文化の本質が明らかに見えてきた。

各文化圏の科学と技術の発展に関する私の得た結論を要約すると次のようになる。

- □ **ヨーロッパにおいては、科学はギリシャ、技術はローマで発展した。**
- □ **中世のヨーロッパにおいて、科学は停滞したが、技術は着実に進歩した。**
- □ **イスラム科学が11世紀以降、中東、シチリア、スペインの3ルートを経由してヨーロッパに流入した。**
- □ **1453年の東ローマ帝国の滅亡以降、ヨーロッパでギリシャ語が本格的に学ばれるようになり、それに応じて科学が発展した。**
- □ **中国には科学はあったものの、実証的・実験的観点が欠けていたため、近代科学は勃興《ぼっこう》**

しなかった。

□ 日本は明治になるまでは厳密な意味での科学は乏《とぼ》しく、極論すれば技術オンリーだった（理論を構築する気風が日本にはなかった）。

なぜ日本では、科学史、技術史を教えないのか

日本では科学史、技術史が教えられていない。それでは欧米で科学史、技術史が教えられているかというと、正直なところあまり確信はない。ただ、欧米のテレビ番組の放映や図書（単行本、雑誌）の発行点数などを日本と比べるとかなりの差がある。この点から判断すると、科学史や技術史に対して日本のほうがはるかに冷淡だと言ってもよいだろう。本章では科学史、技術史を掘り下げていくが、その前になぜ教えられていないのか、その理由を考えてみたい。

世の中では、リベラルアーツというと決まって歴史、宗教、哲学、文学、文明論、芸術文化という文系の科目が挙がるが、科学や技術という理科系の科目に関して一言も触れられない。まるで科学や技術について議論するとリベラルアーツを語る人の品位が落ちるとでもいうかのように忌避されている。私は、こういった世間の風潮ははっきり「間違っている」と言いたい。

文化といっても、現実的に人が社会生活を営む上においては生産活動が必要だし、それを文

えているのが、農業、工業、医薬品などに使われている科学技術である。したがって科学技術の活用あるいは進展なしに社会を語れないはずである。それにもかかわらず、科学技術の進展は歴史の授業では皆目見当たらない。

この理由は簡単で、歴史のような文系科目の研究者、教師は理系に属する科学技術が大の苦手であるからだ。その上、科学技術というと分野が幅広く、現在の大学の学部でいうと理科系すべての学部にまたがる。つまり、理・工・医・薬・農、トータルの分野を指す。科学技術の発展（科学技術史）というものを概観しようと思った途端に、広大無辺の知識・情報の大海に落ちてしまうのである。

このことから科学史や技術史が教えられていない理由は次の2点であることが分かる。

□ 教える側に知識がないので、教えられない。

□ カバー範囲が広大すぎて、全体像がつかめない。

科学史や技術史を理解するためには、当然のことながら各分野の細部に関する一定の理解が必要だが、同時に細部に囚われてはならない。これは一見矛盾するようであるが、重要なポイントである。

日本で科学史がどうして教えられなかったかという点を考えてみると、日本人は性格的に細部にこだわる傾向にあるため、いつまで経っても、教える側も教えられる側も大きな理念をつかめないで終わってしまっていたのではないだろうか？

人間の知性はいかに誤りやすいかを知る

私が科学史や技術史を学ぶ必要性を強調するのは、次の2点にある。

—1—人間の知性がいかに誤りやすいかを知る
—2—文化のコアをつかむ

—1—人間の知性がいかに誤りやすいかを知る

古来、哲学者や神学者たちは宇宙について、神について、死後の世界についていろいろと論理的に説明してきた。しかし、そういった説明がいかに間違ったものかは、アリストテレスの自然論（宇宙論、気象論、力学）やローマの哲人セネカの『自然研究』（Naturales Quaestiones）という本を読むとよく分かる。

たとえば、セネカは当時（紀元前後）のローマにおいては一級の知識人であったが、いかんせん当時の粗雑な科学知識ではいくら修辞的に立派な説明をしようとも自然現象の説明における間違いは覆い隠すことはできない。セネカの『自然研究』ではいろいろな自然現象について当時の教養人たちが考えた説明が載せられている。

□ 地震はどうして起こるか？
□ 虹の色はどこからくるか？
□ 風はどうして尽きないのか？

科学技術の進展のおかげでこれらの現象の正解を知っている我々から見れば、セネカの説明はあたかも幼稚園児が考えつきそうな回答に聞こえる。あるいは、お笑い番組でわざとウケを狙《ねら》ったかのようなトンチンカンな回答に思わず苦笑してしまう。たとえば、地震は風が地面を揺らすのだという説が実に自信たっぷりに述べられている（巻6－31）。

科学史を読むと人間の知性が現実世界を正しく認識するにはかなりの手助け（実験・観測）を必要としたことが分かる。当時においては最先端の科学的知識だったはずのセネカの『自然研究』は、今や誰も科学のテキストとして使わないだろう。それと同様に、現在まで営々と積み上げられてきた哲学や神学論はボリュームこそ多いものの、実験・観測を経ないで頭の中だけで作り上げた（捏《こ》ね回したというほうがニュアンス的には正しいが）論理であるから、無謬《ごびゅう》ではありえない、ということは容易に推察できる。**科学史を学ぶということは、人間の知性の限界を知ると同時に、思弁《しべん》的な誤謬を正す唯一の方法が科学的思考サイクル（後述）であること**

を知ることでもある。

2 文化のコアをつかむ

科学や技術は文学や芸術と異なり、科学的な真理探究において民族性や文化とは関係がない、と通常は考えられている。しかし、科学史を読むと科学（および技術）の発展には民族性や文化が実に色濃く反映されていることが分かる。

一例として古代の数学の発展の様子を見てみよう。ギリシャでは、エジプト数学の系統を引き継いで、代数学より幾何学のほうが発達した。それを端的に示すのがプラトンの学園・アカデミアの入り口に掲《かか》げられた言葉「幾何学を知らざる者、入るべからず」（Μηδεὶς ἀγεωμέτρητος εἰσίτω.）であろう。ユークリッドやペルガのアポロニウスの幾何学は、現代に至るまで幾何学のみならず科学全般に多大な恩恵をもたらした。ただし紀元2世紀、アレキサンドリアを中心としたヘレニズム時代になると、ディオファントスのような代数学者が登場した。一方、同じ数学でもメソポタミアやインドでは、代数学が大いに発達した。これらの地域では、後の時代になっても代数学のほうが隆盛を誇っていた。これらの地域では幾何学はそれ以降もあまり発展することはなかった。

また、科学の発達だけでなく、他国からの科学の受容においても民族性や文化が大きく影響している。

先に述べたが、日本は江戸時代、オランダを介して近代ヨーロッパ科学の成果を何でも受け取れることができたはずだが、蘭学者たちが興味を示した科学・技術の分野は、**医学・薬学・博物学・天文学・測量術**など、極めて限られた分野であった（幕末になってようやく、兵学など国防関係に興味が高まった）。

一方、中国には、明末以降、かなり多くのイエズス会の宣教師が来たが、彼らは神学だけでなく、科学に関しても最先端の知識を持っていた。それで、中国人はその気になれば、日本以上に、ヨーロッパ科学の精華《せいか》を吸収できる立場にいたにもかかわらず、興味を示したのは主として**数学**と**天文学**（暦学）であった。これを見ても中国人と日本人の興味とはずいぶんと異なることが分かる。それぞれの国の持つ伝統的な価値観とも大いに関係していることが分かる。

以上の比較から、同じシステムでありながら、それぞれの文化圏（日本・中国・ヨーロッパ）の取り組み方が異なっていることが分かる。これから逆算して各文化を形作っている文化のコアを探ることが可能である。思想や宗教や文芸作品とは異なり、科学や技術というのは物（実体）があるので、比較した場合、差を見つけやすい。

たとえば、日本と中国や韓国（朝鮮）の思想面で比較した場合、三国とも儒教、仏教があるため、文化の決定的な差を見つけづらい。しかし、印刷術を比較すると差は明らかだ（**中国—単色・楷書が主流、朝鮮—鉛活字、日本—多色・行書**）。また比較対象を工芸まで範囲を広げると、庭園はこの三国で大きく異なる（**中国—奇岩を好む、朝鮮—木を剪定《せんてい》しない自然流、日本—木を人工

的に剪定する）。
この意味で、科学史や技術史は自国、他国の文化を知る上で非常に重要なリベラルアーツの科目である。国民性の理解や長期スパンで国の発展を考えようとすると科学史、技術史を学ぶことは必須であることが理解されよう。

ヨーロッパの科学――ギリシャ科学とイスラム科学

古代の四大文明のうち、エジプトとメソポタミアはギリシャ科学の基礎であり、ひいてはヨーロッパとイスラムの科学・技術の遠祖である。現代科学の源泉がギリシャ科学であることから、ついヨーロッパ科学はギリシャからローマ、次いで中世ヨーロッパへと順繰りに伝達されたような錯覚を抱いてしまいがちである。しかし、ギリシャ科学から先の道は平坦ではなかった。

―1―ギリシャ科学は東へ南へ

ヨーロッパ古典といえば、ギリシャ・ローマと併称されるローマ、それも、哲学・文学・歴史・劇など人文科学のほとんどの分野において、あれほどギリシャに惚《ほ》れ込んだローマであるが、ギリシャ科学の継承においては、極めて冷淡であった。ギリシャ科学のリレーのバトンは

図9 科学の発展(BC30c.〜AD200)

※地図内◎は各時代の中心地(右欄の説明に対応)

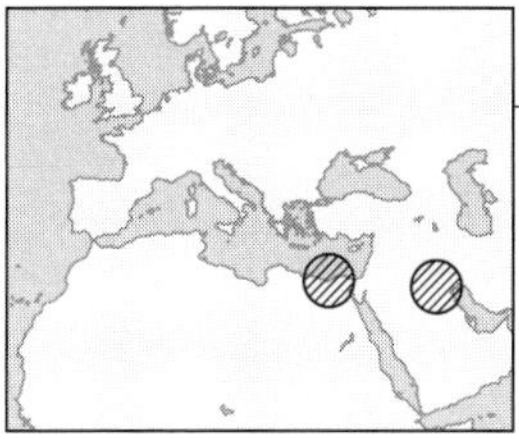

BC30c.〜BC7c.
メソポタミアとエジプト

◆ メソポタミア
・代数学と天文学
・本草学(バビロニア)
◆ エジプト
・算数と幾何学
・医学
・大土木建築(ピラミッド)

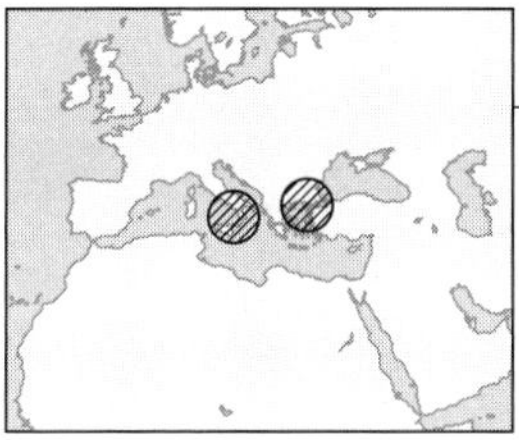

BC6c.〜BC3c.
アテネ+大ギリシャ(Magna Grecia)時代

◆ ギリシャ科学の三大分野
・幾何学——ユークリッド
・医学——ヒポクラテス
・生物学——アリストテレス
◆ 南イタリアとシチリア島
・アルキメデス(物理、機械)
◆ ユダヤ人は科学に貢献せず

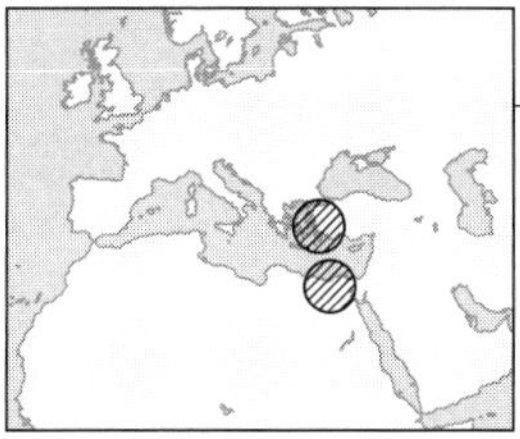

BC2c.〜BC0
アレキサンドリアがギリシャ世界の中心に

◆ アレキサンドリア
・アポロニウス(円錐曲線)
・アリスタルコス(天文学)
・ヒッパルコス(天文学)
・ヘロン(物理学、機械工学)
◆ ペルガモン(小アジア)
・大図書館(アレキサンドリア図書館と並び称される。20万巻を所蔵)

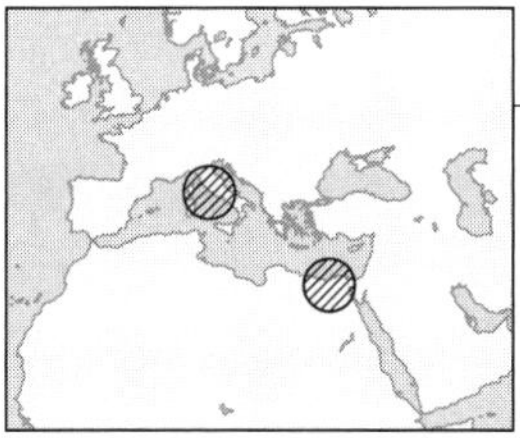

BC0〜AD200
ローマの世界制覇

◆ ギリシャの科学
・ディオスコリデス(薬物学)
・プトレマイオス(天文学)
・ガレノス(医学)
◆ ローマの技術(実用)
・プリニウス(博物学)
・ウィトルウィウス(建築)
・水道・道路・橋・建築

ローマには渡らなかった。ギリシャ科学は西（ローマ）へと向かわず、東（コンスタンティノープル）と南（アレキサンドリア）へと向かった。さらにアラブ、イスラム世界へと移っていった。その経緯を示す（図9、10）。

2 イスラムの科学はルネッサンスを誘起

ムハンマドによってイスラム教が成立したのは、7世紀初頭であった。その後、正統カリフ（回教徒の教王兼国王）時代を経て、巨大なイスラム帝国のウマイヤ朝とアッバース朝が相次いで成立した。またアラブ圏に製紙技術が751年にもたらされたことで、9世紀のアッバース朝においてギリシャ文典の一大翻訳ブームが巻き起こった。ギリシャ文物の中でも哲学と自然科学（医学、天文学・占星術）が多く翻訳された。とりわけアリストテレス（哲学）、ガレノス（医学）、プトレマイオス（天文学）が尊重された。

アラビア語の翻訳によってギリシャの哲学・科学を自己のものとしたイスラムは、今度は逆にヨーロッパにギリシャ科学を伝道する立場となった。8世紀にスペインが、9世紀にはシチリア島がそれぞれイスラムの支配下に入った。また11世紀には十字軍によって多くのヨーロッパ人が中東に行き、イスラム文化を体験した。これらによって科学・技術の面では後進国であったヨーロッパがイスラム圏の先進的な科学・技術を知って驚嘆した。そして、アラビア語を通してヨーロッパはようやくギリシャ科学を再認識するようになった。イスラムの支配下にあ

図10 科学の発展（AD3c.〜AD14c.）

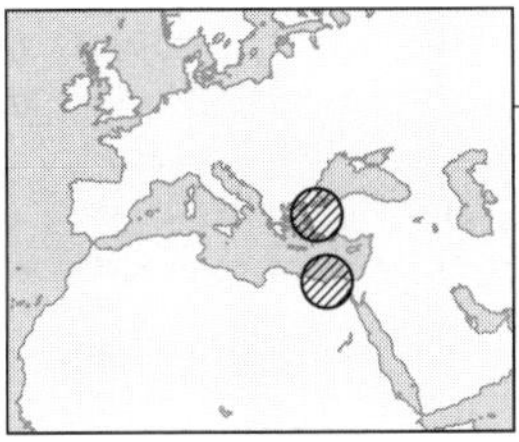

AD3c.〜AD7c.
ギリシャ・ローマの凋落と科学の停滞

- ◆ 2世紀後半からローマの科学が衰退
- ◆ 476年、西ローマ帝国滅亡
- ◆ 5世紀に古代の科学精神がヨーロッパで滅亡。東方へ移動

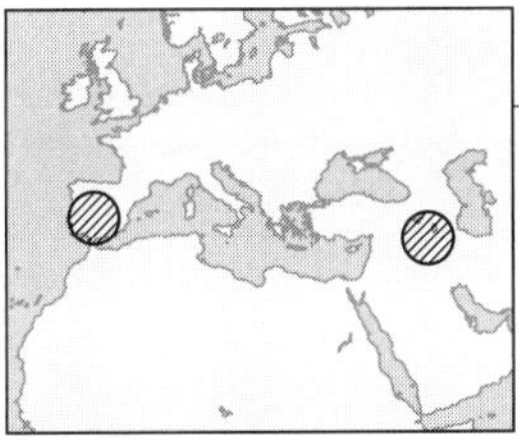

AD8c.〜AD10c.
イスラム勃興、ギリシャ文物の翻訳

- ◆ アラブ圏に紙（751年）
- ◆ アッバース朝の翻訳（9c.）
  ギリシャ語 → アラビア語
- ◆ 医学と天文学・占星術
- ◆ アリストテレス、ガレノス、プトレマイオスが尊重される

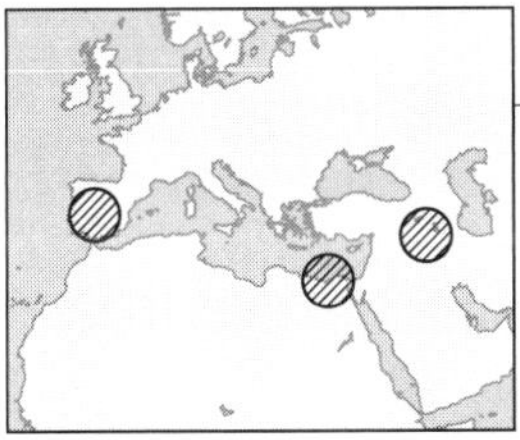

AD11c.〜AD12c.
十字軍と12世紀ルネッサンス

- ◆ 十字軍がイスラム文化をヨーロッパにもたらす
- ◆ アラビア語からラテン語に翻訳（ユダヤ人の寄与）
  - ・アヴィケンナ（イブン・スィーナー）（医学）
  - ・アヴェロエス（イブン・ルシュド）（アリストテレス学者）
  - ・マイモニデス（モーシェ・ベン=マイモーン）（医学）

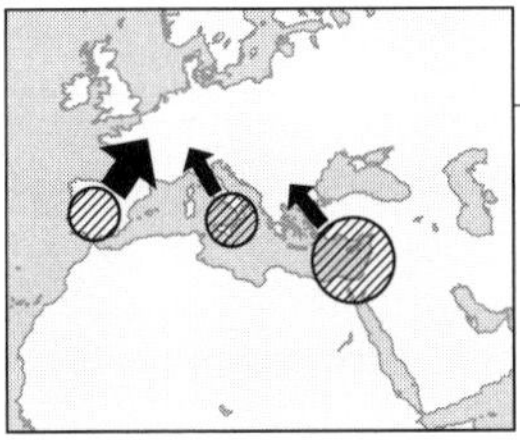

AD13c.〜AD14c.
翻訳の世紀、イスラムの没落

- ◆ モンゴルがバグダッドを破壊（1258年）
- ◆ 大学と修道院が学問中心
- ◆ 翻訳の世紀（ラテン語へ）
  - ・クレモナのジェラルド（イタリアの学者。12c.にプトレマイオスの『アルマゲスト』をトレドにて翻訳）
  - ・ギヨーム（アリストテレス全集を翻訳）
  - ・アルベルトゥス・マグヌス（アリストテレスの注釈を執筆）

ったスペインではトレドが中心となり、またシチリア島では、熱烈なイスラムびいきのホーエンシュタウフェン家のフリードリヒ2世のもと、数多くのイスラム人学者とユダヤ人たちがイスラム科学をアラビア語からラテン語へと翻訳した。これらイスラム科学の精華は3つの経路（スペイン、シチリア、中東）を通ってヨーロッパに流れこみ、結果的に12世紀ルネッサンスおよび14世紀のイタリア・ルネッサンスを誘起した。

科学の歴史では、このイスラムの時代（9世紀から14世紀）には近代科学にも直接つながる業績を残した次のような人たちがいる。

□ アヴィケンナ（ラテン語名・イブン・スィーナー、医学）
□ アヴェロエス（ラテン語名・イブン・ルシュド、アリストテレス学者）
□ マイモニデス（ラテン語名・モーシェ・ベン＝マイモーン、医学）
□ クレモナのジェラルド（アルマゲストの翻訳）
□ ギヨーム（アリストテレス全集）
□ アルベルトゥス・マグヌス（アリストテレスの注釈）

イスラム科学は11世紀あたりから停滞した。その後は次第にイスラム科学を学習してヨーロッパのレベルが向上し、遂にはルネッサンス以降、イスラムはヨーロッパにまったく太刀《たちう》打ちできなくなってしまった。

科学の変遷とユダヤ人

これまでに見たように、ヨーロッパの科学は、ヨーロッパとイスラム圏の相互作用によって進展してきた。その様子を「科学の中心地域 時代的変遷」という観点から見てみよう（図11）。

これと関連してヨーロッパとイスラム圏を対象として、科学の発展に見る民族性を次ページの表にまとめる（図12）。

これらの図表から、科学の中心地が、

南ヨーロッパ⇒イスラム圏⇒中央ヨーロッパ・北ヨーロッパ

図11 科学の中心地域 時代的変遷

時代	中心地	概要
BC30c.〜BC7c.	メソポタミア、エジプト	代数学と天文学、数学と幾何学
BC6c.〜BC3c.	アテネ+大ギリシャ	幾何学、医学、生物学、アルキメデス（物理・機械）
BC2c.〜BC0	アレキサンドリア、ペルガモン	幾何学、天文学、機械工学
BC0〜AD200	ローマ、アレキサンドリア	ギリシャの科学+ローマの技術
AD3c.〜AD7c.	東ローマ帝国・ビザンティン	ギリシャ・ローマの凋落と科学の停滞。中心が東方へ移動
AD8c.〜AD10c.	イスラム圏（スペイン、中東）	アッバース朝の翻訳医学と天文学・占星術
AD11c.〜AD12c.	イスラム圏（地中海、中東）	十字軍と12世紀ルネッサンス。アラビア語からラテン語へ翻訳（ユダヤ人の寄与）
AD13c.〜AD14c.	イスラム圏（地中海）	ラテン語への翻訳、西欧への浸透
AD15c.〜AD16c.	西欧（イタリア、フランドル）	イタリアルネッサンス。ギリシャ語が西欧に普及。自国語による教育
AD17c.〜AD18c.	西欧（北イタリア、フランス、イギリス、ドイツ、オランダ）	近代科学（理論と実験・測定の融合）
AD19c.〜AD20c.	西欧（ドイツ、イギリス、フランス）	実証主義科学

へと移動したことが容易に見て取れる。この時、大きな役割を果たしたのがユダヤ人であった。ユダヤ人は紀元70年のエルサレム陥落以降、祖国を追い出され、ヨーロッパやアジアの各地に散らばった。彼らは多元文化環境で生きざるを得ず、言語能力が磨かれた。そして、アラビア語からラテン語への翻訳には大きな貢献を果たした。この意味で、ユダヤ人の祖国滅亡はヨーロッパ科学の進歩にとっては、大吉と出たわけだ。

ヨーロッパ人の「原理・法則の追求」の熱意

ヨーロッパ人には、現象を単に観察するだけではなくその現象を引き起こす原因を探ろうとする欲求が必ず根底にある。さらに、原因を見

図12　科学の発展に見る民族性
ヨーロッパ圏とイスラム圏(ユダヤ人の功績)

	中欧・北欧［イギリス、ドイツ、フランス、オランダ、スイス］	南欧［ギリシャ、イタリア、スペイン］	イスラム圏
最盛期	AD17c.～現在	BC6c.～AD2c.／AD12c.～AD17c.	AD8c.～AD13c.
分野	数学、物理、化学、博物学	医学、物理、天文学	医学、化学、光学
ユダヤ人	オランダ、スイスが亡命ユダヤ人を受け入れる。イギリス、ドイツ、フランスは一時的にユダヤ人を排斥	スペインは国土解放時(1492年)、ユダヤ人を完全に排除	人種差なく寛大に受け入れる。アラビア語、ラテン語に堪能なユダヤ人が翻訳に参加
特色	体系化実験的検証国際競争、国際交流をしながらこの文化圏の国々は並行的に発展。技術の進歩も科学の進展に寄与(望遠鏡、顕微鏡など)	スペイン、イタリアはヨーロッパ中で異端裁判が最も激しかった。現在でも南米では科学者より法学者を志向する人が多い	古代ギリシャを完全に消化した。しかし、科学(医学を除く)より哲学に興味の中心があった

つけたら、現象と原因の間の因果関係を考え、それから普遍性のある原理・法則を導きだそうとする。この良い例が、天文学であろう。中国でも古代から天体観測は行なわれ、日食や月食の正確な記録も残し、予測も盛んであった。しかし、中国では天体運動に関するまともな理論は遂に作られなかった。一方、ギリシャではよく知られるようにプトレマイオスはいくつもの複雑な周転円を用いて、天体の運行の原理（天動説）を打ち立てた。確かにプトレマイオスの天動説は原理的には間違っていたものの、天体運動を理論的に記述するという点では極めて正統な科学的プロセスに則《のっと》っている。

さらに言えば、プトレマイオスの天動説を科学的根拠を示して論駁《ろんばく》し、地動説を確立したケプラーにしろ、当初、宇宙の構造はプラトン立体（正多面体）が入れ子になっているとの仮説を立てた。その仮説を証明するために、師のチコ・ブラーエの遺したデータを検証していく過程でケプラーは自分の仮説の間違いに気づき、惑星の運動に関する金字塔である「ケプラーの三法則」を発見した。ケプラーの場合もプトレマイオスと同様、宇宙を動かしている原理を見つけたいという強烈な熱意に駆りたてられていた。

これだけに限らず、ヨーロッパ人は対象物が何であれ「原理・法則の追求」に熱心な人たちだ。「原理・法則の追求」には次のような事例が挙げられる。

□ 哲学・心理・社会分野

プラトンのイデア論
ビザンティンのキリスト教父たちの神学（例：三位一体論）
トマス・アクィナスの神学大全
カントの純粋理性批判
マルクスの唯物史観
フロイトの夢理論
ケインズの経済理論

□ 自然現象・物理現象分野
アリストテレスの宇宙論
ユークリッドの幾何学
プトレマイオスの天文学
ガレノスのプネウマ理論
ケプラーの天体の運動法則
アインシュタインの相対性理論

これらの理論には間違ったもの（誤謬）もある。しかし、誤謬は修正されたり、あるいはまったく新しい理論によって置き換えられたりしながら、時とともに段々と精《せい》緻《ち》なものとなっていった。結局こういったヨーロッパの飽くなき「原理・法則の追求」への強い意志が、中国や日本を含め、ヨーロッパ以外の地域の思想風土に欠けていたことが、ヨーロッパ以外の土地で近代科学技術が発達しなかった根本的な理由だと私は考える。

ヨーロッパの技術――ギリシャに始まり戦争道具として発展

ヨーロッパ技術の淵源《もと》をたどれば、科学とおなじくエジプト、メソポタミアにたどりつくが、現代につながるという観点で、ヨーロッパの古代技術を見ればギリシャを出発点と考えてよいだろう。土木、建築、機械、戦争道具などの実用技術や彫刻、絵画、音楽などの工芸・学芸に関する数々の技術が発明された。

網羅的に説明するのは、本書の範囲を超えるので、いくつかの特徴的な技術を紹介するにとどめたい。

エーゲ海の島、サモス島の町は水不足を解消するために、山の中腹の池から水を引くことにした。そのために、山の中に全長１０３６メートルのトン

MASAYUKI NAKABAYASHI/orion

ローマへ引き継がれたギリシャの技術

ローマはギリシャ科学を引き継がなかったが、技術に関してはその後の２０００年のヨーロッパの礎となった。写真は、フランス、ガルドン川にかかるポン・デュ・ガール。紀元前19年頃にできた水道橋だ

ネルを掘った。工事期間を短縮するために、山と町の両側から掘り進んだが、接合地点では誤差がわずか65センチであったという。この水道は紀元前540年に完成した。この一事からギリシャ技術の高さが分かる。

アルキメデス（紀元前3世紀）は数学者として、また、てこの原理、滑車の原理、浮力の原理などを発見した物理学者として有名である。しかし、自《みず》ら《か》は余技と称していた機械エンジニアとしても連滑車、起重機、太陽光集光器、らせん状ポンプなどの発明で、後世に技術面で多大な貢献をした。

ヘロン（紀元2世紀）は蒸気力や水圧を使って神殿の扉を自動的に開閉するような機械じかけを作ったエンジニアであった。

これらギリシャの技術はローマに引き継がれた。ローマ人・ウィトルウィウス（紀元前1世紀）の『建築について』（全10巻）は建築を主テーマとするものの、水路、トンネル、水時計、起重機などの機械類に関する古代技術を包括的に記述する。ローマの土木技術の高さは、2000年の年月を経てもヨーロッパ各地に現存する水道・道路・橋・建築の数々からも分かる。

ギリシャ、ローマに限らず、地中海からヨーロッパおよび中東にかけては、戦争道具が異様に発達した。とりわけ攻具の性能は日本人の想像をはるかに超えている。投石機（catapult）では、最大150キロの石をも飛ばすことができた。古代の投石機を再現したところ、5キロの

図13 科学の発展(AD15c.〜AD20c.)

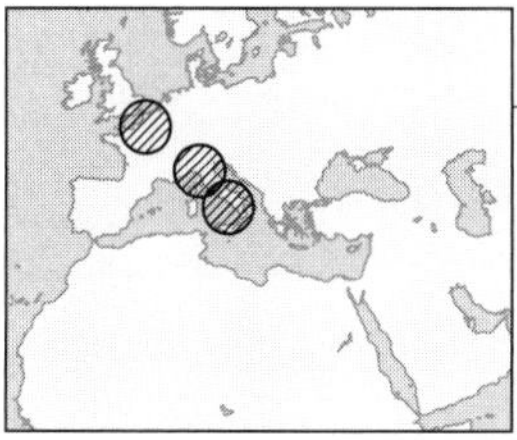

AD15c.〜AD16c.
14世紀、イタリアのルネッサンス

- ◆ コンスタンチノープル陥落(1453年)、ギリシャ語の拡散
- ◆ 化学発達(染物と金属加工)
- ◆ 自国語による教育
- ◆ コペルニクス(天文学)
- ◆ グーテンベルクの活字印刷
- ◆ ヴェサリウス(外科手術)

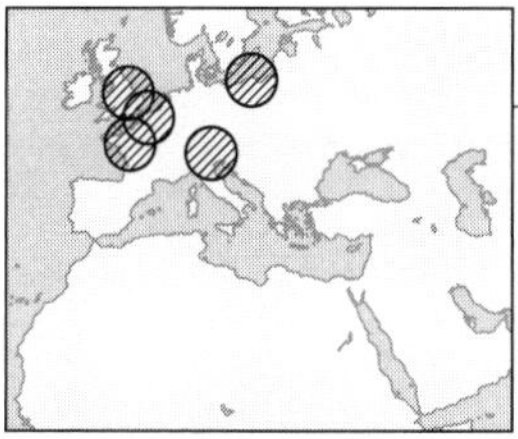

AD17c.〜AD18c.
近代科学の世紀(理論と実験・測定の融合)

- ◆ 紙の普及(亜麻、木綿)
- ◆ 活字印刷による大量出版
- ◆ 新大陸からの植物
- ◆ ガリレオ・ガリレイ(物理)
- ◆ オイラー(数学)
- ◆ ライプニッツ、ニュートン(数学・物理)

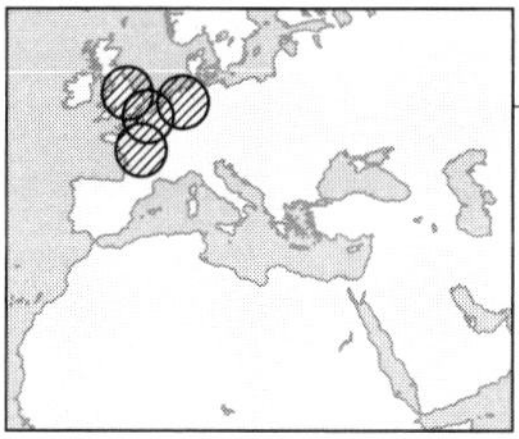

AD19c.〜AD20c.
近代科学の隆盛(実証主義科学の勝利)

- ◆ 全体として
  - ・観念論哲学の否定
  - ・実験計測器の高度化
- ◆ 各国ごとに
  - ・自国語での出版・翻訳
  - ・近代的大学(フンボルトによるフンボルト大学)の創設
  - ・科学アカデミーの設立
- ◆ 結果として
  - ・学者の国際交流が活発に
  - ・新教徒の国々(中・北欧)が隆盛、南欧が脱落

石を数百メートル（350メートル〜500メートル）飛ばすことができたと言われる。

古典時代に次いで、中世ヨーロッパ（5世紀から15世紀）が始まった。ローマ帝国の分裂（4世紀）や西ローマ帝国の滅亡（5世紀）に伴いヨーロッパ科学は文字どおり地に落ちた。一方、技術はといえば、かつてのような大建築や大土木工事こそなかったが、概して発展こそしなかったものの技術レベルは落ちることなく元のレベルを保っていたと言える。

中世ヨーロッパでは、キリスト教の普及で教会の建築が盛んになるに伴い、関連する土木技術、建築技術、冶金技術などが発展した。さらに、水車・風車のような大型の動力利用が広まった。それだけでなく生活用品の製造に関連する、ガラス、陶器、染料、発酵、鉱山開発、航海、などに関する技術は時代とともに徐々にではあるが進展した。

エセ科学と見下されている錬金術がイスラムからヨーロッパに入ったのは12世紀と言われる。錬金術は「卑《ひ》金属から金を作る」のが目的であったが、化学の発展のベースとなった。その結果、染料の開発や金属加工、冶金技術の発展に大いに寄与した。

12世紀以降、イスラム圏からヨーロッパにギリシャ科学が再導入された。しかし、技術は科学の影響を受けることはなかった。技術は科学が必要とする種々の実験道具を提供することで、科学レベルの向上に貢献した。18世紀に入って、ようやく科学的な分析（数学、物理学、化学）が技術レベルの向上に寄与するようになった（図13）。

このように、ヨーロッパの科学と技術の発展の経緯を見ると、**現代人が当然と考えている「科学技術」という概念はここ３００年程度の歴史しかない**ことが分かる。

インドの科学——言語学、アーユルヴェーダ、天才科学者

インドは、中国と対照的に古くから歴史を記述することに関心を持たなかった。彼らが熱意を持ったのは、インド古来の（と言ってもアーリア人がもたらした）哲学である『ヴェーダ』や『ウパニシャッド』について議論することであった。サンスクリット語で書かれたこれらの聖典はアーリア人の神官、つまりバラモン階級にしか読むことが許されない特権的な読みものであった。彼らは観念的・思弁的な思考に深沈することを好み、肉体を使う労働、つまり汗をかくことを嫌った。単に嫌っただけでなく、目的・意図の一切を問わず、そういう仕事を蔑視した。この結果、古代インド（紀元４世紀まで）では、科学の発達は極めて限定的だった。

古代インドで発達した科学は、医学、薬学、天文学、言語学だといわれる。このなかでもとりわけ言語学は「インド科学の女王」と言われ、文法体系や音韻体系が現代の視点から見てもかなり科学的に分析されている。中でも有名なのは、紀元前４世紀の文法学者・パーニニで、彼はサンスクリット語に関する完璧な文法書『パーニニ文典』を著《あらわ》し、後世（19世紀）ヨーロッパで始まった比較文法学にまで影響を与えている。

インドの医学と言えば、アーユルヴェーダ（Ayurveda）が有名だが、アーユルヴェーダとは、Ayur（Life）＋Veda（Science）、つまり生命科学という意味だ。人体を小さな宇宙（Microcosmos）になぞらえた。アーユルヴェーダでは病気の症状は治療目的で調べるが、病気の原因は追究しなかった。この点においてはギリシャ医学とは医学に対する姿勢が異なる。

たとえばヒポクラテスは数多くの病人の病状を細かく観察し、帰納的にその病因を特定しようという努力が見られる。それに対し、アーユルヴェーダの主要書である『チャラカ＝サンヒター』では、まず人体は5元素（地、水、火、風、空）から成り立つと考えた。それらを有する食物を体内に取り込むことで内部の5元素がそれぞれ増加する。老廃物が排泄《はいせつ》されることで体内の各5元素が減少し、バランスが崩れることで病気を引き起こす、というドグマを公式化・体系化し、精緻にしたのがアーユルヴェーダの医療である。病気からの快復のために自然治癒力を活性化させる治療を施した。インド人も中国人と同じく医食同源の発想を持っていた。また鋭い刃を持つ石器ナイフを使った外科手術も盛んに行なわれた。ギリシャ語もそうだが、サンスクリット語の語彙《ごい》の中に数多くの手術の術語があるが、それによって当時の医学レベルの高さをうかがい知ることができる。

インド人は植物、動物、鉱物の医薬への利用を目的として熱心に研究し、分類したが、薬がどのように効くかなど科学的な実証については興味を持たず、5元素の観念論に終始した。彼らが名付けた、いろいろな植物・薬草の名前は中東・小アジアを経由して古代のギリシャに伝わり、ヒポクラテスの著作にもそれらの名前を見出すことができる、と言われている。

古代インドと他の文化圏との科学分野における関係は、概して言えばインドが外に対して影響を及ぼしている。たとえば、医学で言えば、古代インドのアーユルヴェーダはすでに紀元前8世紀には確立していた。それに対して、ギリシャ医学は紀元前5世紀ごろに確立したので、ギリシャはインドから影響を受けた可能性が高いとの推測がある。中国医学に関しては仏教の伝来とともにインド医学が中国に伝えられたと推定される。

インドの科学技術の頂点は古代から少し時代は下がるがグプタ王朝（紀元３２０－５５０）であった。グプタ王朝は、ガンジス川流域の北部インドを中心とし、商業、金融業、手工業が発展した。サンスクリット語を公用語とし、『マハーバーラタ』『ラーマーヤナ』の二大叙事詩を完成させ、後世のインド文化に多大な影響を与えた。また西方（ビザンチン帝国、ササン朝ペルシャ）や東方（東南アジア、中国）との交易を通じてインドの高度な科学技術が伝播《でんぱ》した。

数学や天文学では、多くの天才科学者の業績がイスラム圏に伝えられた。たとえば、アールヤバタ（Aryabhata, ４７６－５５０）は半弦表を用いた三角関数を導入した。ブラフマグプタ（Brahmagupta, ５９８－６６５）の数学と天文学の著書はアラビア語に翻訳され、８世紀のイスラムの天文学と数学に多大な影響を与えた。

グプタ朝以降も、インド数学界は何人かの天才数学者を生んだ。とりわけバースカラ2世(Bhaskara, 1114－1185)の著作はインド古典派数学の頂点を示すと称された。その研究内容は近代ヨーロッパ数学の先駆とも言えるものであった。

このように、インドには幾人かの科学者がいたが、それは線香花火にも似て単発的に天才的な煌《きら》めきを放つものの、総合力・団体力という観点からはヨーロッパとは比較にならない貧弱なものであった。

中国の科学技術——世界最高水準でありながら雑技とみなされた

四大文明発祥の地の一つである中国では、古来、科学技術も大いに発展した。中国のみならず、世界の文明を大きく変えたと言われる「紙、印刷術、火薬、羅針盤」の四大発明はとりわけ有名であるが、これ以外にも中国の科学技術にはそれぞれの分野で当時の世界の最高水準を誇ったものも多い。たとえば次のようなものが挙げられる。

□ 天文——日食や月食の記録、超新星の最古の記録、渾天儀《こんてんぎ》・地震計(候風地動儀)

□ 数学——『九章算術《きゅうしょうさんじゅつ》』(世界最古の数学書。平方根《へいほうこん》・立方根、連立一次方程式、ピタゴラスの定理を記載)

□ 伝統医学――漢方薬、鍼灸《しんきゅう》術
□ 物理学――『夢渓筆談《むけいひつだん》』（磁気偏角《じきへんかく》を初めて記載）、時計台（脱進機駆動）、魔鏡《まきょう》（透光鑑《とうこうかん》）

以下、他の文化圏には見られない中国の科学技術の特異な点を６点述べる。

1 中国の百科事典（類書《るいしょ》）

中国人は古来筆まめで記録魔であった。すべてにおいて記録することに情熱を傾けた。そして書かれたものに対しては非常な敬意を払った。印刷技術こそなかったものの、紙や筆など本を書くための道具は揃っていた。それですでに7世紀には、膨大な百科事典、『芸文類聚《げいもんるいじゅう》』が完成していた。このたぐいの本は「類書」と呼ばれ、現在の意味での百科事典ではなく、項目別に過去のいろいろな書物から記事を集めて編集したものだ。したがって、記事の中味は事物に関する具体的な説明というより、名称の由来・典故《てんこ》、名詞解釈などが主体の、一種のリファレンス的書物である。

ちなみに、日本でもこのような類書が9世紀に編纂《へんさん》された。１０００巻にも及ぶ、大部の『秘府略《ひふりゃく》』は、８３１年（天長《てんちょう》8年）に滋野貞主《しげののさだぬし》らが淳和《じゅんな》天皇の勅《ちょく》を受けて編纂を開始し、20年後の８５２年（仁寿《にんじゅ》2年）にようやく完成した。六国史の一つ『文徳実録《もんとくじつろく》』（日本文徳天皇実録）の巻4にはその完成したことを次のように伝える。

「天長八年、勅を諸儒に与え、古今の文書を撰集し、類もってあい従はしむ。およそ一千巻あり。秘府略と名づく」

残念なことに、この20年にわたる労苦の成果も現在ではわずか2巻しか残っていない。日本では浩瀚《こうかん》な百科事典を代々筆写するに充分な経済的・文化的環境が備わっていなかったし、そもそものような知識も必要としていなかったということだ。

［2］中国古代の科学技術書

科学技術に関する書籍としては、3世紀、西晋の張華《ちょうか》（232－300）の『博物誌』がある。もともと400巻近くあったようだが、あまりにも浩瀚すぎるというので、西晋の武帝《ぶてい》が簡略にするように命じた。それで、張華自身が10巻に削減したものが今に伝わる。

6世紀、北魏の賈思勰《かしきょう》は『斉民要術《せいみんようじゅつ》』という書物を著わした。この本は、一般的には農書に分類されているが、世間では中国最古の料理書としても重宝されている。農作物（穀物、野菜、果樹、竹木）や家畜、家禽、魚類の栽培や飼育の方法を丁寧《ていねい》に解説している。

［3］宋の科学の高水準を示す『夢渓筆談』

宋代（北宋：960－1127、南宋：1127－1279）は中国のルネッサンスと言われ、市民社会と諸産業が勃興した。科学史においてはニーダム（後述）が「中国科学史における一座標」と評した『夢渓筆談』が沈括《しんかつ》（1031－1095）によって書かれている。

沈括は父祖の代から科挙合格者（進士《しんし》）の家柄であったようで、その恩恵で官位に就《つ》くことができた（これを蔭位《おんい》という）。しかし当時、蔭位で官位に就いても肩身が狭いので、沈括は後に正式に科挙を受け、合格して官吏《かんり》になった。

『宋史』巻331によると、沈括は司天監《してんかん》（天文台長）に任命されるや、矢継ぎ早に組織改革を行なったようだ。

「天体儀や日時計を設置し、水時計も修理して正しい時刻を刻むようにした。また暦の専門家である衛朴《えいぼく》を招聘《しょうへい》して改暦した。技術部門を増強するために才能のある技術者を広く募集した」

各地での土木作業や職工の作業を見聞したものをまとめた本が『夢渓筆談』である。『夢渓筆談』は合計で609条の記事が載せられている（正編26巻、続筆談1巻、補筆談3巻）。その内容は多岐《たき》にわたる。ざっと挙げてみると次の項目となる。

科学技術（210条）、政治・経済・法律（170条）、逸話・伝聞（110条）、考古学・音楽・諸記録（110条）など。科学技術の内訳は、本草（80条）、天文・暦法（40条）、数学（10条）、地質・鉱物（17条）、地理学（15条）、物理・化学（10条）、建築・土木・工学系（30条）など。

科学的記述としては次のような内容が挙げられる（巻・ページ数は東洋文庫本による）。

□ 歳差《さいさ》（地軸の回転ぶれ）は80年に一度ずれる（巻1・P.177、巻3・P.160）
□ 閘門《こうもん》で水位を調節する運河（パナマ式運河）（巻2・P.30）
□ 立体の体積を求める公式、隙積法《げきせきほう》を考案（巻2・P.166－167）
□ 地磁気の偏角の存在。磁針はいつもやや東に片寄る（巻3・P.19）
□ 潮の満ち引きは月が原因（巻3・P.159）
□ 船舶の製造、修理などに際して用いられる設備「ドライドック」（船渠《せんきょ》）のアイデアを宦官《かんがん》の黄懐信《こうかいしん》が提案（巻3・P.190）

『夢渓筆談』は中国・宋代の科学技術の水準の高さを示すが、文優位の中国にあってはあまり高く評価されなかった。その証拠に『宋史』（巻331）には沈括が65歳で没したと記した後で『夢渓筆談』に関して短く次のようにコメントする。

沈括は博学で、文が上手であった。また天文、方志《ほうし》、律暦、音楽、医薬、卜算《ぼくさん》など知らないことはなく、多くの論文を書いた。また普段、友人たちと話したことをまとめて『筆談』を作った。ここには、朝廷の故実や古老の話などが多く載せられていて、今に伝わる。

これを読むと沈括の本領は科学者というより文人（エッセイスト）であったような印象を与える。

沈括のような文人兼科学者は、後漢《ごかん》にも張衡《ちょうこう》（張平子）の例がある。張衡は文人として、また科学者としても頭抜《ずぬ》けていた。文人としての名声は、『文選《もんぜん》』（周から南北朝の梁《りょう》までの作品を集めた詩文集。昭明太子《しょうめいたいし》編纂）の巻２、３を占める「二京賦」（長安と洛陽を描いた「西京賦」「東京賦」）で千古《せんこ》に輝く。『後漢書』巻49に張衡の伝があるが、約７０００文字のうち、科学者としての記述はわずか２５０字、つまり４％の分量しかない！

科学者軽視の風潮は近代になっても続いた。厳復《げんふく》は１８７７年に、清《しん》国の最初の留学生としてイギリスに留学し、ヨーロッパの最高級の学問を修め、帰国後、北洋水師学堂《すいしがくどう》（科学技術教育を重視した海軍大学）の校長という科学者としてはトップの地位に昇り詰めた。しかし、それでもなお科挙に合格していないことを終生恥じていたと言われる。

―４―明代の本格的な科学技術事典

明代に入ると産業（農業・手工業）の発展と符合するように、本格的な科学技術事典が編纂された。とりわけ次の３冊は実証的な記述とともに、図入りの詳しい解説がある。

□『三才図会《さんさいずえ》』
□『本草綱目《ほんぞうこうもく》』
□『天工開物《てんこうかいぶつ》』

■『三才図会』

著者、王圻《おうき》（1529－1612）は1565年（36歳）で進士合格。地元の松江府《しょうこうふ》では四大蔵書家の一人として有名である。『三才図会』の三才というのは、天地人《てんちじん》、すなわちこの世にある万物について解説するという意味を持つ。『三才図会』（108巻）は1607年に完成し、1609年に出版された。

万物を、天文、地理、人物、時令《じれい》、宮室《きゅうしつ》、器用、身体、衣服、人事、儀制、珍宝《ちんぼう》、文史、鳥獣、草木、などの14部門106項目に分け記述した。

『三才図会』が日本に舶来され、その内容に刺激を受けた大坂の民間儒者の寺島良安《てらじまりょうあん》が、この日本版として独力で『和漢三才図会』を書き上げ1712年に出版した。

■『本草綱目』

著者、李時珍《りじちん》（1518－1593）は財力に乏しかったので、家族総出で板に文字や図を彫《ほ》り、30年をかけて1578年に原稿を完成し、1596年にようやく刊行にこぎつけた。全52

巻、190万字という膨大な書籍である。言及されている薬物は1892種、薬の処方は1万1096カ条にも及ぶ。内容としては、科学的な説明だけでなく、訓詁《くんこ》(語源的説明)、文学・歴史、地理にも及ぶ。分野も医学、薬学、生物学、鉱物学、化学、環境と生物、遺伝、など広範囲に及び、質量ともに従前の書をはるかに凌駕《りょうが》する。

1603年に出版された第二版が早くも1607年に日本に舶来された。日本でも人気を博したので、返り点や読み仮名などをつけた和刻本が1637年に作られた。貝原益軒《かいばらえきけん》がこの本にならって、日本の植物の記述を主体とした『大和本草《やまとほんぞう》』を著し、1709年に刊行した。

■『天工開物』

著者の宋応星《そうおうせい》(1590－1650)は科挙を受験したが、郷試《きょうし》(科挙の第一次試験)に合格するも、進士に合格できなかった。その後、各地を旅行し実地に農業、手工業に関する知識を得た。農業、鉱業、工業、など中国の知識人が軽蔑していた分野について、宋応星の博識を盛り込んだのが『天工開物』で、1637年に出版された。だが、中国では注目されることなく見捨てられていた。しかし、日本に舶来された同書が、明治時代に中国に逆輸入されてからようやく一般に知られるようになった。ニーダムの『中国の科学と文明』でもしばしば引用されている。ニーダムの口吻《こうふん》から、『天工開物』の記述はヨーロッパ人から見ても非常に実証的だと評価されていることが分かる。

この『天工開物』の書の運命を見ても分かるが、中国では技術に関する本（と技術者）は軽視されている。この本が韓国にも存在していなかった、ということは朝鮮も中国同様、伝統的に技術と技術者を蔑視していた結果だと考えられる。

5 中国に入ってきたヨーロッパ科学

東アジアにおいて、中国文明の水準が頭抜けていたため、科学のみならず文化面で中国は外部から影響を受けることが少なかった。商人として中国を訪れ、定住したイスラム教徒から多少の影響はあったにしても、それは際立ったものではなかった。中国の科学史に一つの大きな転回点をもたらしたのが、明末にヨーロッパからキリスト教布教のために中国にやってきた宣教師たちだった。宣教師たちの多くは当時のヨーロッパの科学技術に関してもかなり確かな知識を持っていた。中国人はこれら宣教師から聞いたヨーロッパの数学について高い関心を持った。ユークリッド原典をはじめとして数学の専門書を数多く翻訳した。

ヨーロッパの科学との遭遇が中国人の世界観に影響を及ぼした一つの例が、マテオ・リッチ（Matteo Ricci, 利瑪竇《りまとう》、１５５２－１６１０）が中国語に訳した「坤輿万国全図《こんよばんこくぜんず》」であろう。この地図によって中国人は初めて世界の地理について正しい認識を得ることができた。マテオ・リッチは１５８２年（30歳）に中国に到着してから、中国語（漢文）を勉強し、漢文を完璧に読みこなせるまでになった。主だった経書をことごとく読破し、中国の儒学者と中国語で対等に議論できるようになった最初のヨーロッパ人である。その語学力を生かして、儒教の経書（儒学の聖典）をラテン語に翻訳したり、また逆にヨーロッパの科学書だけでなく、キリスト教の関係書も漢文に翻訳した。

文優位の中国においては、科学技術は雑技とみなされ、伝統的に蔑視されていた。マテオ・リッチをはじめとしてキリスト教の宣教師によってヨーロッパ科学がもたらされた時も大多数の中国の文人（知識人）たちは関心を示さなかった。ましてや積極的にヨーロッパ語を学び、原典から直接、知識を得ようとする知識人は皆無に近かった。この点において日本人が自らオランダ語を学んだ蘭学とは根本的にヨーロッパ科学技術に対する受容の差がある。日本が明治以降、すみやかに近代化に成功したが、中国はそうではなかった理由がここにも見てとれる。

［6］中国とヨーロッパの科学の比較――文人が評価された中国

ヨーロッパと比較して中国では科学も技術も文に比べると下だとする認識が古来からある。儒教の五経《ごきょう》の一つ、『礼記《らいき》』の巻19「楽記《がっき》」には、「徳なりて上り、芸なりて下る」（徳成而上、芸成而下）という句が見える。この句の意味は「人間は品性を磨く努力をすべきである。技術を磨くのに熱心になれば品性が落ちていく」。つまり「君子を目指す者は工芸・技術などに興味を持つな」という戒《いまし》めである。こういった伝統のために、張衡にしろ、沈括にしろ史書では科学者としての業績より、文人としての業績が評価されていたのだ。

中国とヨーロッパの科学を比較してみると、中国がヨーロッパと同程度に発達した分野は、医学、薬学（本草学）などが挙げられる。一方、物理学、数学、化学に関しては中国はヨーロッパに負けている。中国独自の観念論哲学と関連しているエセ科学としては、陰陽五行説《いんようごぎょうせつ》、不老長寿（錬丹術《れんたんじゅつ》）などが挙げられる。

ニーダムの著書『中国の科学と文明』は、タイトルこそ、科学であるが、内容的にはむしろ技術面の記述が多い。それは、ニーダムが中国の科学技術の高さを示すため、科学よりも技術に重心を置いて資料を集めたからだと想像される。そもそも科学は本来的に「根源的な原理の追求」を目指すが、中国（および日本）の科学はそういう嗜好《しこう》を持たず、実用的であれば満足して止まってしまっている。つまり東洋流の科学的精神は科学（Science）よりもむしろ技術（Technology）に、より濃厚に表われている。この意味で、中国、日本（および朝鮮）は科学史より技術史を調べるほうが得るものが多い。

朝鮮・韓国の科学技術――本当の意味での科学が発展しなかった理由

日本では朝鮮（および韓国）について学校で習うことといえば非常に断片的だ。古代、弥生時代から奈良時代にかけて朝鮮半島を経由して中国文化が入ってきたことと、近世の秀吉の朝鮮出兵、それから時代は飛んで明治以降の話となる。このように断片的な上に取り上げられる事柄といえば政治的なものばかりだ。戦前・戦時中に喧伝《けんでん》された日韓同祖論を信じている人は、さすがにもう今はいないだろうが、このような断片情報だけで、現代の日本と朝鮮（韓国・北朝鮮）との間に横たわるいろいろな問題を論じているのは、あまりにも視野が狭い。

我々はこの隣国についてもっと深く知る必要がある。そうはいっても、学校で習うような日本との政治がらみの話ではなく、**彼らの考えの根本にどっしりと横たわる朱子学と、日本人の想像をはるかに超える先祖崇拝や厳しい階級差別社会の歴史を知るべきである。**その実態を知ると、表面的に日本人と朝鮮人は顔が似ているからといって考え方まで似ているわけではない、ということを痛いほど知るであろう（なお、朝鮮という呼称は歴史的名称として、および現在の韓半島の南北の両国家の総称として使っている）。

ここで、朝鮮の歴史を概観してみよう。煩雑を避けるため時代を紀元前後から１８９０年代、つまり明治以前の２０００年に限定する。

朝鮮の過去２０００年の歴史を王朝という区分で見ると、２つのタイプがあることが分かる。

一つは韓半島の付け根から下の部分（現在の北朝鮮と韓国の範囲）に興亡したものと、もう一つは半島の範囲を超えて沿海州・満州までの広大な領域を支配したものだ。

初めのタイプは、四時代に分かれる。具体的には、

□ 漢の属国であった時代（紀元前２００－紀元３００）
□ 三国から統一新羅《しらぎ》（新羅：３５６－９３５）
□ 高麗《こうらい》（９１８－１３９２）
□ 李氏《りし》朝鮮（１３９２－１８９７）

２番目のタイプ、つまり朝鮮の北から沿海州・満州の広大な土地を支配したのは次の２つの王朝だ。

□ 高句麗《こうくり》（紀元前37－紀元６６８）
□ 渤海《ぼっかい》（６９８－９２６）

朝鮮の歴史を日本と比較すると、次のような特徴が読み取れる。

□ 一王朝の期間が約５００年と長い――決して治安よく統治されていたわけではないにもかかわらず、大規模な社会的混乱が起きても王朝は容易には倒れなかった。
□ 儒教支配が約１０００年続いた――中国から儒教を取り入れたのは百済《くだら》や新羅の時代であるが、高麗が科挙を９５８年に実施してから儒教的な考えが支配者階級だけでなく庶民にも及んだ。

□独自文化より中国文化を誇る――高麗時代に中国の文化を完全に消化したとの自信から自らを「小中華」と誇らしげに呼んだ。朱子学の流行と相俟《あいま》って中国に対する「事大主義」が李氏朝鮮の精神のバックボーンとなった。

□前王朝の否定――前王朝が滅びると、都合のよいように史書を編纂しなおした。そうした改竄《かいざん》がばれないように前王朝から引き継いだ文書を焼却して証拠を隠滅した。このようにして編纂された史書として『三国史記』と『高麗史』を挙げることができる。

これだけとっても、朝鮮は日本とはずいぶん異なる文化を持っていた国だと分かる。

言うまでもなく、朝鮮の科学は中国からの直輸入のものがほとんどだ。客観的に見て自国で新たに発明したものや考案したものは極めて少ない。これは朝鮮民族が劣等だというのではなく、民族や言語こそ違うものの中国の文化圏の一部であり、文化移入がいたって容易であったからだ。現在で言うと、フランスとベルギー、あるいはアメリカとカナダとの関係に近いと言えるであろう。

朝鮮の科学史の本に特筆大書されている事項といえば、次の事柄だ。

□新羅の瞻星台《せんせいだい》——天文観察塔（現存する、朝鮮最古の建造物）
□石窟庵——仏教寺院（自然石をベースにして花崗《かこう》岩を積み上げた石窟）
□木版印刷——世界最古（705年）に印刷されたとされる慶州《けいしゅう》仏国寺《ぶっこくじ》の『無垢浄光大陀羅尼経《むくじょうこうだいだらにきょう》』
□海印寺《かいいんじ》の『高麗大蔵経』——仏教経典を8万枚の版木に彫った。一度はモンゴルに焼かれたにもかかわらず、再度彫りなおした。
□活字印刷——1377年、最古の活字印刷（興徳寺）
□青磁（翡色青磁、Celadon）——宋の越州窯《えつしゅうよう》の影響を受けた高麗磁器の至宝。
□東医宝鑑《とういほうかん》——宣祖《ソンジョ》の命を受け、許浚《ホジュン》が1613年に刊行。中国や日本でもベストセラーに。

とりわけ、朝鮮の科学では、気象・天文と活字印刷は民族の誇りと記されている。

気象・天文に関していえば、世宗《セジョン》の治世の1441年に天才技術者の蔣《チャン》英実《ヨンシル》が測雨器を発明したと言われる。この雨量計を韓国人は世界に誇る科学器具だと言うが、実態はそれに反する。というのは、この雨量計で測定され

Topic Photo Agency/Corbis/amanaimages

ソウルにある雨量計のモニュメント

韓国人が世界に誇る科学技術「雨量計」だが、そのデータは400年間使われず、日本人の和田雄治が見つけて初めてデータが解析された

た朝鮮の雨量データは延々と400年分も蓄積されたにもかかわらず誰にも顧《かえり》みられなかった。そのデータがようやく解析されたのは、日韓併合の年の1910年に日本人の和田雄治《わだゆうじ》が見つけて、研究論文を発表したのが最初だ。雨量計が朝鮮全土に配られて雨量測定が長年行なわれたにもかかわらず、結局、為政者や科学者の誰一人として関心を払わなかったということだ。

このような科学技術に対する冷淡な態度は雨量計だけではない。たとえば、1985年に石に刻んだ星座図「天象列次分野之圖《てんしょうれつじぶんやのず》」（1395年）は国宝に指定されたが、この石は数百年誰にも顧みられることなく倉庫の中でほこりをかぶっていた。また、グーテンベルクより150年以上も前に発明したと誇る朝鮮の活字印刷にしても、朝鮮の科学史には、漢字の活字について縷々《るる》記述されているが、世宗が作ったハングル文字の活字についてはまったく記述が見あたらない。一方、朝鮮の紙は質の良さで有名であったが、伝統的な製造方法は継承されなかった。これらのことからも分かるように、李氏朝鮮においては、科学技術は国家の重要事項ではなかった。もっとはっきり言うと、李氏朝鮮の500年間、科学技術はずっと蔑視され続けていたのだ。

なぜ朝鮮では科学が発展しなかったのか。

この理由は韓国（朝鮮）の歴史を振り返ってみるとはっきりと知ることができる。

高麗が10世紀（958年）に科挙を導入して以来、朝鮮では文の優位が確立した。李氏朝鮮では519年の長きにわたり、24人の王（暴君で知られる燕山君《ヨンサングン》、光海君《クアンヘグン》も含む）がいたが、徳川綱吉《つなよし》のような儒教マニアであった（例外として、世宗、英祖《ヨンジョ》、正祖《チョンジョ》の3人の王がいる。この3人は儒教以外に庶民に役立つ実学にも力を入れた）。

それら歴代の王のもと、朱子学と「崇儒尊文《すうじゅそんぶん》」の理念が朝鮮の生活のすべてを規定した。庶民の生活と無縁な詩文や観念論が必要以上に尊ばれた。その反面、肉体労働者だけでなく、工芸や手工業、さらには医術に携わる職人・技術者・科学者までもが蔑視された。つまり朝鮮では高麗以降、千年にわたって社会の上層部の文人・知識人で科学（医学、薬学、天文、物理など）や技術・工芸に関心を示した人はごく一部の例外（18、19世紀の実学派）を除いて存在しなかった。李氏朝鮮において、科学者や技術者は雑科（訳科、医科、陰陽科、律科）という科挙を受験したが、合格しても社会的に評価されることがなかったし、悪いことに、彼ら自身も技術に自信はあっても決して自分の職業に誇りを感じることはなかった。

さらに、世宗が考案したハングルはその後、李氏朝鮮を通して「諺文《オンモン》」と軽蔑されたため、農書や技術書のような実用書といえども漢文で書かれなければならなかった。それゆえ、漢字を読み書きできない農夫や職人たちの実際智はほとんどの場合、書き留められることなく、口《く》伝《でん》であったため、時代とともに消え去った。

これが朝鮮に本当の意味での科学が発展しなかった根本原因である。この考えが現在の韓国でも根強く生きている証拠を韓国の２００８年制作の歴史ドラマ、「大王世宗《テワンセジョン》」のワンシーンに見ることができる。蔣英実《チャンヨンシル》は奴婢《ノビ》出身にもかかわらず技術者として優れた腕前を持っていたが、両班《ヤンバン》からはなかなか認められなかった。しかし、彼は朝鮮の技術史上不滅の功績を遺した。ドラマでは彼の功績を解説した後に「世宗は身分や経歴に縛られず能力により人材を重用した。これは現在の韓国社会にも示唆するところが大きい」とのナレーションが流れた。つまり、現代の韓国においても、詩文を作れる者、つまり非技術職の人々のほうが、依然として技術者より尊敬を受けているということだ。

ニーダムの疑問——なぜ中国の科学技術はヨーロッパに負けたのか？

17世紀に入り、ヨーロッパに「17世紀科学革命」が起こり、それを境として、ヨーロッパの科学技術が中国を含め世界の科学技術を圧倒するようになった。19世紀のヨーロッパ帝国主義時代にはヨーロッパ科学の優位はとりもなおさず、白人（ヨーロッパ民族）の優秀性を示す、当然のこととみなされていた。

この見方を突き崩し、ヨーロッパ以外の国々、文化圏の科学技術に目を向けさせるのに、一番貢献したのが、ジョセフ・ニーダム（Joseph Needham, １９００－１９９５）であろう。ニーダムが中国の科学技術に興味を持ち、生涯のプロジェクトとして「中国の科学と文明」を立ち上げ、今まで漢字文化圏以外には知られることがなかった中国の科学技術の歴史を明らかにした。

ニーダムがこのテーマを追求したのは、「中国の科学技術は早い段階で高いレベルに到達していたにもかかわらずどうしてヨーロッパに負けたのか？」という「ニーダムの疑問」を解決するためであった。

中国の文明と科学技術を包括的に記述する、ニーダムプロジェクトは１９４８年に開始された。しかし、開始から60年以上経った今なお完結していない。これほど時間がかかっているのは、広範な原典を渉猟《しょうりょう》しつつ、漢文資料を忠実に英訳しているその誠実な編集姿勢にある。現時点（２０１５年現在）では、英文で27巻出版されているが、いずれの巻も数百ページあり、中には１０００ページ近くの大冊《たいさつ》もある。

この英訳によって初めて中国の過去の科学技術の具体的内容とそのレベルの高さを知った世界の知識人たちは、驚愕《きょうがく》した。『中国の科学と文明』はこの意味で、科学技術だけでなく、中国全般に関する世界の認識を一新したと言える。

残念なことに、日本ではこの膨大な著書の一部しか訳出されていない。思索社が１９７４年（昭和49年）から刊行を開始した『中国の科学と文明』は、序論、思想史、数学、天文、地学、物理学、機械工学、土木工学、航海技術の全11巻で途絶している。同社が倒産したあと、どの出版社も後続の巻を出版する意図はなさそうだ。当分の間（あるいは永久に）、日本語では、英文の原文の2割程度の内容しか読むことができない事態が続きそうである。

ヨーロッパの科学が発達できた4つの理由

数十年にもわたる研究の結果、ニーダムは自分の出した「ニーダムの疑問」に対して、次のような答えにたどりついた。「中国では古来から文字の読める士大夫《したいふ》（教養人）の関心はもっぱら経書（儒学の聖典）や詩文を学び、科挙に合格することに向けられた。それ以外の実用的な学問は、雑学として卑《いや》しめられた。この『文至上主義』が中国の科学の発展を阻害した」と。

つまり、ニーダムは中国の科挙合格を至上のものとする伝統的価値観と社会システムに中国科学の阻害要因を見出したのだった。

中国科学史の大家である藪内清《やぶうちきよし》氏も同様の意見を述べている。私もそうだと思うが、この結論は中国科学が発達しなかった理由の説明にはなっているものの、ヨーロッパ科学が発達した説明にはなっていない。ヨーロッパにしても中国の科学に追いついたあとで、停滞することだってありえたのだから。

この意味で日本人である我々は、ニーダムとは逆の視点からニーダムの疑問のヨーロッパ・バージョン、すなわち、「ヨーロッパの科学はどうして発達できたのか？」の問いに答えを見つける必要がある。

この点に関して、私の到達した結論は次の4点である。

［1］ヨーロッパでは「原理・法則の追求」をするが、中国（および日本）はそうでない

［2］ヨーロッパでは、各国の科学者たちが自由に情報交換するが、中国（および日本）は情報を秘匿する

［3］ヨーロッパでは、科学者たちは2つのグループに分かれて対立する

［4］ヨーロッパには、科学と技術発展との相乗効果があった

［1］ヨーロッパでは「原理・法則の追求」をするが、中国（および日本）はそうでない

この点については、すでに述べたが、関連する事項を述べたい。

科学史に関する大著を編纂したルネ・タトン（René Taton，1915－2004）というフランス人がいる。

フランスのグランゼコールでも最高峰に位置する高等師範学校（École Normale Supérieure）出身で、若いころから科学技術史に興味を持った。彼の主導で、数十人の学者（第1巻では21人、最後の第4巻では56人まで膨れる）を集めて、大規模な科学史の編纂に着手した。タイトルを『科学通史』（Histoire générale des sciences）といい、1957年に第1巻を出版し、1964年に第4巻で完了した。その後、すぐに第1巻と第2巻の内容を増補した第2版を1969年に出版した。総ページ数、3272ページに及ぶ。1996年には、縮刷版4冊本（quadrige）を出版し

たことで、一層この名著が普及し、今では科学史では欠かすことのできない重要文献となった（ただし、邦訳なし）。

この『科学通史』の第2巻（P.353）に、ヨーロッパ人の「原理・法則の追求」を評価する彼らの考えを裏付ける箇所がある。

ゲーリケ（Otto von Guericke）というドイツ人がいた。彼の名前に聞き覚えがなくても「マクデブルクの半球」と言えば思い出す人もいるだろう。マクデブルクの貴族の生まれで、同市の市長をしていた1650年に自分で作った高性能の真空ポンプを使い、銅の半球を2つ重ね、その中を真空にして密着させた。それを両側からそれぞれ8頭の馬で引っ張ったが、離すことができなかった。これによって、人々は初めて、大気圧の存在とその圧力の大きさとを理解したのであった。

この他、ゲーリケは回転する硫黄《いおう》の球を手で摩擦して静電気を発生させる起電器を作って、静電気に関する現象の観察記録を残した。『科学通史』には次のような記述が見える。

残念なことに、ゲーリケは観察したことや、これ以外の静電気現象に関する重要な現象について正確に書き留めてはいたものの、理論をまったく構築しなかった。同じ現象を見ても、ゲーリケは電気に関する基本概念をつかみ得なかったが、五十数年後のグレイとデュフェイは電気の基本概念をつかんだ。

この文でも明らかなように、静電気の詳細な観察記録を残したゲーリケは、静電気の単なる発見者として認められたにすぎない。しかし、後年ゲーリケの観察記録から電気の実体を理論的に解明したグレイとデュフェイは科学史に名を残すことになった。つまり、ヨーロッパ人にとって、科学者とは現象の観察や技術の応用ではなく、原理を発見し、現象を科学的に解明して初めて評価されるということだ。

[2] ヨーロッパでは、各国の科学者たちが自由に情報交換するが、中国（および日本）は情報を秘匿する

ヨーロッパでは、古代ギリシャの時代から自然科学に関する発見や意見が本という形で公開されていた。たとえば、紀元3世紀の哲学者・ディオゲネス・ラエルティオスの『ギリシア哲学者列伝』には、古代の哲学者たちの著書目録が載せられているが、非常に多岐にわたっている。これらの書物がどの程度流通したかは不明であるが、比較的自由に意見を述べ合っていた様子が髣髴とする。

元来、古代ギリシャでは、プラトンのアカデミアやアリストテレスのリュケイオンにおいていろいろな出身地の人間が討論に参加する伝統があった。キリスト教の公開討議（例：ニカイア公会議）に見られるように非常に国際的な雰囲気を持った討論の場が存在した。このような

自由討論の伝統は11世紀以降各地に設立された大学に引き継がれた。

これを可能にしたのが、学者間の「共通語」の存在であった。ざっくり言って、17世紀までの共通語はラテン語であったが、18世紀以降は、徐々に各国語（イタリア語、フランス語、ドイツ語、英語、オランダ語）に取って代わられた。ただ重要なものは、10年程度のタイムラグで複数の言語に翻訳され、知識がすみやかに共有された。このようにして他人のアイデアに刺激されて複数の人が玉突きのように、次々と新しいアイデアを発表した。そうして非常な勢いで知識、技能が増大し、進展していった。

この時、自分の考えを自由に発言することが許されている社会環境が必要である。ここでいう自由とは、次の３点を指す。

- □ **自由な議論が可能なこと。真理以外の権威を認めない。**
- □ **自由な国際的交流、国境を超えた学術支援が行なわれる。**
- □ **学者は社会的身分に関係なく、業績で評価される。**

とりわけ、ヨーロッパで特徴的なのは、２番目の点「自由な国際的交流、国境を超えた学術支援」である。よく知られているように、百科全書の主導

Scala/amanaimages

古代ギリシャでは国際的な討論の場が存在した

プラトンのアカデミアでは、いろいろな出身地の人間が討論に参加するという伝統があった

者であるディドロはロシアの女帝エカテリーナ2世に蔵書を買い上げてもらったが、存命中は自由にその蔵書を使うことを許された。つまり、実質的な資金援助を他国の女帝から受けたわけだ。また、数多くの学者が国境を超えて、他国の大学の教授となって研究をしたり講義をしている。このような自由な公的な学究的サロンの存在がヨーロッパ科学の発達に多大な貢献した。

こういった現象は中国・朝鮮、日本のような東アジアではほとんど見られなかった。伝統の技術に関しては、工法は言うまでもなく、アイデアも秘匿するのが一般的であった。この観点から東西の文明の根幹の社会性に大きな差があることが分かる。ただし、ヨーロッパにおいても工芸技術の分野では、ビジネス的観点から新技術・新工法を秘匿することは珍しいことではなかった。

|3|ヨーロッパでは、科学者たちは2つのグループに分かれて対立する

ヨーロッパの科学者たちはしばしば2つの学説に分かれて熾烈《しれつ》な争いをする。いずれのグループも意地をかけて、自派の有利な証拠を集め、それを基に論理を磨いて相手の説を論駁《ろんばく》しようと血のにじむ努力を重ねる。

一例を挙げると19世紀のフランスの生物学者を代表する、ジョルジュ・キュヴィエ（Georges Cuvier）とエティエンヌ・ジョフロワ・サン＝ティレール（Étienne Geoffroy Saint-Hilaire）とその弟

子たちは、生物の進化について対立した。これは、「キュヴィエ・ジョフロワ論争」とか「アカデミー論争」と呼ばれているが、キュヴィエが関連性の原理を主張したのに対して、ジョフロワは相関の原理を主張した。この「キュヴィエ・ジョフロワ論争」では最終的には、キュヴィエ側の勝利に終わったのであるが、この数カ月にもわたる論争を通してお互いの考えが深められ、理論も精緻《せいち》化された。この論争のおかげで、比較解剖学は大いに発展した。

これ以外に、ヨーロッパでは科学者たちは2つのグループに分かれて対立することがしばしばあった。いくつか例を挙げると、

□ 天動説と地動説の対立
□ 真空——真空は存在しないという説と、真空は存在するという説の対立
□ エーテル——宇宙にはエーテルが充満しているという説と、エーテルは存在しないとする説の対立
□ フロギストン——燃焼とはフロギストンが放出される現象であるという説と、フロギストンを認めないという説の対立
□ 光——「光は波動である」という波動説と「光は粒子である」という光子説の対立
□ コレラ菌——コレラに罹病するのはコレラ菌によるという細菌病原体説と、そうでないとする説の対立

ヨーロッパでは、科学者はこのように互いの論理を競い合った。こういった純学術的な論争はヨーロッパでは可能であったが、東洋（中国および日本）では不可能だったのは上で指摘した「2　情報の自由な流通」の要因が大きく響いている。東洋では情報が公開されないので、政治的な誹謗・中傷合戦は起こり得ても、学術的な論争のしようがないのだ。結局、ヨーロッパでは、2の原因から「3　グループ間の対立」が起こされることで、科学が発展したと言える。

この視点に立つと、キリスト教は科学の進歩に貢献したとも言える。なぜならキリスト教会は一面では科学に無関心でありかつ科学的思考サイクルの価値を認めなかったので科学の発展にマイナスであったのは確かだが、別の一面からいえば、聖職者が聖書をベースに反論することで科学者に対してさらに一層多くの証拠提出や緻密《ちみつ》な理論構築を要求した。そのおかげでヨーロッパでは他の文化圏とは比較にならないほど該当する科学分野（天文学、地球物理学、生物学）が進展した。

2つのグループ間の対立に関して、科学の場合だけでなく、もう少し広く、社会全般を見渡してみよう。

社会を見渡すと2つのグループの対立という現象は、欧米の政治や宗教の世界には多いことに気づく。イギリス・アメリカ・ドイツなどの二大政党や、キリスト教のカトリックとプロテスタントの二大宗派など。あるいは、かつての第二次大戦の時の枢軸国と連合国の対立、資本主義と共産主義の対立など、である。

最近、日本でも欧米にならって二大政党が競い合うような政治体制を作らないといけないと言う人が多いが、私は賛同しない。というのは、ヨーロッパでも地中海世界では2つのグループというより、むしろ多数の小集団の対立のほうが多い。イタリアやギリシャの政界は、2012年の日本のように少数政党が乱立しているのが常態である。アメリカのような二大政党の対立はヨーロッパでもゲルマン系（ドイツ、イギリスなど）に特徴的にみられる。そしてこのゲルマン族の二大グループの対立現象は、何も最近に始まった現象ではなく、大昔から彼らのＤＮＡに刷り込まれているようだ。

たとえば、カエサル（Gaius Iulius Caesar）の『ガリア戦記』（6巻11節）によると、ガリア（今の北フランス）やゲルマンの住民は何かにつけ、すべて2つのグループに分かれて争っていたという。二大グループが対立するというのは、当然のことながら、それぞれのグループを率いるリーダーの統率力が抜群でなければならない。その上、グループの構成員はその強力なリーダーの指導力に全幅の信頼を置き、完全なる忠誠を誓う必要がある。全権を任されたリーダーは内部からの反対や反抗に対して、場合によっては、非情な処断を下すことも辞さない。こういったリーダーと構成員がいて初めて二大グループ、二大政党制というのがうまく機能する。

日本の場合、リーダーにしろ、構成員にしろ、どちらの側にもそこまでの覚悟を持って貫徹する力に欠けている。そのような国民性だからこそ、なまじっかアメリカのマネをして二大政党制を敷こうとすると手痛い目にあうだろう。

―4― ヨーロッパには、科学と技術発展との相乗効果があった

科学史というのは互いの分野が独立しているわけでなく、密接な関連を持っている。端的な例を挙げると、数学と天文学の関連は、紀元2世紀のプトレマイオスの時代から今に至るまでずっと続いている。対数という便利な計算方法を考案したのも、大きな数字の掛け算にうんざりした天文学者たちだった。また近年、考古学に原子核物理の理論が応用されて地層や発掘物の年代測定の精度が飛躍的に向上したのも、地質学者・考古学者が放射性理論を自分たちの学問領域へ適用できるとの直観が働いたおかげであった。

科学は、本来互いに独立して発達してきたが、しだいに関連分野と統合していった。それによって応用数学、物理化学、考古生物学、放射線治療などの新しい科学分野が切り開かれた。近世になって科学は工業と相互作用を引き起こした。

たとえば、化学のベースの知識のほとんどは古代から中世にかけての錬金術師たちの(目的はどうであれ)方法論的には極めて科学的な実証的方法論によって得られたものである。産業的観点から見れば、中世から近世にかけてのヨーロッパの染色は化学工業そのものであった。

熱力学の例で言えば、フランス人、カルノーが熱と動力の関係を理論的観点から定式化したことで、ワットの蒸気機関の効率がさらに向上した。世界中で同じような現象（例：染色、蒸気力）を見ていたにもかかわらず、それをどのようにとらえるかは各文化圏によって大きな違いが出てくる。これは単に科学的好奇心や技術レベルだけで説明することはできない。

技術的観点からヨーロッパの科学の発展を考えた場合、ヨーロッパにあった技術のうち、中国・日本になかった技術が果たした重要性に気づく。たとえば、次のような技術だ。

□ ガラス——レンズ、望遠鏡、顕微鏡、メガネ、カメラ、プリズム、温度計、フラスコ
□ ねじ——螺旋《らせん》ねじ、ウォームギア、マイクロメーター（精密計測器）
□ 電気——電池、発電機、モーター
□ セメント——Pozzolana（ポゾラン）、ローマン・コンクリート、水硬性モルタル

歴史にif（もしも）はないものの、もしこれらの技術がヨーロッパになかったとしたらはたしてヨーロッパの科学はこれほどまでに発展しただろうか？　また、中国には唐以降、数多くのイスラム教徒・アラビア人が来ているが、これらの技術は中国にまともに入っていない。中国人にとっては、これらの技術は役に立たないガラクタだと思われていたのだろうか？

これらの疑問は科学史というより、技術史と深く関連している。つまり科学史はそれだけで

は理解できず、必ず技術史を知る必要があるわけだ。この意味で本書は、科学史と技術史の両方を取り上げている。

エセ科学にも「原理・法則の追求」をしたヨーロッパ

古代からエセ科学と言われるものは世界中至るところに見られた。錬金術、占星術、風水、観相、手相、不老長寿、永久機関など。これらはいずれも現代においては科学的根拠のない詐《さ》術《じゅつ》とみなされている。

しかし、これらエセ科学に対する取り組み姿勢を見ると、東洋とヨーロッパ（イスラムを含む）の差が分かる。一言で言うと、ヨーロッパでは、エセ科学であっても科学的探究心がいかんなく発揮されている。

科学史家の吉田《よしだ》光邦《みつくに》氏の『錬金術』（中公新書）によると、アラブの錬金術師のアル・ラジの方法論は実証的かつ実験的であった。また化学変化に関して、仮説を立てて実験しながら、それを検証していた。つまり、イスラムやヨーロッパの錬金術は目的こそ卑金属から貴金属を作り出すという妄想に駆り立てられていたとはいえ、方法論においては、合理的で科学的と言ってよいだろう。この意味で、上に述べたように、ヨーロッパ人の「原理・法則の追求」の熱意は錬金術のようなエセ科学にもいかんなく発揮されていると言える。

これに反し、中国の錬金術師にはこの科学的・実証的探究心が欠如していた。上述の吉田光邦氏の『錬金術』ではこの間の事情を次のように述べる。

〔中国人は〕結果についてのテストをせず、先験的に決定してしまっていることが、この操作をどんなに複雑に、どんなに熱心にくりかえしていても、現代化学に通ずる道をもたなかった根本的な理由なのだ。

現代化学ならば、作り出されたものについて多くのテストを試み、それがあらゆる金の属性をもっていることが証明されたのちに、金と決定することになる。ところが中国の錬金術では結果はすでに自明の理であり、操作はすでに確定している結果を実際に導き出すための手続きにすぎないとする。それが現代の科学の論理とまったく異なる点なのである。（P.57－58）

中国では、錬金術師がいろいろな操作を行なった後に得られるものは、操作手順さえ間違わなければ金であると頭から決めつけているということだ。

さて、中国の錬金術の主目的は、じつは金儲けのために金を得ることではなく不老不死の薬を作る、つまり錬丹術《れんたんじゅつ》にあった。古くは秦《しん》の始皇帝《しこうてい》、前漢の武帝《ぶてい》から連綿と丹薬を摂取しているが、元来、丹薬はヒ素や水銀など毒性の強い鉱物を含むため、いずれの皇帝も不老どころか中年で「暴卒《ぼうそつ》（早死）」している。清の史家、趙翼《ちょうよく》の『二十二史箚記《にじゅうにしさつき》』（巻19）には、唐の皇帝の多くが不老不死の薬、丹薬を摂取したがいずれも早死したと非難し、古詩として「食を服し、神仙を求むも、多く薬の誤る所となる」（服食求神仙、多為薬所誤）を引用している。実際、唐では6人の皇帝が丹薬によって早死したと述べる。女帝の武則天《ぶそくてん》も丹薬を摂取していたようだが、81歳の長寿を保ったのは、女の体は元々陰性なので、丹薬によって体が火照《ほて》らなかったせいかもしれないとの頼りない仮説を立てている。

私が不思議に思うのは、丹薬によって怒りっぽく（暴怒）なり、早死（暴死）した例がこれほど多くあれば、丹薬は薬ではなく、毒であることが明白なはずだが、中国人はどうもそうだと考えなかったことだ。

一方、日本は中国からいろいろな社会制度や文物を取り入れておきながら、寡聞《かぶん》にして練丹薬が日本で使われた例を知らない。この点において、私は去勢《きょせい》や纏足《てんそく》を取り入れなかったのと同じく、古代日本人の健全な理性を見ることができると考える。

科学的思考サイクルと数量化

科学というのは、普遍性のある事実と論理をベースに組み立てられているので、民族性とは無関係に人類共通に受け入れられるものだと考えられがちである。しかし、過去4000年にわたる世界の科学史を概観してみると、**理系である科学も他の人文社会系と同様、かなり色濃く民族性の影響を受けている**ことが分かる。

本章で述べてきたように、科学はヨーロッパだけにあったのではなく、世界の文明発祥の地にはそれぞれ固有の科学文明が栄えた。むしろ、ヨーロッパの科学は紀元3世紀あたりから1000年近く沈滞していたという事実をしっかりと認識しておかなければならない。ヨーロッパはその後、十字軍やスペインのレコンキスタなどによってイスラム科学を知ることになる。それによってギリシャ科学を新たに認識し、科学に再度情熱を燃やすようになった。その結果、17世紀の科学革命から現代に至るまで圧倒的に世界をリードしている。

一方、東洋（アラブ、インド、中国、朝鮮）では、時代はそれぞれにおいて多少異なるものの、一時期、科学がかなり高いレベルに到達した。しかし、その後、いったん停滞するや、現代に至るまで回復しないでいる。これらの国々とヨーロッパとの違いは一体どこにあるのだろうか？

この差の一番大きな要因として、上で述べたようにヨーロッパ人の「原理・法則の追求」の情熱を挙げたい。これを最も端的に表わしているのが**ギリシャの科学精神**である。それはつきつめれば、次の**科学的思考サイクルを愚直に実行し、妥協することなく「原理・法則を追求する」こと**である。

仮説⇓検証⇓定理・法則

仮説：現象から仮の法則を作ってみる。

検証：実験的検証をする。

定理・法則：確定的事実から定理・法則を作る。

この観点から「中国の科学」を見ると、検証のフェーズがかなり恣意《しい》的であることが分かる。つまり、中国の科学とは、仮説から検証を経ずに一足飛びに定理・法則を打ち立てているところに本質的な欠陥がある。

日本も含め、東洋ではこの科学的思考サイクルは部分的や個人的には認められるものの、残念ながらこれを科学的精神として一般化するところまでは至らなかった。それが、東洋において近代科学が起こらなかった原因の一つであると言える。

ヨーロッパでは17世紀まで科学と技術は、ほぼ無関係に進展してきた。ところが、18世紀になってようやくこの2つが合体、あるいは協同するようになった。最も成功したのが、数学の天文や物理現象への応用であった。自然現象を数学的に解析することによって、それまでは主観的、感覚的にしか把握できなかった事象が客観的、定量的に把握できるようになった。その結果、因果関係を正確に把握でき、科学レベルは大幅に高まった。

『数量化革命』（紀伊國屋書店）という本でアルフレッド・クロスビーは、西洋では1300年の前後100年間に、それまで定性的にしか把握されていなかった、時間、音楽、絵画などが数量化され、認識形態の上で大きな変化が生まれたと述べる。とりわけ商業の拡大と会社の組織的運営の必要上、複式簿記が考案され、普及したことが哲学や政治体制の変遷よりはるかに大きく西洋社会全体に影響を及ぼしたと述べる。

高度な技術で作られた種々の器具によって、近代科学は大いに発展した。このような科学と技術の相互関係（例：数学を工学的課題に応用する）は残念ながら東洋（インド、中国、日本）では見られなかった。

東洋では個別の科学・技術分野を見ればヨーロッパより進んでいたところもあったが、総合力という観点で見れば、かなり劣っていたと言わざるを得ない。

手作業を軽視する文化に科学の発展はない

日本を除く東洋の科学の停滞は、究極のところ手作業や肉体労働を卑しんだ点にその一番の原因があるというのが、私がたどりついた結論だ。手作業というのは職人や技術者の作業だけを指すのではない。医者・生物学者も含め科学者全体の作業を指す。東洋では観念重視・文字重視の立場から、詩文、法律を学ぶことが至高の学問と考えた結果、実証科学より、観念論・

思弁を崇拝する伝統が形成された。

観念論偏重の伝統は、必然的に権威重視の伝統を形成した。具体的には、**イスラム社会においてはイスラム法学、インドにおいてはヴェーダ、中国・朝鮮（それとベトナム）においては朱子学が権威としてこの上なく崇められた。**これらの文化圏においては、権威は絶対であり、権威に疑念を抱くことは許されなかった。権威に挑戦する者は、異端として厳しく弾圧された。結局、権威重視、手作業軽視の社会では、実証主義的な科学精神が萎《な》え、遂には窒息死したのであった。

一方、ヨーロッパの内部も詳細に見てみると、スペイン・ポルトガルおよび南米のブロックと北部および中央ヨーロッパと北米のブロックでは、明らかに科学の発展に差がついている。その理由は東洋で科学が発展しなかったのとまったく同じ理由である。これらの事実から科学の停滞には必ず一定の法則が作用していることが分かる。それは「**手作業を軽視する文化に科学の発展はない**」ということだ。

このように見れば、物質的にははるかに恵まれていたはずのスペイン・ポルトガル（16・17世紀、南米の金銀）、中東（20世紀の石油）、中国（鉄鉱石・石炭）が、資源の乏しい国々（中央・北部ヨーロッパの例としてはオランダ、フランス）に鉱工業だけでなく政治・経済全般にわたって圧倒されたのは、ひとえに手作業の軽視にあったことが分かる。それは同時に科学的思考サイクル（仮説⇒検証⇒定理・法則）を軽視した結果でもあった。**科学的思考サイクルとは健全な科学**

精神に支えられている。それはつまるところ、**健全な懐疑精神と同位相であり、かつリベラルアーツそのものである。**近代社会の根幹を支える柱の一つがこの健全な科学精神であると私は考える。

COLUMN/005

古典の読み方

――3回目でチューリップが満開

ビジネスパーソンの中には古典が苦手だという人もいるだろう。名前だけは知っていても概要すら知らないので興味が湧かないだろう。勇気を奮《ふる》って手に取ってみてもどうも言うことがピンと来ない。この感想は私もよく理解できる。私も学生時代、同様の経験があるからだ。高校で漢文を習っていた時、『荘子《そうじ》』や『史記《しき》』の文には心惹《ひ》かれたが、その他のものに対してあまり興味が湧かなかった。大学に入り、自分の興味から真剣に本を読まないといけないと思ってから漢文の古典と言われるものを初めて読みだした。『論語《ろんご》』や『孫子《そんし》』などは文章が短いこともあり、苦労せずに理解できた。

しかし、初めて『孟子《もうし》』を読んだ時には、絶望的に理解できなかった。まず、何のために議論をしているのかという目的と言おうか、最終の着地地点が一向に分からなかった。その上、難しい単語や史実の引用があり、1ページ読むのが苦痛だった。読んでも読んでも頭にまったく何も残らなかった。それで、数十ページを読んだ段階で、『孟子』はギブアップした。

同様に、後日ドイツ語でプラトンの『対話篇』を初めて読んだ時も同じように感じた。つまり、テーマが分からないのだ。しかし、この時は『孟子』と異なり、ともかく最後まで読み通した。そうすると、分からないながらもぼんやりと全体の「雰囲気」が理解できた。いわゆる、「水に慣れる」という感覚だ。その後、プラトンのいくつかの対話篇は何度か読み返すうちに——喩《たと》えが悪くて恐縮だが——パチンコになぞらえて言うと次のようなことが分かってきた。

古典を読む時は、1回目はパチンコのチューリップがわずかに開きかけるが、当然、玉はチューリップには入らず、すべてこぼれ落ちる。2回目の終わりごろになってチューリップが開く。3回目になってようやくチューリップに玉が入りだして、下から玉がじゃらじゃらと出てくる。こういった感じだ。

古典が書かれた当時と今では社会構造が違うので、一体どういう社会だったのか、分からないし、当時の人の問題意識もまったく分からないから、1回や2回程度の読書では文の意味が理解できない。石の上にも3年というが、古典には少なくとも3回はチャレンジしないとダメなようだ。さて、途中で放り投げた『孟子』だが、3回読み終えるころには、ようやく言うことがはっきりと理解できるようになった。今では孟子の文章を通して孟子の人柄や卓越した弁論のテクニックまでつかめるようになった。

現在の日本では外国語というと英語と考えるのが支配的だ。とりわけ、ビジネスパーソンは昇進や昇格のためにTOEIC英語の勉強漬けになっている。しかし、本当にTOEIC英語は日本人のビジネスパーソンに必要なものなのだろうか？もっと広い視野から「語学は知的刺激だ」ととらえ、英語以外の言語、とりわけほぼ2000年の長きにわたってヨーロッパの知的サークルの共通言語であったギリシャ語とラテン語を日本人ビジネスパーソンが学ぶ必要性を述べる。

第6章

ギリシャ語・ラテン語を学ぶ

——TOEIC英語より多言語の語学を

インテリはインテリにあらず、パラダイムはパラダイムにあらず、ナンバはNambaにあらず

昔、ある高名な経済学者が、「インテリジェンスやインテレクチャルという単語から類推して、インテリというのが智恵を表わす」という発言をしたことがある。もっともらしい意見に聞こえる。しかし、これは残念ながら正しくない。インテリジェンス（intelligence）とは元来ラテン語で inter + lego であり、inter の後ろの語が l で始まるので、r が l に音韻変化して intel となったにすぎない。無理に漢語に直すと「間＋択」とでもなろうか。昼ごはんを「寿司《すし》にするか、蕎麦《そば》にするか」を決めるように、**intelligence とは inter（どちらを）lego（選ぶ）か、という点に智恵と賢明な判断が求められるというのが原義である。**つまり「**インテリ**」**という単語自身には智恵のかけらもない**のである。この経済学者は英語やドイツ語などは学んだであろうが、その大もとのラテン語は学ばなかったので、このような誤解をしたのであった。

ラテン語系統の単語はまだしも、ギリシャ語系統の単語に至っては世間の誤解は一層甚《はなは》だしい（本論で、ギリシャ語とは古典ギリシャ語を指す）。たとえば、パラダイム（paradigm）という単語がある。日本語では、「理論的枠組み、規範」などと訳されているが、どうも人それぞれに理解している意味が異なっているようだ。元来 paradigm は para と deigma から成る。para と

は横、deigma とは deiknyunai（提示する）という動詞の過去分詞である。したがって paradigm とは漢語で表現すると「横＋示＋物」である。つまり**パラダイムとは、我々が習字をする時、お手本を横に見ながら字をなぞるのに使う手本という意味**なのだ。パラダイムとは「手本」という意味だと分かると、今までもやもやしていたパラダイムのいろいろな意味がすっきりと理解できることだろう。

　このパラダイムと並んで、メタ（meta）という単語もなんとなく、分かったようで分からない、どうも落ち着きどころの悪い単語である。たとえば、ＩＴ業界などでは「メタ知識」や「メタスキーマ」という語句を使うが、意味するところが不明瞭だ。**そもそも meta というのは、among, between, after, according to などいくつもの意味を持った副詞、前置詞であり、動詞と結合すると「変化する」という意味を持つ。**アリストテレスの書名で有名となった（と言ってもアリストテレス自身がつけたのではないが）「メタフィジックス」（metaphysics）は日本語では「形而上学《けいじじょうがく》」と訳されて重厚な感じがするが、「形の上」という意味不明瞭な単語である（「形而上」は、『易経《えききょう》』「繋辞《けいじ》上伝」の「形而上者謂之道。形而下者謂之器」が出典）。

　もともと metaphysics とはアリストテレスの著作がばらばらになっていたのを編集した際に、順番として、物理学（physics）関係の書物の後に（meta）集めた、ということから単に「物理学の後の書」（meta + physics）と仮に名付けたにすぎないのが正式名称となってしまった。

　このことから分かるように、「メタ知識」などで使われているような「〇〇を統括した」という意味は、メタの原義をかなり逸脱しているといえる。この間違いは、言うまでもなく、meta のギリシャ語の意味を知らないためにあやふやなまま使っているところに起因する。この意味で、ラテン語のみならずギリシャ語を知らないと英単語の意味もはっきりと理解することは難しいと分かる。

単語だけでなく、綴《つづ》りにおいてもギリシャ語やラテン語を知らないためにとんだ赤恥をかくことがある。

大阪のナンバは誰が入れ知恵したか知らないが、駅名などで Namba と綴られているが、これは大きな間違いだ。推測するに、英語では number や emblem のように b の前の「n」の音が m と表記されるので「ナンバ」もそれにならって「n」の音を「m」で表わしたのであろう。しかし、**この「n」が「m」に置き換わる音韻変化は元来ギリシャ語やラテン語の規則であり、必ずしもヨーロッパ語すべてに適用されているわけではない。**たとえば、英語では有名な歴史学者のトインビー（Toynbee）は n + b と綴るし、ケーキやジュースでおなじみの cranberry も n + b と綴る。また、ドイツ語では anbacken, anpassen など、ドイツ語本来の単語では n + b, n + p はそのままの形を保つ。このことから分かるように、ギリシャ語でもラテン語でもない、ナンバは日本語の発音どおりに素直《すなお》に Nanba と綴るのが正しい（もっとも、ナンバは大昔、ローマ人が建設したというなら話は別であるが）。

9割の日本人には英語は不要

昨今の世の中では英語ばかりが語学であり、英語がうまくならないと人生の成功者になれないとみなす風潮があるが、冷静に状況判断してみよう。

たとえば次のような疑問に自信を持って答えうるであろうか？

□ 日本人には本当に英語が必要か？
□ 必要としたら、どのレベルに達すればよいのだろうか？
□ そのレベルに達するには、どういうことを心掛けないといけないのだろうか？
□ 英語は不要だとしたら、そもそも語学は学ぶ必要がないのだろうか？

本章は、これらの疑問に答えるものである。先に結論を言うと、

□ **英語は1割の日本人に必要だが、もっと高いレベルを目指そう！**
□ **残りの9割の人にとって、語学は「知的刺激」として楽しもう。**
□ **1割の人も9割の人も、ギリシャ語とラテン語を学ぼう。**

「杞憂《きゆう》」という言葉がある。その昔、中国の杞《き》の国で、天が落ちてくるのではないかと不安になり不眠症に罹《かか》った人がいた。起こりもしないことを不安に感じて、現実を台無しにしてしまっていた、という故事に基づく言葉だが、この心配性の人を我々は笑うわけにはいかない。まさに現在の日本人は、「英語の杞憂」に罹っている。

現在の日本では、「英語ができないと、就職できない、昇進できない、失業する」と恐れている人が多いが、まず実態を正しく認識することが必要だ。

あるアンケートによると日常的にビジネスで英語を使うかという問いに対して、年収1500万円クラスでも週に1回以上使うのは2割の人にすぎない。年収が500万円クラスともなると、その割合は1割未満となる。つまり大多数（9割）のビジネスパーソンにとっては英語はまったく必要でない、ということだ。日本で暮らすかぎり、英語ができないとダメだと考えるのはまったくの「杞憂」にすぎないのである。

こう言うと「諸外国では小学校からの英語教育が盛んだ」という反論が聞こえてきそうだ。確かに、日本以外の国々では、ヨーロッパ諸国やアジア・アフリカの新興国は言うに及ばず、隣国の中国や韓国まで熱心に英語を学んでいるが、なぜ日本では英語が不要と言えるのか？それは彼らには英語を一生懸命勉強しないといけないそれなりの理由があるからだ。その理由とは、次の3点である。

理由1：自国語で高等教育ができない。
理由2：英語ができると給料が格段に高くなり、出世も早い。
理由3：国内より高い給料を得るためには外国に出稼ぎに行かざるを得ない。

なぜ、アジアやアフリカの新興国では英語が必要なのか

アジアやアフリカの新興国ではこれら3つの理由がすべて該当する。これらの国々はたいてい多民族国家であり、一国内で複数の言語が使われている。それで旧宗主国の言語を共通語として使うというのが一番無難な選択だ。

たとえば、フィリピンではタガログ語が、インドにおいてはヒンディー語がそれぞれ共通語的な地位にあるが、それでも国民の四分の一程度しか使っていない。それで、どちらの国においても英語が共通語となっている。しかし、それ以上に深刻な理由がある。アフリカやアジア諸国の新興国は歴史的に教育が旧宗主国のヨーロッパ語で行なわれてきたため、近代社会で必要とされる種々の概念や科学技術用語を母国語に翻訳するという歴史的プロセスがなかった。そのため、現在でもやむを得ず旧宗主国のヨーロッパ言語（あるいは英語）を、それも小学校の教育から使わざるを得ない。母国語とはあくまでも狭い地域社会の日常生活で通用する言葉でしかないのだ。そのため、少しでもまともな職業に就《つ》こうとすると必ず英語か旧宗主国の言

語のどれかをマスターすることが必須となる。

ヨーロッパ諸国でも英語が必要な理由――壁崩壊後のドイツでは

ヨーロッパ各国では、特に最近のEUの拡大で英語の需要が高まったため、理由2、3が該当する。一例としてドイツの変化を見てみよう。

私は1977年、ドイツに留学したが、当時のドイツの大学生の英語レベル（それもミュンヘン大学のような一流大学の学生）は日本とたいして変わらないくらいの低さであった。今から考えると信じられないかもしれないが、実際ミュンヘン大学で（日本でいう）教養課程の英語授業に出席してそのレベルの低さ（つまり日本の大学教養課程並）に驚いた経験がある。その時初めて「ドイツ人でも英語の学習にはこれほどまで苦労するのだ！」との光景を目のあたりにした。当時のドイツは、現在の日本のように英語ができなくとも、経済的にデメリットを蒙《こうむ》ることがなかった。現在もそうであるが、当時のヨーロッパ経済におけるドイツの強さは群を抜いていた。地続きということもあって、ヨーロッパ諸国の多くの若者は英語よりドイツ語を学んでドイツへ移住あるいは出稼ぎに行きたがっていた。そのため、ドイツ人はヨーロッパ圏内にいる限り、他の言語を学ぶ必要性を強く感じることはなかったのである。

しかし、1989年のベルリンの壁の崩壊以降、EUが拡大し、その上アメリカのIT業界やメディア業界の圧倒的な強さなどで、英語を学ぶことがＥＵ圏内で就職するのに有利であるというように、経済的なメリットを伴うようになった。その結果、ドイツ人学生の英語力が急速にアップした。ドイツのような大国でさえ英語ができると経済的にメリットを得る状況になったのだ。ましてやＥＵの他の多くの小国において、英語ができることのメリットは言うまでもない。

中国と韓国の英語事情

隣国の中国と韓国を見てみよう。

中国は理由2が該当する。それ以外に、中国には特殊事情がある。それは、多少茶化して言えば、共産党政権崩壊を見越して、共産党幹部はじめ、富豪たちは資金を海外へ移して、いつでも国外脱出できるように準備している。そのために子どもたちが欧米の大学へ留学し、卒業後、欧米のどこかで就職するのが一番てっとり早い。子どもたちが留学できるよう、英語を真剣に学ばせているという次第。国外脱出できなければ、遅かれ早かれ、不正蓄財、権力闘争、住民の反乱で、投獄や死刑が待っている彼らにとって、子どもの留学は文字どおり、命がけの重要課題であると言っても、決して過言ではない。

韓国は理由2が該当する他に、理由1が該当する。というのは、韓国語（朝鮮語）の単語の

7割から8割は本来的に漢字のフレーズである。元来は漢字であるため、ハングル表記では同音異義語が多すぎて意味が取れない。つまり、単語の意味は完全にコンテクスト依存となっているのだ。高度な内容の文章では、読み手の語彙《ごい》不足から文意が取れない事態が頻発していると言われている。したがって高等教育においては、ハングルだらけの本では内容が理解できず、漢字の文章（中国語や日本語）あるいは英語の専門書を読めることが必須となるというわけだ。

日本に置き換えて、すべてひらがなの専門書を読んで意味が分かるか？　と自問してみるとよいだろう。たとえば、韓国語では「素数」と「小数」がまったく同じ発音と綴りである。これではたして数学が理解できるであろうか？　また韓国の新幹線であるＫＴＸの路線施工にミスが発生したが、これは設計書指定の「防水」を「放水」「防守」「防銹」「傍受」のどれか分からずに、「防水」とはまったく逆の意味に解釈して「吸水」の材料を使ったため、凍結膨張、破壊という惨事に至ったという報道があった。

むしろ問題は英語達成レベルの低さ——英語だけやっても英語は伸びない

このように諸外国の事情と比べてみると、日本はこれら3つの理由がいずれも該当しないことが分かる。つまり日本で生活する限りにおいては上で述べたように英語をマスターする必然性が存在しない、極めて特殊な国情が日本にはある（これはちょうど、ベルリンの壁崩壊前のドイツの事情に酷似している）。

確かに日本でも給料が高い人には英語の必要度が高いが、これは必ずしも因果関係ではない。この点が他国との根本的な差である。つまり、英語ができたから給料が高くなったのではなく、仕事の能力を認められて高い給料を得るポジションに就いたために英語の仕事も増えてきた、というにすぎない。つまり、英語はできなくても、昇進はできるし、本人は苦労するかもしれないが、昇進してから英語をしてもよいわけだ。

結局、英語をしっかり勉強しても報われることが少ないにもかかわらず強制的に学ばされるために、強いモチベーションを持つことができず、いくら経っても英語は上達しないのだ。残念ながら、現在、英語資格を昇進の条件にする会社が増えてきている。

しかし、**根本的に間違っているのは、英語の到達レベル設定がグローバル基準から考えて極めて不当に低く設定されていることだ。** 9割の日本人にとって英語は必要でないにもかかわらず、学ぶ意欲を少しでも高めようとしてTOEICの730点レベルに対して「よくやった」というような言い方をしている。TOEICの730点はTOEFLでは80点にすぎない。私は若い頃アメリカのカーネギーメロン大学の大学院に留学した。その時、ペーパーのTOEFLで600点（現在のiBTでいうと100点）近くあったが、それでも初めの1年間はかなり苦労した。その後2005年から3年間、神戸に開校されたカーネギーメロン大学日本校のプログラムディレクター（兼教授）を務めた。この日本校では授業はすべて英語で行なわれたが、授業風景を実際に見ているとiBT・TOEFLで100点（TOEIC900点）の学生でも正直なところ、かなり四苦八苦していた。

次いで2008年から2012年まで京都大学で英語の授業を合計4コマ受け持った。そのクラスはKUINEPといい、本来は交換留学生向けの授業であるが、席に余裕がある限り日本人の学生（京大生）も受講することができた。東日本大震災の影響で、2011年の前期こそは少なかったものの平均して留学生が40人、京大生が30人程度のクラスであった。クラスの中ではディスカッションやプレゼンテーション、そして最後に英語でのテストを課したが、留学生のレベルは京大生をはるかに凌《しの》いでいた。留学生の大半は（推定ではあるが）TOEFLの点数は100点を優に超えていただけでなく、議論の運び方においても京大生とは比較にならないくらい優れていた（ただし、一部の京大生は互角かそれ以上に優秀であったが、各クラスともその人数は残念ながら片手にも満たなかった）。

こういった経験から、冷酷な言い方に聞こえることを承知で言えば、**TOEICで900点（TOEFL100点）以下はグローバル基準から言えば、一括して「未熟英語」、つまり箸《はし》にも棒にもかからない低レベルとみなされる。**こういった冷厳な現実を直視せず、少しでも点が上がれば「よく努力したね！」と誉《ほ》める風潮が結果的に日本全土に「ガラパゴス的」に虚《むな》しく英語熱を煽《あお》っているのだ。名指しは控えるが、この扇動に加担している面々には猛省を促《うなが》したい。「中途半端な英語力しかない人間を増産して、一体どうしようというのだ?」と。

9割の日本人には英語が必然ではないが、残りの1割は、上で述べたようにグローバル基準に照らして恥ずかしくないくらいのハイレベルの英語を習得する必要がある。そのためには英語だけ勉強していてはダメだ。なぜなら「**英語だけ勉強していても英語は伸びない**」からだ。また、英語を必要としない大多数の日本人にとっては、結局、仕事上、あるいは社会生活上、特に英語は必要としないのだから、もっと広い視点から語学というものをとらえてほしい。二者ともに、有効な方法は偶然ながらまったく同じである。以下にそれを説明しよう。

1割も9割も多言語へ乗り出そう

多言語といっても、私の知っている範囲なので、ヨーロッパ語に限って話を進める。以前は、多くの大学では第二外国語は必修であったが、最近では選択科目になった。そのため英語以外の言語を学ぶ人がずいぶんと減少した。学生時代に英語以外の語学に触れる機会が減少し、その結果、社会人になるとますます英語以外の言語に興味を示さない人が大多数であろう。

このような状況で、なぜ英語以外の言語の学習を勧めるのか? 理由は3つある。

1 複数の文化的なリファレンスポイント（基準となる視点）を持つため

―2―日本語を考えるきっかけとなるため

―3―語学は知的刺激だ

これらについて以下説明する。

―1―複数の文化的なリファレンスポイントを持つため

現在の世界情勢で、英語一辺倒の弊害は言語面だけでなく社会面・制度面・思想面などに及ぶ。**あらゆる分野において日本では情報源や比較の対象が英米に偏《かたよ》りがちになっている。これは非常に危険なことである。**

かつての湾岸戦争、イラン空爆、旧ユーゴ紛争においてアメリカの政策に対してヨーロッパ諸国の中にはフランスやドイツのように賛同しなかった国々もあった。これらのケースは、多極的な意見を聞き、自分で問題の本質を考えることの重要性を示す格好の歴史的サンプルである。

グローバル時代に対処するには、リファレンスポイントを複数持つことが重要である。そのためには、英米以外の国の文化や動向に関心を持つことが勧められるが、その一つの手段が言語である。言語というのは単なるコミュニケーション手段以上に、語彙、文体などを通して文化のコアを大きく反映しているものである。この意味で、英語以外の語学に興味を持つことを勧めたい。

言語を学ぶと、自然とその言語を生んだ文化そのものに興味が湧いてくる。この意味で英語以外の言語を学ぶことでスムーズに複数の文化的なリファレンスポイントに触れることになる。とりわけ、以下に説明するようにヨーロッパ語の中核であるギリシャ語とラテン語を学ぶことでヨーロッパ文化全体を俯瞰《ふかん》することができる。

|2| 日本語を考えるきっかけとなるため

私事になって恐縮だが、私は英語や、かつてはドイツ語がかなりできたので、私的な社内会議などで何度も通訳をした経験がある。その時いつも痛切に感じていたのが、たいていの日本人の話はそのまま通訳したらとてもまともな英文（やドイツ文）にならないことだった。いったん最後まで話を聞いて、話を再構築しないといけない。起承転結など、話の構造が不完全すぎるのである。

ある時、アメリカ人との商談で先方が用意した専門の通訳がいたが、彼女は日本人の言う言葉を完全に逐語訳《ちくごやく》していた。アメリカ人は初めは我慢して聞いていたが途中からとてもイライラしだしたので、その通訳を雇《やと》っている会社に断わって、私が私の流儀で通訳をしてようやく商談がスムーズに進行した。

日本語の環境でしか生活した経験がない日本人にとって、日本語が通じないという経験がないために、自分の話す日本語がとりたてて悪いとは思ったことがないであろう。それで、外国人相手でもいつもの流儀で話すのだが、自分の話し方のどこが悪いか分からない。自分の話す日本語を録音して、客観的に評価してみてはいかがだろうか？　きっと英語が話せない原因はなにも英語力の不足だけでないことに気づくだろう。

たとえば、第2回原子力安全基準・指針専門部会速記録（２００６年5月19日）には次のような文がある。(http://www.nsr.go.jp/archive/nsc/senmon/soki/genkishi/genkishi_so002.pdf)

「あともう一つは、ではその想定に対してそこから先がゼロではないでしょうということについてもご議論をいただいておって、そこは『残余のリスク』という考え方でまとめてございますけれども、その基準地震動の想定をちょっとでも超えたからといって急に全部漏れてしまうということはあり得ないのであって、ではそれは定量的に幾らになりますかと、幾らだったら安全というか、許可をおろす際の判断基準としてあるのでしょうかという、幾つだったらいいのでしょうかという議論も何回もやっていただきましたけれども、それは地震に限らず、施設全体の工学的施設が原子炉施設でございますけれども、それがどのような挙動を示すのかということについて、地震に限らず、また内的事象についての知見といいますか、そういったもののまだすべてが確率論的に判断できるだけの域には達していないので、今までどおり決定論的にといいますか、多重防護の考え方をもとにして決定論的に考えていって、とりあえず想定はしっかりやると、その想定の範囲では漏れ出すというようなことがないような設計をしっかり押さえると、それからそれを上回るものについてはさらにそのリスクが小さくなるように努力をするというところでとどまっているというのが事務局の理解でございます」

どうだろうか、この文を聞いてそのまま英語に訳したらどういう事態が生じるか、想像するだけでも鳥肌が立たないだろうか？

日本語を考える場合、日本語と英語という2つの言語だけの狭い範囲ではなく、もっと多くの言語全体を視野に入れて、そもそも言語の機能とは一体何なのかについて多面的に考えるべきである。**自分の話す、書く、日本語を意識的にチェックすることは、日本国内はいうまでもなく、グローバルな社会で言語生活をする上で重要なことであるのだ。**

3　語学は知的刺激だ

「語学＝英語」「TOEIC英語」など実利に囚《とら》われ、TOEICのスコアを伸ばすのに四苦八苦しているビジネスパーソンにはぴんとこないかもしれないが、**本来的に語学は苦しくもなんともないのだ。語学が苦しいというのは、語学そのものではなく「語学テスト」に苦しめられているからに他ならない。**「語学テスト」では、単語、文法、作文、ヒアリング、どの方面においても少しでも間違えると、×点（ばってん）がつく。興味も湧かないのに細かい規則をいちいち覚えないといけない。このようなテスト恐怖症が「語学＝苦痛」をもたらしている元凶なのだ。

「語学は苦しくない」と言うと「そんなバカな！　夢みたいな！」と思われるかもしれないの

で語学以外の世界を例にとって説明しよう。

趣味で野球をしている人がいる。その人は必ずしもプロ野球のレベルのプレーはできない。しかし、エラーをしながらでも草野球を充分楽しんでいる。楽器だってカラオケだってそうだ。プロの演奏家のように演奏できず、音程をはずそうとミスをしようと、一向気にすることなく時間を忘れて楽しんでいるではないか。

私の提案は、**多言語**（**第二外国語、第三、あるいは第四**）**を「草野球を楽しむ」ような流儀で取り組もう**、というものである。草野球ではエラーもよし、多少のルール違反も認める、厳しい特訓はしない。

「草野球式語学学習」では、従来のような実用・実利を目的とした方法論とはすっぱりと縁を切ろう。文法テストも単語テストもない。文章を読んで、理解度もチェックされない。すべての嫌な束縛から解放されているのだから、**知的刺激を増進することだけに注意を向ければよい**。この観点から私は多言語のなかでも敢《あ》えて、利用価値がないと考えられている「死語」、つまり**ギリシャ語やラテン語といったヨーロッパの古典語**を学ぶことを勧めたい。その理由はこれらの古典語を学ぶことでヨーロッパ語全体の見通しが非常にクリアーになるからである。その結果、意図する／しないにかかわらず、必ず英語だけでなくヨーロッパの諸言語に対する理解度が格段にアップする。

さあ、多言語という未知の海に乗り出してみようではないか！

ギリシャ語、ラテン語は日本人にこそ必要

ヨーロッパ語には、フランス語、イタリア語、ドイツ語、スペイン語、ロシア語、オランダ語などいくつもあるが、私は古典語と言われているギリシャ語とラテン語を勧める。

こう言うと、「なんだ、それなら初めから、多言語を学ぼうと言わずに、ギリシャ語とラテン語を学びましょう、と言えばいいではないか」と思われることだろう。しかしギリシャ語とラテン語を勧める理由は、他の言語と事情が少し異なる。**この2つをしっかり学ぶことで、英語も含めヨーロッパの多くの言語の習得に必然的につながっていくのである。**

スポーツで喩《たと》えると、2つの古典語（ギリシャ語、ラテン語）はランニングや筋力トレーニングで基礎体力をつけるようなものである。基礎体力がついていると、あとはどのスポーツをしてもある程度の高いレベルから始めることができる。それと同じようにギリシャ語とラテン語はヨーロッパ語の基礎体力づくりに匹敵する。

ところが、欧米でも現在、ギリシャ語とラテン語の重要性は落ちている。欧米の学生たちは実用に役立たないこれらの死語を学ばず、近代言語を学んでいる。欧米の学生ですら学ばなくなった言語をどうして日本人に勧めるのか？

この疑問はもっともだ。しかし、私は自《みずか》らの体験から日本人に必要だと確信しているので

勧めているのだが、その理由を説明する前に次の漢字を見てほしい。

【例1】魑魅魍魎

【例2】鴛鴦鵠鷖烏鴻鴇鴐鵝鶂鷿鶮雞鸕鷞

【例3】車馬雷駭、轟轟闐闐

【例4】嵬嶷嶢屼、潰渱泮汗、磈磈巍巍、滮滮汧汧

例1の魑魅魍魎《ちみもうりょう》を除いては、見たこともない漢字が多く並んでいることであろう。しかし、眺《なが》めているとこれらの字面から何とも怪《あや》しげな気配が立ち昇ってくるのを感じないであろうか？

例2はいろいろな種類の鳥がうごめいているようであり、例3は馬車がガラガラと大きな音（轟轟闐闐《ごうごうてんてん》）を立てながら通り過ぎていくようであり、例4はごつごつとした岩の絶壁とその下を奔流《ほんりゅう》が渦《うず》を巻きながら荒々しく流れていく様子が目に浮かぶことであろう（出典はいずれも『文選《もんぜん》』）。

今まで一度も見たことがない漢字であるにもかかわらず、どうしてこのような怪しげな感覚が湧いてくるのであろうか？　それは我々日本人にとっては、漢字は子どもの時から何十年と付き合っているので、正確な意味は分からなくとも肌感覚で分かるからである。ところが、

(私の勝手な憶測にすぎないが)漢字をあまり知らない外国人にとっては、これらの漢字から立ち昇る怪しげな感覚は理解し難いのではないだろうか。しかし、外国人でも日本人のような境地に至るのは不可能ではない。当初は一つ一つの漢字を部首と旁《つくり》に分析し、理屈で覚えていくしかないが、そのうち数多くの漢字に接するにつれ、漢字の形・意味・音との間に存在する法則が知らず知らずのうちに体得でき、肌感覚的に漢字の持つ雰囲気を得ることができるようになる。

これとまったく同じことが我々の英語(だけにとどまらずヨーロッパ語一般)の単語を理解する時に言える。大部分の日本人にとっては英語は習得言語であるので、**英単語に対する肌感覚が欠落している**。その根本原因は、何といっても**語彙の絶対量**が足りないからだ。さらには、**単語を意識的に分析して理解**した経験がないからだ。それで、ヨーロッパ語共通の語彙であるギリシャ語やラテン語語源の難しい英単語を聞くと、「まるで意味が分からない! 難しい!」と頭を抱えてしまうことになる。一方、子どものころからヨーロッパ言語の環境で育っている人にとっては、初めて聞くような難しい単語の正確な意味は分からなくとも、その字面(あるいは発音)から立ち昇ってくる気配を肌感覚で理解することができる。

世の中には英語帝国主義(英語が世界のドミナントな言語であり、英語のネイティブだけが得をすること)に対して感情的に反発する人がいる。しかし英語非ネイティブで英語の上手な人の英語の使い方を観察していると、英語帝国主義の非難が的を射ていないことが分かる。**上手な人**

に共通しているのは、英語というより、ヨーロッパ語全体に共通の語彙を有効に活用していることだ。このことから我々が英語や他のヨーロッパ言語の語彙を増やそうと思えば、この根源の部分の肌感覚を「意識的に」強化する必要があるということが分かる。西洋人や子どものころからヨーロッパ語の教育を受けた人は膨大な単語シャワーを浴びているので取り立ててギリシャ語やラテン語を学ぶ必然性はない。必要となった時に訓練しても遅くはない。しかし、大多数の日本人は膨大な単語シャワーを浴びていないので、強制的に浴びる必要があるのだ。

ギリシャ語やラテン語を学ぶことで元の意味が明確に分かるようになると、今までまったく歯が立たなかった big words（難解語）も難なく理解することができる。それ以上にありがたいのは、そういった難しい単語を一度か二度目にするだけで、いたって簡単に記憶することができることだ。ギリシャ語やラテン語を学ぶと、根源的な意味が理解できるので、まるで指が粘土の塊《かたまり》にぐっと食い込むように、big words の綴りと意味を、がっしりとつかむことができる。つまり難しい単語といえどもかなり容易に記憶に長くとどめることができるのだ。

ギリシャ語とラテン語を通してヨーロッパ文化のコアを知る

英語を必要とする1割の日本人には単に「英語ができる・ぺらぺらとしゃべれる」よりも、もっと根源的に重要なことがある。それは同時に英語を必要としない9割の日本人にとっても重要なことである。**グローバルスタンダードの根幹をなしている「ヨーロッパ的思考の根源」を理解することである。**

現在のグローバル社会では、好むと好まざるとにかかわらずどの国も閉じていることは不可能である。最近のTPP交渉のように、日本の国政を決める時にも否応なくグローバル視点に立った対応が求められる。言うまでもなく、現代社会におけるグローバル的視点とはヨーロッパ文明の根幹をなす、民主主義、法の支配、人権、思想・表現の自由などにベースを置く。それらは、18世紀の市民革命を経て現代にもたらされたものであるが、**元はといえば、紀元前のギリシャのポリス国家やローマ共和政に淵源がある。この意味で、ギリシャ語やラテン語を直接読むことができる、というのは「肌感覚」で民主主義や法の支配などのヨーロッパの根幹思想を知ることができることにつながる。**

多言語の中でも特にギリシャ語とラテン語を勧めるのはこれら古典語の学習を通してヨーロッパ文化の根源に直接触れることができるからである。それはあたかも、観光地のことを人づてで聞くのと、自分で現地に行って直《じか》に見るほどの大きな差がある。原語で読んでいると、古代人が直接自分に語りかけてくれているような錯覚を覚える。プラトンの『対話篇』のソクラテスがそうであり、トゥキディデースの『戦史』やリウィウスの『ローマ建国史』における演説はまさに迫真の臨場感をもって耳に響く。

それ以外、ギリシャ語では、ヘロドトス、アリストテレス、プルタークなどの文人や学者が挙げられる。ラテン文学では黄金期・白銀期と言われる、紀元前1世紀から紀元3世紀までの文人、カエサル、キケロ、セネカ、タキトゥス、プリニウスなど、いずれもその後ヨーロッパ2000年の文化・文芸の礎《いしずえ》を築いた人たちの生の言葉から英米という狭い範囲ではなく、広く西欧世界の多面的な視点（リファレンスポイント）を得ることができる。

ヨーロッパにおいても、19世紀の末ともなるとギリシャ語やラテン語のような古典語の学習不要論も出てきた。しかしながら、イギリスの社会思想家のジョン・スチュアート・ミルはぜひともこれらの古典語は学ぶ必要があると主張する。彼は、古典語を学ぶ一番のメリットとしてヨーロッパ文化のコアである古代の「時代精神」を学ぶことができるという。古典語で書かれた文学作品や歴史を直接読むことで本当の「時代精神」が分かるという。それだけでなく、古典語は知的刺激でもあるからぜひとも学ぶべし、と次のように勧める。

単なる一言語としてみても、その規則的かつ複雑な構造のゆえに、ギリシャ語とラテン語ほど知性の訓練にとって価値ある言語は近代ヨーロッパ言語には見当りません。（中略）古典語はすべての現代語と比べても、否、死語であろうと現用言語であろうと、一般的研究に値する文献をもつ他のすべての言語に比べてみても、比類のない卓越性をもっているといえるでしょう。（『大学教育について』P.43、P.45、J．S．ミル著、竹内一誠訳、岩波文庫）

私はミルのこの意見に賛成するが、日本人の立場から、その学び方や到達目標はヨーロッパ人のものをそっくり真似するのではなく、日本人向けにアレンジする必要はあると考える。

草野球式語学習得法

ギリシャ語やラテン語の学習が西洋において学生から嫌われているのは、細かい文法規則や綴りを完璧に覚えないといけないからだ。独特な風格を持つ英語辞書を独力で作り上げたサミュエル・ジョンソンは完璧なラテン語の知識を誇っていたが、幼いころにラテン語を習った時のことを次のように回想している。

ジョンソンはラテン語にかけては当代これに優る者は無いと思われるが、或る日ラングトン氏の、どうしてそんなに正確なラテン語の知識を獲たかという質問に答えて云った、「わしの先生はわしのことを善く笞《むち》打ってくれた。ああしてくれなかったらわしは何事もようしなかったろう。」（『サミュエル・ジョンソン伝』上・P.25、ボズウェル著、神吉三郎訳、岩波文庫）

鞭《むち》打ってでも強引に厳密な文法規則を叩き込むのが、欧米における伝統的な古典語の授業であった。そういった授業は死ぬほど嫌われていたことはたやすく想像できる。欧米における古典語の学習には（推測であるが）今なおこの雰囲気は濃厚に残っているであろう。欧米だけでなく日本においても、この流儀が定着している。ギリシャ語やラテン語をはじめ、多言語を学ぶ時、このような伝統的な方法、つまり文法や綴りを完璧に覚えるような学習方法はダメだと私は考える。完璧を強《し》いる伝統的な方法は野球で喩えてみれば「プロ野球選手を育成する」ための特訓である。語学でいうとプロのレベルとは通訳や翻訳家を指す。また現在、日本の中学・高校での英語学習は受験で高得点を取るための特殊訓練と言える。さらに言えば、社会人が目の色を変えて取り組んでいるＴＯＥＩＣの英語勉強も同じ範疇《はんちゅう》に属す。

先に述べたように、私の提案は、「草野球を楽しむ」ような流儀でギリシャ語やラテン語に取り組もう、というものである。文法や綴りを正確に覚えることを強制しない。外国語というのは、気楽な気分で学ぶと長続きするし、知らず知らずのうちに上達する。誰もが語学のプロを目指しているわけではないのであるから、多少の間違いは許容する草野球レベルで充分である。というのも、最近のコンピュータのハード、ソフトの両方の発達のおかげで、草野球レベルの文法知識、語彙でもギリシャ語やラテン語の原文はすいすいと読むことができる。

私の経験から断言できるのだが、コンピュータやＩＴの発達がギリシャ語やラテン語の学習方法を革新的に変えた。パソコンがない時代のギリシャ語、ラテン語の独習の際に必ず躓《つまず》くのが、文中に出てくる単語を（紙の）辞書で調べられない、あるいは、調べるのに時間がかかることであった。その理由は、文中に出てくるのが変化形であり、辞書は原形で引かないといけないからだ。たとえば、日本語で言うと、「KITA, 来た」という形では辞書に載っていない。必ず「KURU, 来る」という原形で辞書を引かないといけない。我々日本人には、このことは当たり前でも、日本語を学び始めた外国人にとっては難関であろう。つまり不規則変化の動詞を辞書で調べようとすると、既習者の知識を借りないといけないが、独習者にはそれができない。そうすると文法書をひっくりかえして調べないといけないので時間がかかる。再三、このような状況に遭遇すると学習意欲が萎《な》えてくるのがギリシャ語やラテン語のDeath Valley（死の谷）であった。このことを経験的に知っていたので、かつての欧米での古典語の学習は厳しすぎるほど、徹底的に単語（名詞、動詞）の変化形を丸暗記させたのであった。変化形をすらすら言えるようになって初めて、文章を読んで分からない単語が出てきても辞書を引き意味を知ることができた。丸暗記の強制は実にありがたき「慈悲の鞭」であったわけだ。

しかし、現在では幸運なことにパソコン用のギリシャ語やラテン語の電子辞書がこの問題を解決してくれる。さらにｉＰｏｄなどの電子機器を用いて、単語を録音すれば、すきま時間を使って「**草野球レベル**」**のギリシャ語、ラテン語を習得することはたいして困難ではない**。これは何も観念的に言っているのではなく、次節で述べるように私自身が実際に体験した。苦行を強いるギリシャ語、ラテン語の因襲的な学習方法とはおさらばして、**21世紀的にＩＴや電子機器を駆使して楽しく草野球式の多言語習得を目指してほしい**。

COLUMN/006

現在の欧米における古典ギリシャ語・ラテン語事情

——古典語離れはヨーロッパも同じ？

本書では、古典ギリシャ語やラテン語を学ぼうと勧めているが、本場の欧米では現在、これらの古典語はどのように評価されているのだろうか？

アメリカ人は外国語に対して全般的に興味が低いので、古典語などにはほとんど関心がない。

ヨーロッパ人に聞くと、さすがにまだラテン語は高校あたりで数年間学ぶ人がいたが、たいていの場合、日本人の漢文同様、「やらされ感」が強く、興味が持てなかったという人が大半であった。

ギリシャ語はラテン語に比べると、かなり敷居が高いようである。一度、ドイツのケルンとフランクフルトの両都市で、日本でいうとジュンク堂や八重洲ブックセンターのような大型書店に入った。古典語のコーナーを見ると、ラテン語の辞書は曲がりなりにも何冊かまともな部類が置いてあったが、ギリシャ語の辞書はポケット辞書の類《たぐい》が何冊か申し訳程度に置いてあるだけだった。

また、西洋のいろいろな本に載せられている単語や文献の名前を見ていると、ざっくり言って、1960年代まではギリシャ語の単語や文献はギリシャ文字で書かれている。

たとえば、科学史に関する金字塔的存在の René Taton の本、"Histoire générale des sciences"（全4冊）は1950年代から1960年代にかけて書かれたが、ギリシャ語の単語はほとんどの場合ギリシャ文字で書かれている。辞書も同様だ。しかるに、1977年発行のフランス語の辞書、Petit Robert はギリシャ語がローマ字で書かれている。その原因は、1960年以降ギリシャ語が高校（lycee）で選択になったので、ギリシャ文字が読めないフランス知識人が増えてきたためだと思われる。

次にラテン語について話そう。

何度かヨーロッパ旅行中に経験したことだが、教会の中に入ると、石造の墓が置いてあったり、床にレリーフの墓が彫られていることがある。それらに書かれている文字を見ると、イギリスでは1600年以前はだいたいラテン語で書かれているが、それ以降は英語で書かれているケースが大半だ。ところが、イタリアでは1900年まではラテン語で書かれている。これを見て、イタリア人とイギリス人のラテン語に対する愛着の歴然たる差を感じた。

ヨーロッパ人にとってラテン語がギリシャ語よりはるかに親しみがある理由としては、一つにはラテン語がキリスト教会の公用語ということが挙げられるが、もう一つは、ラテン語が19世紀までヨーロッパ各国の博士論文の言語であったことが関係している。

これは、ちょうど中国、朝鮮（李朝、大韓帝国）および日本における漢文の役割に相当する。その意味で、ヨーロッパ諸国においてラテン語の習得を止めるということは、日本で言うと漢文教育の廃止と同じくらいのネガティブなインパクトを持っていると私には思える。

3カ月でラテン語を、次の3カ月でギリシャ語を習得する

ここまでで、ギリシャ語とラテン語の学習が必要だと分かったとしても実際にどのようにして習得すればよいのか、分からないだろう。

私の実体験をベースに説明しよう。

｜1｜達成目標を決めよう

【目標】3カ月で、ラテン語でカエサルの『ガリア戦記』が読めること。次の3カ月で、ギリシャ語でプラトンの『プロタゴラス』が読めること。

古典ヨーロッパ語といわれるギリシャ語とラテン語は互いに密接な関係にある。それはあたかも日本の古典文学を学習する時に、古文と漢文の両方が読めないといけない状況と似ている。ラテン語にはギリシャ語から数多くの借用語がある。単語だけでなく概念もかなり取り入れている。また詩の音韻やリズムなどの理論面もラテン文学はギリシャ文学に非常に多く負っている。したがって、ラテン語だけで済ましたいと思っていても、必ずやギリシャ語にも足を踏み入れざるを得なくなる。この意味で本書ではギリシャ語とラテン語のどちらか一方ではなく、2つとも学ぶことを勧めているのである。

しかし、2つの言語を学習するからといって時間が2倍かかるわけではない。かつて福沢諭吉が横浜でオランダ語がまるっきり通用しなかったことに奮起して翌日から早速英語を学んだが、短期間で習得できたように、ラテン語を数カ月学んで古典語とはどういうものかを理解すると、ギリシャ語はかなり楽に学ぶことができる。

ただ、ギリシャ語のほうが、見慣れない単語が多い上に、覚えることが多いので時間が少し長くかかるにすぎない。

ここでは、一応の達成目標として『ガリア戦記』と『プロタゴラス』を挙げたが、この二書は文章が易しく、初心者でもあまり苦労なく読める。当然、読者の興味に応じて別の本を選ぶことにはまったく問題ない。その時『ギリシア・ローマ古典文学案内』（高津《こうづ》春繁《はるしげ》・斎藤忍随著、岩波文庫）が参考となろう。

まずはラテン語を3カ月で習得することを目指そう。

2 準備——本代10万円を確保する

何はともあれ、最初に本代として10万円は確保しよう。文法書や辞書などの購入にはお金が要る。教材購入のつど、金の心配をしないで済むようにお金はある程度前もって確保しておくことは精神衛生によい。10万円がもったいないと思うようであれば、まだラテン語を学びたいという意欲が自分の中で熟していない時だ。そのような時に始めたとしても、長続きしないものだ。

おすすめできる辞書をリストにして巻末に掲載する（【辞書リスト1、2】）。

―3― 古典語攻略のポイント

文法書と辞書を一通り揃えたら、いよいよラテン語、ギリシャ語の攻略を目指そう。その時に注意すべきポイントを以下に述べる。

―ポイント1― 文法の全体像を1週間でざっとつかむ

まずラテン語の文法の全体像を1週間でつかむ。そのためには、自習用のラテン語の本（『ラテン語四週間』〔村松正俊著、大学書林〕や『はじめてのラテン語』〔大西英文著、講談社現代新書〕など）をざっと読む。内容の理解が目的ではなく、概要をつかむのが目的であるから、細かい部分は理解できなくともよい。

―ポイント2― 小難《こむずか》しい文法規則は一切無視する

何といっても、文法の規則を覚えないと文章は分からない。この時、「草野球式」で、8割程度の理解でよしとする。小難しい規則は無視してよい。変化形は少々間違っても気にせず、骨格の文法規則だけを徹底的に覚えるようにする。

小難しい規則といえば、ラテン語では母音の長短には非常にうるさい。これは韻律に関係するので、本格的に（プロレベルに）ラテン語をマスターしようとするとそれぞれの単語の母音の長音・短音を覚える必要がある。ついでに言うと、ギリシャ語では母音の長短に加え、アクセント記号がある。元来アクセント記号など不要であったが、紀元前3世紀のヘレニズム時代に考案され、紀元2世紀に広まった。ギリシャ語にはさらに気息記号がある。これはフランス語の有音と無音のh（アッシュ）に相当する。私の「草野球式」ではこれらは一切無視する（たしかに気息記号のありなしは大、犬、太のように点のあり／なし、点の場所で、意味がかなり違うが、そのうち、なんとなく文脈から感覚的に分かるようになる）。

［ポイント3］徹底的に部分攻略。文法は耳で覚える

徹底的に部分攻略を考えよ。つまり、文法を学んでいる時は、名詞なら名詞だけ、動詞なら動詞だけに集中する。

文法の規則（英語でいうと、he, his, him などの人称変化や go, went, gone などの動詞変化）は耳から覚える。耳から覚えるには、iPodなどを使い、自己流の発音でいいから自分の声で録音して、通勤途中などすきま時間に繰り返し流して聞く。語学は古典語でも耳から学ぶべきである。そのほうが、習得が早いし、記憶に一番よく残る。英語などでは、ネイティブが吹き込んだいろいろなオーディオ教材が市販されているが、ラテン語やギリシャ語は不可能ではないが

入手が困難である。さらに悪いことに、発音が各国によって異なるからどれを範にとればよいか迷う。私が提唱する「草野球式」のギリシャ語、ラテン語は基本的に本を読めるだけでよい、と割り切っているから自分の声で録音してもまったく問題ない（実際、私はそうした）。

【ポイント4】単語も耳から覚える

単語も耳から覚える。**訳語は網羅的に覚えず、一つかせいぜい2つでよい**。他の余計な意味は無視しよう。単語リストは市販の文法書についているものを使う（私は『ラテン語四週間』の巻末の単語リストを自分の声で録音した）。第一関門は**2000単語**をマスターすることだ。単語も（ポイント3で述べたように）iPodに録音したものを通勤途中などのすきま時間に単語リストを片手に聞くだけで、2000単語であれば、2カ月程度で覚えることは可能である。

【ポイント5】辞書や対訳本は英語（フランス語、ドイツ語など）のものを用いる

このように、私の勧める「草野球式」は、今までのラテン語授業の方法から見たらまったく中途半端な邪道のように思えるだろう。しかし、従来の方法では、ほとんどの学生はラテン語の規則にいじめられて、ラテン語のトラウマに罹《かか》り、その結果、ラテン語の本は一冊も読むことなく、ラテン語が大嫌いになってしまっていたはずだ。

ただ、一つ注意したいことがある。

私の「草野球式」では、ギリシャ語やラテン語の学習時に、日本語を使うのは最初の段階にとどめ、**文法の基本を理解したあとは、辞書や対訳本はすべて英語**（**あるいは、フランス語、ドイツ語など**）**のものを使うことだ。**そうすることで、ギリシャ語やラテン語のついでに自然と、英語やフランス語、ドイツ語の力も伸びるし、何より古典語とこれら近代語の密接な関連を至るところで目にすることで、結果的に近代語に対する理解が大きく進展する。日本語の『ギリシャ語辞典』や『羅和辞典』を買っておいて、極力使わなくしようと思っても、そこにあるとつい手が伸びてしまうであろう。それより、最初からまったく手元にないほうが精神上極めてよろしい。どうせギリシャ語やラテン語の原文は（後ほど述べるように）8割分かればよしとするのであるから、正確な意味が分からなくともまったく気にしない。ただ、どうしても気になるのであれば、その時だけ日本語の翻訳を見ればよいだけの話だ。

パソコンの辞書で変化形もスイスイ

近代のヨーロッパ語とラテン語（そしてギリシャ語はなおさらだが）の初期段階における難しさの差は、文法というより実は「辞書が引けるか／引けないか」という点にある。初心者にとって、変化形から自力で原形を見つけるのは骨がおれる。それを解消してくれるのが、Windows上で動くパソコンのラテン語辞書、それも無料だ。このラテン語辞書は、文章中に現われる変化形を入力すると、原形だけでなく単語の意味や変化形の性、格、法（モード）などの補足情報もたちまちすべて表示してくれる。

「草野球式」で基本部分を3カ月で理解したあとはラテン語の対訳本をパソコンのラテン語辞書を使いながら読んでいこう。対訳本は、英語、ドイツ語、フランス語があるが、それぞれ次のシリーズが内容、作品数ともに充実している。

□ 英語：Loeb Classical Library
□ ドイツ語：Reclam 文庫での対訳本（Zweisprachig）
□ フランス語：Collection Budé のシリーズ　http://www.lesbelleslettres.com/CUF/

ラテン語がある程度マスターできたら、引き続きギリシャ語にも取り組もう。上で述べたラテン語3カ月マスターと同じ要領でマスターできる。文法書では、同じく大学書林の『ギリシャ語四週間』（古川晴風著）、あるいは『ギリシア語入門』（河底尚吾著、泰流社）が良い。パソコン上での辞書は Tuft 大学の

ギリシャ語・ラテン語おすすめの対訳本シリーズ

英訳の Loeb Classical Library シリーズ。写真はプルタークの『英雄伝』のマリウス伝

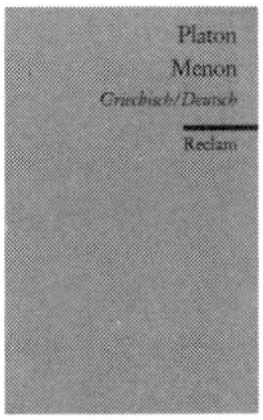

ドイツ語訳の Reclam シリーズ。写真はプラトンの『メノン（対話篇）』

Perseus のサイトが充実している。
（http://www.perseus.tufts.edu/hopper/collection?collection=Perseus:collection:Greco-Roman&redirect=true#text1）

原語での読書に挑戦しよう

上で述べたように、日本人には英語を習得しなければいけないという必然性が極めて乏しい（これは文明論的観点から見れば、非常に健康的な状態、つまり、恵まれた、幸運な国家であるということだが）。その結果、中学・高校で多くの英語嫌いを生み出している。感覚的にしか言えないが、理科系に進む学生のほうが文化系よりも英語嫌いが多いように感じる。英語嫌いであっても、支障なく大学に入学し、予定調和的に数年のうちにめでたく卒業し、社会人となって一人前の仕事をこなしている人は多い。

それでも英語に関しては一生コンプレックスを持ち続けている。他人から見れば結構な学歴を持ち、一流の会社の正社員であり、何一つ不足がないような生活をしていても、いつも心の奥底に英語コンプレックスが疼《うず》いている

Collection Budé シリーズはフランス語訳。写真はセネカ『人生の短さについて』

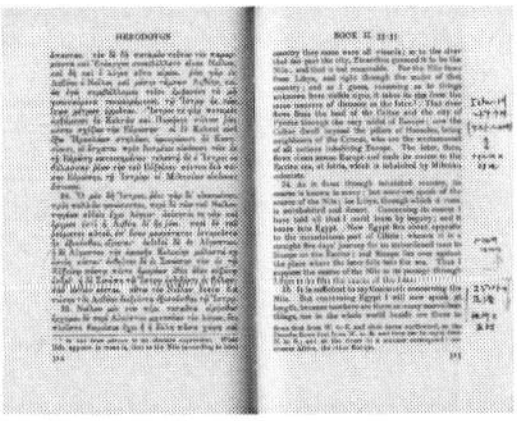
Loeb Classical Library シリーズは、右ページが英訳。筆者は余白にメモを書き込んで読む（『歴史』ヘロドトス）

人は少なくない。まるで「道路の端に地縛霊がうずくまっているのが見える」と言う霊能者のように、コンプレックスというのは、他人にはまったく見えないが、本人にはじつにリアリティを伴って見えているものなのだ。

英語に限らず、語学というのは、通訳や翻訳などの一流レベルを除けば、時間をかければ必ず時間に比例して上達するものだ。泳げない人には、泳げるというのはすごいことのように見えるが、泳げる人間にしてみれば、どこが難しいのだ？　と首をかしげてしまう。泳げることがたいしたことでないのと同様、語学ができるというのは、それほどたいしたことではない。語学に上達するのに才能は要らないし、何歳からでもやり直せる。ただ、日常の仕事で英語（外国語）を必要としない９割の社会人にとっては、いかに時間をかけるに値するものを外国語に見つけることができるか、それが問題である。

私の個人的な経験から次の３つのどれかの条件に合致すれば、外国語学習に時間をかけることで、必ずその言語に上達すると言える。

［１］辞書を引くことが好き
［２］語源に興味を持つ
［３］どうしても原語で読みたい本がある

これらの点について説明しよう。

1 辞書を引くことが好き

語学力とは最終的には語彙力に尽きる。語彙力を伸ばすには辞書を引くことが好きでないとダメだ。それも、電子辞書だけでなく、紙の辞書も縦横に使いこなしてほしい。なぜなら、電子辞書だけでは、電子化されている辞書の種類、つまり絶対量が少ないからだ。世の中には、マイナーではあるが非常に良心的に作られている辞書は多いが、そのような辞書はまず電子化されていない。そのような辞書を使うのと使わないのとでは、一回一回はたいしたことがないが回数を重ねると、語感に関して必ず大きな差が出てくる。さらに、紙の辞書では、目的の単語だけでなく、その前後の単語も含めて視界に入ってくる。これは語彙を増やす上で無視できない影響力を持っている。

2 語源に興味を持つ

よく知られているように、日本語はオリジン（由来）も系統も分からない言語である。そのせいで、単語の語源に関しても不明な点が多く、頼りになる語源辞書は存在しないと言っても過言ではない。しかし、ヨーロッパ語は日本語とはまるで正反対で、語源に関しては詳細な点まで分かっていて、権威ある語源辞書が多い。普通の辞書におまけのように、ちょこっと載っている語源欄ではなく、数多くの言語に言及しつつ印欧語全体にわたって語源を解説する本格的な語源辞書を使ってほしい（巻末の【辞書リスト3】参照）。

では、なぜ語源辞書を勧めるのか？　比喩を使って説明しよう。

たとえば、ある人を紹介された時、単に名前だけを教えられただけでは、すぐに忘れてしまうだろう。しかし、自分の知っている人や町が話題となり、話が弾むと、その人の印象は記憶にくっきりと残る。これと同様、新しい単語を辞書で引いた時、単に意味を知っただけではすぐに忘れてしまう。しかし、丹念に語源辞書を引いて、自分の知っている単語との関連が分かると、新しい単語でも強く記憶に残り、忘れない。この意味で語源辞書は普通の辞書と同じぐらい、語学に上達するための必須アイテムである。

語源辞書を通して、いろいろな言語に触れているうちに興味が湧き、新たな言語にトライしてみようという気になるかもしれない。私自身、いくつかの言語にトライしてみて分かったのは、人それぞれの気質に合う言語が異なるということだ（後述の「語学相性論」参照）。つまり、英語にまったく興味を持てなかった人でも、他の言語にのめり込むことがある。その意味で英語コンプレックスの人も他の言語にトライすることを勧めたい。

多言語の語源に関する読み物としては、フランス語学者である中平解の『フランス語語源漫筆』（大学書林語学文庫）が非常に知的好奇心を刺激する。フランス語（現代・古代）はもちろんのこと、近代言語の英語、ドイツ語、イタリア語は言うまでもなく、古典語（ギリシャ語・ラテン語）にも幅広く言及し、ヨーロッパの語源学の奥行の深さを堪能させてくれる。残念ながら、

1955年発行のこの小冊子は絶版であり、古本でもめったに入手できない。ぜひとも再刊をお願いしたい。

［3］どうしても原語で読みたい本がある

現在の日本では、外国語のうち、とりわけ「英語を」勉強する人は多いが「英語で」勉強する人は少ない。この2つの差は極めて大きい。「英語を」お勉強モードで何冊ものドリルをいくら頑張って解いたところで、本当の上達など覚束《おぼつか》ない。思い切って、原書の大海に飛び込んでこそ上達する。読みたい本を「原語で」読んでみよう。

アクアラング法で原書を読破

マラソン選手は苦しそうに走っているが、途中から非常に快適な気分になるという。私は走るのが苦手なので、今もって一度たりともこういった気分になったことはないが、どうもこれは個人的感想ではなく、脳から特殊なホルモン（エンドルフィン）が分泌されることによるランナーズハイ（Runner's High）という生理的現象らしい。原語で本を読んでいる時、このような「リーダーズ・ハイ（Reader's High）」を感じることがある。日本語で新書や文庫本をちょこっと読む程度では、ちょうど短距離走選手がランナーズハイを感じることができないように、「リーダーズ・ハイ」の状態を体験することは難しい。
杉田玄白《すぎたげんぱく》が『解体新書』を訳す作業に従事していくうちに、この「リーダーズ・ハイ」に至ったことが、『蘭学事始』（下之巻）に次のように回想されている。

斯《か》くの如く勉励すること両三年も過ぎしに、漸《ようや》くその事体も弁《べん》ずるやうになるに随《したが》ひ、次第に蔗《しょ》をくらうが如くにて、その甘味に喰ひつき、これにて千古の誤も解け、その筋たしかに弁《わきま》へ得しことに至るの楽しく、会集の期日は、前日より夜の明くるを待ちかね、児女子の祭見にゆくの心地せり。

こういったハイテンションを呼び込む読書法がある。それを私は「アクアラング法」と名付けた。その方法を紹介しよう。
世の中には、とても人間技とは思えない体力の持ち主がいる。素潜《すもぐ》りの世界記録は162メートルで、約10分息が持つのだという。人間の体力の限界の凄《すご》さを知ると同時に、人工器具、たとえばアクアラングを付けると、この記録はいとも簡単に達成できることに驚く。アクアラングを付けず、素潜りで深いところまで潜るには相当訓練しないといけないし、第一、誰もがそのような達人になれるとは限らない。訓練だけで一生終わってしまうことにもなりかねない。

体力だけでなく脳力も人工的な器具でパワーアップできる。ギリシャ語やラテン語の本を読むには、この人工的にパワーアップしたやり方、つまり「アクアラング法」を使うことだ。
具体的には次のようにする。

［1］ギリシャ語やラテン語の本の英語・ドイツ語・フランス語などの対訳本を買う。そして、まず訳の部分を読む。意味が分かったらおもむろに原文を読む

［2］原文の意味は8割程度分かれば良しとする

［3］単語の意味や動詞の変化形を忘れたらコンピュータソフトを使って調べる。ギリシャ語の場合、動詞の変化形に関しては "All the Greek Verbs" (N. Marinone) という本も頼りになる助っ人だ

このような訳文と電子辞書を活用したアクアラング法で、ともかくどんどんと原文を読んでいくことで、最終的にどのような深い海でも長く潜水（長文読破）できる。私の持論は、**どの言語もだいたい5000ページ読むと文法やシンタックス（構文）が分かる**、だ。英語もそうだが、上達したいのであれば、興味の湧かない演習テキストなど捨てて、このアクアラング法でギリシャ語やラテン語を読むついでに、英文の部分を読むことだ。たしかに、原語で読むというのは、細かいニュアンスまで分からないが、あまり気にせず分量をこなすうちに自然と解

釈力も上がってくる。

ただし、識者も指摘しているし、私の個人的な経験からも言えることであるが、**文法の基本を理解していないとアクアラング法といえどもあまり効果がない**。英語でいうと、まずはTOEIC730点レベルの文法知識はきっちりと押さえておくべきであろう。

COLUMN/007

古典ギリシャ語・ラテン語の語彙と文体

――その1・ギリシャ語の抽象名詞は人間知性の凝縮

ギリシャ語の単語は非常に系統だっている。日本語との比較で考えてみよう。

色について言えば、日本語では青い、赤い、白い、黒い、とは言うが、緑い、紫い、橙いとは言わない。同じく、色の形容詞から名詞形を作る時、青さ、赤さ、白さ、黒さ、とは言うが、緑さ、紫さ、橙さとは言わない。明らかに色に関する単語に、大和ことばオリジンのものと、中国からの輸入物の2系統が存在することが分かる（後者の色のセットが中国からの輸入物）。これから、中国からの文化が日本に流入する前の日本人は後者の色は前者のどれかに属すると考えていたと推測できる。虹の色も普通は7色と言われているが、歴史的や地域的にかなり差があるようだ。

印欧語は、接辞（affix）――具体的には接頭辞（prefix）と接尾辞（suffix）――が非常に充実している。英語でもそうだが一つの単語にいろいろな接頭辞（例：A-head, DIS-like, UN-happy）や接尾辞（例：

friend-SHIP, fool-ISH, gold-EN）をつけることで、元の単語と関連した単語（派生語）が多数作られる。

ギリシャ語にもこれらの接辞は多い。英語と異なる点はすべて接辞がギリシャ語本来の単語であるということだ。というのは、英語の接辞にはギリシャ語やラテン語由来のものが多いからだ。

□ ギリシャ語由来——BI-cycle, DIA-meter, MONO-poly, bio-LOGY, hero-ISM……

□ ラテン語由来——MULTI-plex, OB-ject, SUB-ject, signi-FY, dilig-ENCE……

数が豊富である点もさることながら、感心するのは、その意味区分が明確であったことだ。たとえばギリシャ語の文法書で定評ある"Greek Grammar"（H. W. Smyth）には、接尾辞に関して20ページにもわたって説明が延々と続く。ギリシャ語は、接辞だけでなく、詳細は省くが、分詞の種類も豊富である。

かつて、東大名誉教授で高津春繁という西洋古典語学者がいた。古典ギリシャ語だけでなくラテン語、サンスクリット語をはじめ広く印欧語に精通していた。どこに書いてあったか思い出せないが、ギリシャ語とラテン語を比較して、

「**ギリシャ語は柔軟であるが、ラテン語は堅苦しい**」

というような感慨を述べていた。まだギリシャ語やラテン語を知らない時にこの文を読んだ時は、まったく意味が分からなかったが、現在、ある程度この2つの古典語が理解できるようになってみると、高津氏の指摘がよく理解できる。この差の一つの原因は冠詞のあり／なしに起因すると思われる（ギリシャ語には定冠詞があるが、不定冠詞はない。一方、ラテン語には冠詞は一切ない。つまり冠詞にだけ限定して言うとラテン語は日本語と同類）。ギリシャ語の定冠詞は英語のように単に名詞だけに付くのではなく、文全体をあたかも一つの語句のように付けることさえ可能である。また（ドイツ語にも見られるが）動詞や形

容詞に定冠詞を付けることで抽象名詞を作ることが可能である。つまり、冒頭で述べたような日本語の色の形容詞に見られるような不具合がまったく存在しないということだ。

具体的にギリシャ語の柔軟性を示す例を挙げてみよう。

「過去・現在・未来」を大和ことばで表わすと「むかし・いま・これから」というようになるが、なんだか統一性が感じられない。英語では「past・present・future」と言うが、これらの3つの単語は英語本来の単語ではなく、すべてラテン語由来の単語、つまりカタカナ英語である。それはフランス語の単語「passé・présent・futur/avenir」と比較するとよく分かる。つまり、これら3つの英単語はフランス語からのパクリであるのだ（これだけでなく英単語の半分は何らかの関係でフランス語と関連がある）。

一方、ゲルマン語のドイツ語では「Vergangenheit・Gegenwart・Zukunft」と、見かけも発音もかなりゴツイ単語である。しかし、見かけはゴツくとも、中味を吟味するとかなり合理的な単語であることが分かる。

Vergangenheit（過去）——ver-gehen の完了形＋heit（名詞化の接尾辞）。ここで ver- という（非分離動詞の）前綴は「去ってしまう」というニュアンスである。gehen は英語の go。このことから、Vergangenheit とは「去ってしまったこと」という意味だと合理的に理解できる。

Gegenwart（現在）——gegen-wart の gegen- とは「向かって」とか「反対に」という意味（英語：towards, contrary to）。-wart は「の方角へ」という意味（英語：-ward）。元は、空間的に「物に面と向かっている」という意味であったが、18世紀以降時間的な意味に変化した（cf. Hermann Paul, "Deutsches Wörterbuch"）。

Zukunft（未来）——zu-kunft の zu- とは「付いて」という意味（英語：to）。kunft とは kommen（英：

come）の名詞形。つまりZukunftとは文字どおり「来ること」となる。ただ、この語はラテン語のadventus（近寄ってくること）をドイツ語に訳したものだとPaulは説く。

ところで、これらのドイツ語を見て分かるように、ドイツ語の単語（特に抽象性の高い単語）には人工的に作られたものがかなりあることが分かる。日本語で言えば、明治初期に西洋語からの翻訳のため、数多くの和製漢語（例：民権、立憲、共和国）が作られた過程と似ている。

ギリシャ語の「過去・現在・未来」の単語はドイツ語のものと同じ発想の単語である（参照：Plato,Laches, 198B）。

τὰ γεγονότα（ta gegonta, 過去）――ta は定冠詞（中性複数）、gegonta は gignomai（生じる、発生する、happen）の完了分詞。つまり「起きてしまったこと」という意味となる。

τὰ παρόντα（ta paronta, 現在）――ta は定冠詞（中性複数）、paronta は para+eimi（para＝横に、eimi＝存在する）の現在分詞。つまり「今、身の回りに起きていること」という意味となる。

τὸ μέλλον（to mellon, 未来）――to は定冠詞（中性単数）、mellon は mellō（～をしようとする、about to do）の現在完了分詞。つまり「為《な》るであろうこと」という意味となる。あるいは、複数形の τὰ μέλλοντα もある。また別に gignomai の未来分詞から作られた τὸ γενησόμενον（to genesomenon）という単語も「未来」という意味を持つ。

このように、**ギリシャ語は分詞が豊富であり、その特性をうまく活かし、定冠詞を付けることで新しい概念を表わす抽象名詞を次々と自由自在に作って思想を盛り込んだため、ギリシャ語の哲学書や科学書は基本単語を知っているだけで、極めて容易に理解できる**。この点、やたらと「難解な漢語と晦渋《かいじゅう》な文体」を並べ立てる日本語の哲学書とは大いに異なる。

現代に活きるギリシャ語とラテン語

英語の単語の由来(語源)の分布を調べたものがある(図14参照)。

それによるとギリシャ語語源の英単語は約5%にすぎない。しかし、現在の学術用語、とりわけ先端医学やバイオ技術においては、ほとんどすべての単語がギリシャ語語源、あるいはラテン語とのミックスと言っていいほどである。たとえば、次のような単語がある。

赤血球(erythrocyte)、クロマトグラフィー(chromatography)、溶菌(bacteriolysis)、ヒドロキシル(hydroxyl)、ヘマトポルフィリン(hematoporphyrin)など。

医学用語の中には英語といわれているが、その実、ギリシャ語やラテン語の単語がいかに多

図14 英語の語源

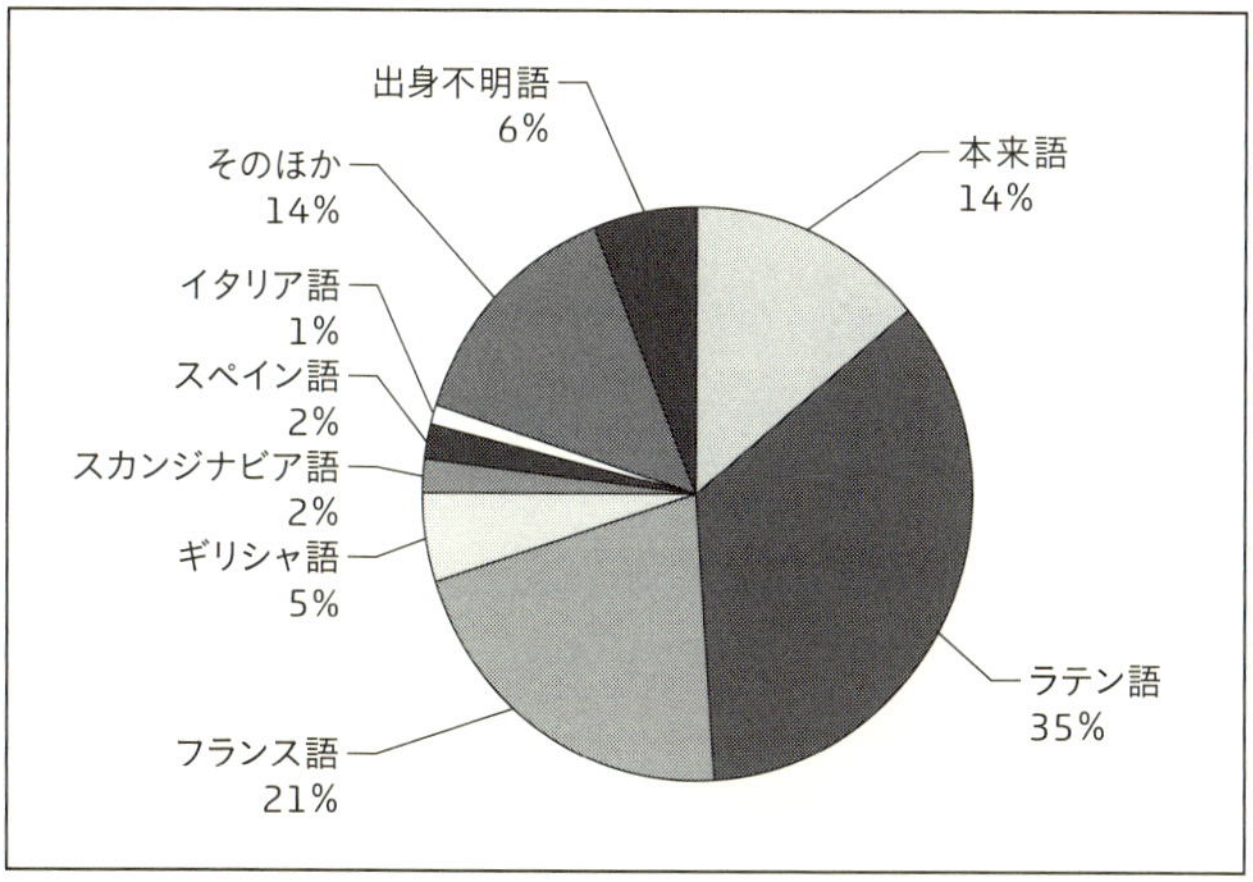

出典『現代英語学辞典』成美堂、1973年、p993

いか、具体的に神経系の単語を拾ってみよう。

神経系で、我々になじみのある英単語はわずかに、

中枢神経系：central nerve system

末梢神経系：peripheral nerve system

脳：brain

あたりである。これ以外の単語は、普通覚える英単語の域をはるかに超えている。

前脳：prosencephalon　中脳：mesencephalon

間脳：diencephalon　菱脳：rhombencephalon

視床：thalamus　小脳：cerebellum

視床下部：hypothalamus　延髄：medulaoblongate

視床上部：epithalamus　脊髄：medulla spinalis

私も昔は、これらの単語を見てもさっぱり分からなかった。しかし、ギリシャ語やラテン語を学んだ今、これらの単語は容易に理解できる。これらはギリシャ語やラテン語の簡単な単語をそのまま使っているだけだ。上のような単語はギリシャ人にとっては、ごくごく普通の単語なのだ。たとえば、thalamus はギリシャ語では「部屋、room」というごく一般的な単語である。それに「下」(hypo) や「上」(epi) が付いているだけのいたって簡単な単語だ。仮に英語

に直訳すると、次のような単語になるだろう。

視床：room

視床下部：lower room

視床上部：upper room

また、脳に関してはギリシャ語とラテン語の両方が使われている。まず、ギリシャ語では、頭（head）は kephale という普通の単語である。そして脳は、その「頭の中（en）」にあるもの、という意味で理論的には en-kephale という単語になる。ただし、ギリシャ語の音韻規則で、n の後に、γ（ガンマ）、κ（カッパ）、χ（カイ）のいずれかの文字が来ると n が g に変化する。その結果、脳は egkephalos という単語になる。英語はその単語を借用してきたが、ギリシャ語の k の文字はラテン語（および英語など）では c で表記されるので、eg- がオリジナルの en- に逆戻りする。一方、ラテン語では頭（caput）と脳（cerebrum）はまったく関係がない。英語は、このラテン語を使い、大脳部分を表わす。

終脳：telencephalon

大脳：cerebrum

前脳：prosencephalon

間脳：diencephalon

同じくこれらの単語も、仮に英語に直訳すると、次のような簡単な単語になるだろう。

終脳：end-brain
大脳：brain
前脳：fore-brain
間脳：between-brain

このように、ギリシャ語やラテン語を勉強すると、目がレントゲンになる。つまり、難しい英単語（だけでなくヨーロッパ語）の骨格が透視できてしまうのである。この意味で、今後ますます増加するこれらバイオ、医学関係の単語を理解しようとすれば、これら2つの古典語は必須となる。

バイオ、医学関係の単語が軒並みギリシャ語やラテン語であるというのは異様である。それはＩＴ関係と比較してみるとよく分かる。ＩＴやエレクトロニクス関係でもバイオ、医学関係と同様に、日々新しい概念が作られ、それを表現するための単語が作られている。しかし、それらの単語の大多数は簡単な英語の単語だ。

たとえば、デジタル回路の単語を適当に抜き出すと、

Arithmetic logic unit　Barrel shifter　Binary multiplier
Counter　Decoder　Digital timing diagram

これらの単語はたとえ内容は分からなくても、単語そのものの意味の理解には苦労しない。つまり、大衆レベルの英語で理解できる。それに反してバイオ、医学関係では学者レベルの語

彙力が要求される。医学は人の健康に直接関係している領域だということを考えると、世界的規模で見れば（ギリシャ人を除いて）由々《ゆゆ》しき問題である。ちょうど我々日本人がカタカナ単語（例：インフォームド・コンセント、フリンジベネフィット）を使っている限り、一般人とその道の専門家の間に意思疎通がうまくいかないのと同様の現象だ。

かつて、ドイツ語がフランス語の語彙に「占領」された時、ゲーテ、シラーが本来のドイツ語を取り戻そうと努力したおかげでドイツ語では病気の名称は子どもでも言える単語になったと言われている。これに範をとり、21世紀の我々もバイオ、医学関係の単語を、少なくとも英語では簡単な単語に置き換えるよう努力すべきではないかと考える。

内臓にまつわる大和ことば

各国の民族性は、なにも文学や歴史だけに現われているだけでなく、単語（語彙）からも推しはかることができるものだ。臓器の話のついでに、内臓に関する大和ことばを取り上げてみよう。

ヨーロッパ語の医学用語については、胃、腸、肺などの内臓の主要な器官に関しては各国の本来語系の単語が存在する。また、風邪や腹痛《はらいた》などの簡単な病名も本来語の系統の単語が存在する。しかし、上で述べたようにドイツでは一部の難しい病名は別としてほとんどの病名に日常単語が使われているので、子どもでも自分の病名を言うことができる。

一方、フランス語や英語では病名のほとんどが本来語系単語ではなく、ギリシャ語系の単語であるので、子どもは言うことができない。さらに複雑な病名や解剖学に必要な細かい部位の筋肉や腱などは、一般的に各国の土着語の単語は存在しないケースが多く、ギリシャ語系の単語が圧倒的に多く、一部ラテン語系の単語が存在しているだけだ。

このことから、ヨーロッパ人は動物を解体して食べる習慣があったが、ギリシャ人を除いて、内臓の細かい機能まで関心がなかったことが分かる。

たとえば、図15に示すように、腎臓は本来語であることが多いが（フランス語、イタリア語、スペイン語のようなロマンス諸語ではラテン語系単語）、病名、つまり腎臓病ともなるとギリシャ語に統一されてしまっている。臓器は物であるから誰でも見れば分かるが、病名はかなりの医学的知識がないと言い当てることはできない。つまり、ヨーロッパ人は病気にまつわる医学的知識をギリシャから取り入れたので、病名だけでなく診断法、治療法などはギリシャ語をそのまま使っているというわけだ。

日本語をこの観点から考えてみると、日本人のある特徴的な一面が分かる。

日本語において、体や内臓の名称は、外から見える部位にはきっちりと名前がついているが、内臓の名称は極めて少ない。具体的に、日本語における体の部位を列挙すると、

【例】目（め）、鼻（はな）、眉（まゆ）、口（くち）、手（て）、胸（むね）、腿（もも）、脛（すね）、

喉（のど）
などは基本的には大和ことばは存在している。

しかし、これが体の内部の臓器となると、大和ことばは非常に少ない。一方、漢語には、体の内部の臓器を表わす単語はほとんど存在する。

【内臓の大和ことば】心（こころ）、肝（きも）、臓（もつ）、腸（はらわた）、脳（なずき）
【内臓の漢語】胃、肺、腎、膵、脾、膣、脳髄、など

大和ことばは縄文時代および弥生時代の日本人が使っていた言語である。この時代の日本人は肉食もしていたことは奈良・平安時代に肉食を禁止する法律が何度も発布《はっぷ》されていることからも明らかである。当然、動物を解体して内臓を観察する機会は多かったはずであるにもかか

図15 臓器名、病名にはギリシャ語、ラテン語が多く混在する

言語	腎臓	腎臓病
ギリシャ語	Νεφρός	(Νόσος)νεφριτις
ラテン語	Renes(pl. of ren)	Nephritis(Late Latin)
英語	**Kidney,** reins, renal(adj) N.B. kidney (1325年) Reins (1000年) renal (1656年)	Nephritis N.B. nephritis(1580年) 綴り Nephritic : 16c : **nefreticke** 17c : **nephretic**
ドイツ語	**Niere**	Nierenentzündung, Nephritis
オランダ語	**Nier,** renaal(adj)	Nierontsteking, Nefritis
フランス語	Rein, rénal(adj) N.B. Rein(1170年) rénal(1314年)	Néphrite(inflammation des reins) N.B. néphrétique(1398年)
イタリア語	Rene	Nefrite
スペイン語	Riñon	Nefritis

太字は本来語。近代になって、科学・医学用語は国際的にギリシャ語とラテン語を用いるように定められた

わらず、日本語に内臓の名称を表わす単語が少ないということは、どういうことなのだろうか？

そもそも物に対する単語数が多いというのは、その物が重要であり、かつ微細な区別をする必要があるからである。たとえば、日本では雨がよく降るために、雨にまつわる単語が多い。五月雨《さみだれ》、しぐれ雨、むら雨、こぬか雨、きり雨、氷雨、梅雨《つゆ》、秋霖《しゅうりん》、春雨など。一方、雪を表わす単語としては、こな雪、ぼたん雪、など、雨に比べて多くない。一方、エスキモーには雪を表わす単語が二十数個以上あるが、すべて固有の名前であるようだ。つまり○○雪というように派生的に作られているのではなく、日本語の出世魚（イナダ・ハマチ⇒ブリ）のように個別の状態に対して個別の名前が付けられているのだ。これは、エスキモーでは雪が彼らの生活にとって非常に重要な意味を持っているからである。

ヨーロッパでは、内臓の各部をそれぞれ独特の方法で煮込んだ伝統的なモツ料理が存在するので、内臓の部位を区別する必要上それぞれの部位の単語が存在した。日本には、そういった料理は伝統的にはなかったので内臓の部位を表わす大和ことばも必要なかったと考えることができる。それよりも、日本人は体の外部には関心を払うも、体の内部にはまったく興味がなかった、と考えるほうが自然だ。結局、**日本人というのは、良し悪しは別として、生来的に分析的な思考を避けて、知覚ベースの思考に傾きやすい民族**ではないかと私は考える。

ヨーロッパ語ではギリシャ語とラテン語をどのように使い分けているのか

ところで、ヨーロッパ語の語彙にはギリシャ語とラテン語の両方からの単語が入っているが、どのような差があるのか分かり難い。たとえば、ギリシャ語では synchronous という単語があるが、本来は「同時代の」という意味である。一方、contemporary という語はラテン語であり、「現代の」という意味もあるが、本来は「同時代の」という意味である。似たような単語と思えないだろうか？　そのとおり、それぞれを分解するとその理由が分かる。

synchronous = syn（一緒に）+ chronos（時）

contemporary = con（一緒に）+ tempo（時）

どうだろう、元来この2つの単語はまったく同じ意味であるので、どちらか一つだけでよかったのだが、2つともヨーロッパ語に入っている。同様の例をもう一つ挙げよう。system という単語はギリシャ語であり、「組織・システム」という意味がある。一方、consist はラテン語で、「構成する」という意味である。これも分解すると、

system = syn（一緒に）+ histanai（立てる）

consist = con（一緒に）+ sisto（立てる）

つまり、これら2つも元来はまったく同じ意味の単語であるのだ。

ギリシャ語系統の単語とラテン語系統の単語はどのように区別があるのだろうか？　私は長らくこの点について疑問に感じていたが、分かる時がきた。先年、科学史のことを調べていた時のことである。フランス語の本 Histoire générale des sciences（René Taton）の第3巻を読んでいた時に、ヨーロッパ人のギリシャ語とラテン語に対して抱いている感覚の一端に触れることができた。私一人の勝手な解釈かもしれないが、それを紹介したい。

その前に日本語の枠組みで説明しよう。

次の3つの単語のグループを比べてみて、どういう印象を持つだろうか？

A群：女性（にょしょう）、明星（みょうじょう）、自然（じねん）

B群：女性（じょせい）、明星（めいせい）、自然（しぜん）

C群：おなごしゅう、あかつきのほし、ありのまま

我々は、個々の単語を耳で聞いただけで、それぞれが別の色合い（音合い？）を持っていることがすぐに分かる。そう、A群は漢字の呉音《ごおん》読み、B群は漢字の漢音《かんおん》読み、そしてC群は大和ことばである。それぞれのグループは、各々一定の規則を持って音韻で構築されていて、他の音韻グループと明らかに「何か違う」と感じさせる。その上、我々の耳には呉音の単語はなにやら古めかしく荘厳な雰囲気があり、大和ことばは柔らかい感じがするし、漢音が一番普通に響く。

我々がこの3つの音韻グループについてこのような感覚を抱くのは、子どものころからの何

十年ものあいだ、知らず知らずのうちに数多くの場面でそれぞれの単語が発音されるのを聞いて、「語感」が形成されてきたからに他ならない。これは私の想像であるが、日本語をまったく知らない外国人がこれらの単語を初めて耳にした時には、この単語はA群、あの単語はB群などと分類することができないであろう。つまり、音韻とそれがもたらす感情は生得なものでなく、あくまでもその文化に育つことで獲得できるものである。

さて、最初の話に戻って、René Taton（ルネ・タトン）の科学史の本で私が一体何を発見したかというと、それは、

「ヨーロッパの科学用語では、大きなくくり（例：学問名）はギリシャ語で表わす。小さなくくり（例：種族や具体的な生物の名前）はラテン語が多い」

ということだった。具体的には次のような例が挙げられる（René Taton の本 Histoire générale des sciences ではフランス語で書かれているが、ここでは便宜上、英語表記とする）。

昆虫学（ギリシャ語・entomology） vs. 昆虫（ラテン語・insect）
爬虫類学（ギリシャ語・herpetology） vs. 爬虫類（ラテン語・reprile）
鳥類学（ギリシャ語・ornithology） vs. 鳥類（ラテン語・avis、フランス語・oiseau）
樹木学（ギリシャ語・dendrology） vs. 樹芸（ラテン語・arboriculture）

-logy というのは、学問の名前を表わす接尾辞であるが、元来がギリシャ語系の単語であるので、前半分の語もギリシャ語のほうが相性がいいのだろう。ただ、日本語の重箱読みのように、ラテン語の単語に -logy をつけた sociology のような学問名も中にはある。

同書からもう一つ具体例を示そう。キュヴィエー（Cuvier）が化石と現存する動物の骨格の比較をしたというくだりだ（Histoire générale des sciences, Vol III, p.506）。

【原文】

Il étudie d'abord ce qu'il applait les Pachydermes, groupe maintenant démembré en Proboscidiens, Périssodactyles et Artiodactyles; puis les Ruminants, les Carnassiers, les Rongeurs, les Édentés.

【私訳】

彼（Cuvier）はまず、現在では長鼻類（ギリシャ語・Proboscidiens）、奇蹄類（ギリシャ語・Périssodactyles）、偶蹄類（ギリシャ語・Artiodactyles）のグループに細分されている厚皮動物（ギリシャ語・Pachydermes）と呼ばれる種を研究した。ついで、反芻類（ラテン語・Ruminants）、食肉類（ラテン語・Carnassiers）、齧歯類（フランス語・Rongeurs）、貧歯類（フランス語・Édentés）を研究した。

この8個の類の中で4個はギリシャ語起源である。2つはラテン語起源、残り2つがフランス語であるが、この2つのフランス語の単語も元をたどればラテン語である。これらの単語の字面から、ギリシャ語系の単語はいかにもギリシャ語らしき面構《つらがま》えをしている。日本語の例で言うと呉音に相当するような古めかしい装《よそお》いを感じさせる。ラテン語系の単語は漢音に相当する。ギリシャ語系よりはるかにフランス語になじんでいるが、まだどことなく重厚な趣《おもむき》を感じさせる。フランス語の単語は元はラテン語とはいえ、すっかりフランス語になりきった響きを持つ。

以上のことから、私はヨーロッパ人（少なくともフランス人）も我々日本人が「呉音・漢音・大和ことば」の差を瞬時に聞き分けるのと同様、「ギリシャ語・ラテン語・本来語」の区別が分かるのだと推察する。そして、それぞれの単語からは、たとえ意味が分からなくとも、その音韻が醸《かも》し出す「かおり」を感じ取るのだと想像する。私も中学校から英語の勉強を始めて四十数年になるが、この年になって、ようやく彼らの持っているだろう音韻感覚が少し分かりかけてきたように思えてきた。

COLUMN/008

古典ギリシャ語・ラテン語の語彙と文体

——その2・日本語にも漢文にも似ているラテン語

ラテン語は言わずと知れたローマの言葉であり、最終的にはローマ帝国（つまり現在のヨーロッパ全域）に通用する言葉となった。その結果、ヨーロッパでは、約1500年近くにわたり、本国のイタリアも含め、どの国もラテン語と母国語の二重言語体制下にあった。それで、ラテン語の単語や文体は、もはや彼らにとっては母国語の一部になっている。それはあたかも日本語に、本来は異分子の漢語がもはや母国語そのものとして溶け込んでいるようなものだ。

ラテン語の文体に関していえば、日本語との類似点が3つある。

（1）**否定辞が文末の近くにある。**
（2）**動詞が文末にある。**
（3）**冠詞（不定冠詞、定冠詞）がない。**

とりわけ（3）にあるように、西洋語なのに冠詞がない、という事実を知ると、ＴＯＥＩＣやＴＯＥＦＬなどの英語の文法テストに日夜悩まされ続けている人にとっては、「私の苦労は一体何だ？」と怒りたくもなるだろう。英文法の本では、冠詞の機能をこと細かく分析し、得々と説明しているが、冠詞のないラテン語が１５００年にもわたって何らの支障もなく、ヨーロッパの学術用語として使われ続けていたことを考えると、ヨーロッパ語は本来的に冠詞などなくとも意味が充分通じるのだ、と分かる。私は「冠詞とは単なるアクセサリーにすぎない」と理解すべきと考える。

　これはあたかも漢文（文言）や現代中国語のように孤立語でありながら意味が充分通じることから考えると、日本語のように数多くの助詞がなくともよい、という議論に近い。確かに論理的にはそのとおりだが、少しニュアンスが異なる。直接的に説明するのは難しいので、音楽（交響曲）を例に取って説明したい。

　クラシック音楽の中で交響曲というのがある。通常はフルのオーケストラで演奏されるが、たまにピアノ1台あるいは2台用に編曲されたものが演奏される。メロディラインや基本となる和音は同じなので、どの曲なのかは分かる。しかし、ピアノだけの交響曲はオーケストラバージョンに比べるとやはり重厚感に欠ける。言語で言うと、漢文や中国語はピアノバージョンの演奏であり、日本語はオーケストラバージョンの演奏に匹敵しよう。この比喩でいうと、冠詞のありなし、というのはあたかも、オーケストラにピッコロのあり（冠詞あり）、なし（冠詞なし）のように、さしたる違いは感じられないように私には思える。

　このようにラテン語は日本語に近い要素はあるものの、全般的な印象からいえば漢文に近い。P.335のコラムで紹介したように、高津春繁氏は「ギリシャ語は柔軟であるが、ラテン語は堅苦しい」と述べていたが、実際、ギリシャ語が木組みの五重の塔であるとするなら、ラテン語の文章には熊本城の石垣のような堅牢さと構築美を感じる。

この理由を私なりに考えてみると、

（1）ギリシャ語には小辞（particles）があるが、ラテン語にはない。

（2）ギリシャ語には冠詞があるが、ラテン語にはない。

（3）ラテン語（特に古典ラテン語）では奪格《だつかく》を多用する。

これらの要素があるとどうして堅いと感じるのかというと……、

（1）古典ギリシャ語の文というのは（散文しか知らないので韻文は対象外とするが）、書き言葉であっても非常に口語的な要素が強い。散文の最高傑作、神がプラトンの口を借りてしゃべった、と絶賛されるプラトンの対話篇を実際に読んでみると、まるで落語の速記録のように、口語体丸出しの文章だ。また、万学の祖といわれるアリストテレスも、今我々が目にするのは講義の草稿といわれるが、これにしても、放送大学の速記録のような感じで、文語文ではなく、人に語りかけているようだ。たとえば日本語で「えーっと……」、「あら、まあ……」とか「おやおや……」のような口語体特有の「合いの手」があるが、これがギリシャ語の文章には頻出するのだ。実際、ほぼすべての文に「小辞」と呼ばれる、何らかの「合いの手」の単語（例：δέ, δή, γάρ, τε……）が見られる。ラテン語にはこの手の不要な語句は（私の経験では）まるっきり見かけることがない。

（2）冠詞は文法的にはあまり意味がないと述べたが、文体的観点から言うと、上の小辞同様、単語の「間」を取るのに非常に都合がよい。実際、英語なりドイツ語、フランス語のネイティブスピーカーが文章を考えながらしゃべっている時には、冠詞を言いだしてから次の単語を探している光景によく出くわす。冠詞がないラテン語にはこの「間」がなく、単語が密に詰まっている。この状態を緊迫感あり、と肯定的にとらえるか、それとも、単語がギシギシ詰まっていて息がつまりそう、と否定的にとらえるかは個人の嗜好《しこう》の問題だろう。

(3)ラテン語は紀元前5世紀ごろから2000年以上にもわたって使われ続けたが、この間に文体はかなり変わっている。専門的に調べたわけではないが、キケロやセネカなどの古典作家と比較すると、近世のニュートンやデカルトのラテン文はまるで、近代の英語やフランス語のように、前置詞+名詞を多用する。しかし、古典作家ではそういうケースに奪格を使う場合も多い。同じ意味を前置詞を使わずに表現できるので、2語が1語となるわけだが、前置詞がなく名詞だけが唐突にぽつんと登場する。本来、格変化とはこうした手法を実現するためにあるのだが、奪格を多用するラテン語は堅い文体のように映る。奪格を効果的に多用したタキトゥスの文などはまるで漢文のような緻密な構造美を感じる。これも好き嫌いは個人の嗜好の問題だろう。

語学相性論――きっと日本語のように話せる言語が見つかる

私は、学生の時にドイツ語をものにしようと決意した。その後、幸運にもドイツに留学できたこともあって、ドイツ語が満足できる程度に上達した。そうしたことから分かったのが「語学相性論」である。つまり、人はそれぞれ個性が違うが、それと同じように言語にも個性がある。各人には「赤い糸」で引き合う言語が違うのだ。

私の個人的な経験からこの「語学相性論」を説明しよう。

私が熱中したドイツ語は、格変化や名詞の性など、英語から見ればむやみに不要なルールが多いように見える。しかし、これらは慣れてくると、逆に日本語のネイティブスピーカーである我々にとっては、非常に便利な道具であるのだ。つまり、一見、不要に見えたルールのおかげでじつは「日本語のまま話せばドイツ語になる」のである。全部が全部というわけではないが、なぜか私の頭の中では日本文での思考回路がそのままドイツ文に横滑りするのが分かった。ドイツ留学から戻ってから暫《しばら》くはドイツ語のほうが英語より上手に会話ができたし、文意もずっとよく分かった。もっとも、その後アメリカ留学から戻ってからはこれが逆転してしまった。それでも、今でもドイツ文を読むと、時々、感覚的にすごくフィットする文に出会うことがある。これはもう赤い糸というより「赤いロープ」の感覚だ。

ドイツ語が日本語に似ているというのを、例を使って説明しよう。

たとえば、次のような日本文があったとする。

「太郎は昨日花子と東京駅でうどんを食べた」

(語句に切ると、6つに分かれる。「太郎は・昨日・花子と・東京駅で・うどんを・食べた」)

これを英語で言うと、

Yesterday, Taro ate noodle with Hanako at the Tokyo station.

ただ、英語ではこれ以外に、多少 Yesterday の場所を他の場所に入れ替えることができても、言い方としては、3通り以上にはならないだろう。

一方、日本語では、動詞(食べた)を除いて、他の語句は基本的にどこに置いてもよいので、次のようにいろいろな語順で言うことができる。

太郎は昨日花子と東京駅でうどんを食べた。
昨日、太郎は花子と東京駅でうどんを食べた。
太郎は花子と昨日、東京駅でうどんを食べた。
うどんを太郎は花子と東京駅で昨日食べた。
東京駅で、太郎は昨日花子とうどんを食べた。
花子と、太郎は昨日、東京駅でうどんを食べた。

日本語の場合、理論的には、順列で言うと5！（階乗《かいじょう》）通り、つまり120通りの組み合わせの中で、日本語は少なくとも数十通りぐらいは可能であろう。ちなみにドイツ語では、この日本語の組み合わせには少し劣るが、かなり多くの言い方が可能である。それは、先ほど述べた「格変化」という厄介な文法規則が、これを可能にするのである。

Gestern hat Taro mit Hanako am Tokyo Bahnhof Udon gegessen.
Taro hat gestern mit Hanako am Tokyo Bahnhof Udon gegessen.
Am Tokyo Bahnhof hat Taro mit Hanako gestern Udon gegessen.
Taro hat gestern am Tokyo Bahnhof Udon mit Hanako gegessen.
Mit Hanako hat Taro gestern am Tokyo Bahnhof Udon gegessen.……

英語では、ほとんど言い方が固定されている一方で、日本語やドイツ語では何通りもの言い方ができるというのはどういうことであろうか？

言語の根本的な役割を考えてみよう。そもそも言語の役割はある人の頭の中のイメージを他人に伝えることである。これからすると、頭の中のイメージどおりに表現できる言語がベターということになる。つまり、先ほどの例「太郎は昨日花子と東京駅でうどんを食べた」で言うと、頭の中に「昨日」というイメージが最初に浮かべば「昨日」という言葉が最初に口をついて出、「うどん」というイメージが最初に浮かべば「うどん」という言葉が最初に口から出るべきであるのだ。それを可能とするのが、我が日本語でありドイツ語である（また、ギリシャ語やラテン語、およびロシア語もこの類である）。

ところが、人為的な文法の制約のせいで、頭のイメージをそのまま話すことが許されない「欠陥言語」があるが、英語がその代表的言語だ。もっとも英語も昔は現在のドイツ語同様、格変化が複雑で、いろいろな言い方が可能であった。しかし、１０６６年のノルマンの征服以降、文法の簡略化が進み、今のような欠陥言語となってしまった。これは何も英語だけでなく、たいていのヨーロッパ語は、次第に格変化を喪失し、英語と同様な欠陥を持つに至った（ついでに言うと、中国語は古くから英語同様、語句の機能はその文章中の位置によって決まる）。それで、英語では文としては書き分けできないが、しゃべる時にはアクセントの置き場所を変えることでようやくのこと、この点を克服した。まったく苦し紛《まぎ》れの捨て身の戦法と、同情に堪えない。

ドイツ語が上達するにつれ、「日本語のまま話せばドイツ語になる」というのは非常にありがたいことだと分かった。マージャンの喩えで言えば、フリテンあり、後づけあり、将棋で言えば、二歩あり、打ち歩詰めあり、サッカーで言えばハンドあり、オフサイドありの感じだ。ドイツで1年間留学し帰国後の数年間、私が生涯で一番ドイツ語がよくできた時は、ドイツ語を苦労しながらしゃべっている感覚はあまりなかった。単語が単にドイツ語であるだけで文章は日本語のまま、といった感覚で話すことができた。

この時にようやく、自分の頭の構造はドイツ語と相性がいいのだと納得した。後年、ギリシャ語やラテン語を学び、ヨーロッパ語は元来、ドイツ語のように格変化があるために語順が日本語同様、非常にフレキシブルであることを発見し、英語が世界（少なくともヨーロッパ）の中核の位置を占めている言語であるという感覚は完全になくなった。この意味で、ギリシャ語とラテン語を学ぶ露払《つゆはら》い、前座としてドイツ語（あるいはロシア語）を学ぶことは意味があると思っている。

参考のため、ギリシャ語とラテン語で日本語とまったく同じ順序の文のサンプル（図16）を挙げる（当然のことながら、こういった例は稀《まれ》であるが、単語の位置が日本語以上にフレキシブルなギリシャ語とラテン語では少々無理すれば、「ほぼ日本語」的な文章を作ることは理論的に可能である）。

英語は「カタカナ語」が多い

ついでに、英語、ドイツ語、フランス語の簡単な比較をお目にかけよう。

まずは、英語とドイツ語の差。図17は、プラトンのギリシャ語を英語、ドイツ語にそれぞれ翻訳した文である。ここで、本来語を濃い字で、外来語（ギリシャ語やラテン語）を薄い字で示

図16 日本語のようなギリシャ語とラテン語

日本語のようなギリシャ語

πρῶτον μὲν οὖν ἰδέᾳ προσώπου καὶ
最初に　さても　顔のつくり　と

βλέμματι και κινήματι πρᾶος καὶ
目つき　と　しぐさは　温和で　そして

καταστηματικὸς ἦν ὁ Τιβέριος, ἔντονος δὲ καὶ
落ち着いていたのが　ティベリウスであり、張りつめていて

σφοδρὸς ὁ Γάιος, ὥστε καὶ δημηγορεῖν τὸν
激情的なのがガイウスであった。演説するときも

μὲν ἐν μιᾷ χώρᾳ βεβηκότα κοσμίως, τὸν δὲ
一人は　同じ場所を　動かず　冷静に、　他の一人は

Ῥωμαίων πρῶτον ἐπὶ τοῦ βήματος περιπάτῳ
ローマ人としては　初めて　演説壇上を　歩き回り……

出典:Plutarch Parallel Lives, Tiberius Gracchus, Loeb X, P.148

日本語のようなラテン語

Alius quidam veterum poetarum, cuius nomen
だれか　ある　昔の　詩人、　その　名前は

mihi nunc memoriae non est, Veritatem Temporis
私には　今　記憶に　ないのだが、『真実を　時の

filiam esse dixit.
娘で　ある』と言った。

出典:アウルス・ゲリウス,『アッティカ夜話』XII, 11
Noctes Atticae, by Aulus Gellius(ca. AD 125 - 180)

した。どうだろう、英語の文章というのは、まるで伏せ字だらけでまったく読めない。一方、ドイツ語は1カ所（Form）を除き、すべて本来語であるので、意味をつかむことは難しいことではない。英語というのは、日本語に置き換えて考えると、非常にカタカナ語の多い文章なのだ。

次にフランス語と英語を比べてみよう（図18）。出典は"Histoire générale des sciences"（René Taton）の第1巻（P.307）に見える文であるが、形容詞と名詞の前後が変わるだけで、文章自体はまるで双生児である。つまり、英語が分かれば、フランス語というのは何も学ばなくとも、4割程度は理解できるということだ。同様に、ドイツ語が分かるとオランダ語の4割は理解できる。

図17 英語は借り物の塊 vs. ドイツ語は本来語の塊

τρίτον δὲ αἰσθητικὸν ἐν ἡμῖν μέρος ἐπισκοποῦσιν τὸ περὶ τὴν ἀκοήν, δι' ἃς αἰτίας τὰ περὶ αὐτὸ συμβαίνει παθήματα, λεκτέον.

（英語）The third organ of perception within us which we have to describe in our survey is that of hearing, and the causes whereby its affections are produced.

（ドイツ語）Als dritte Form der Wahrnehmung in uns müssen wir in unserer Untersuchung das Gehör besprechen und angeben, aus welchen Ursachen die dazu gehörigen Empfindungen auftreten.

出典："Timaios", Platon [67a, b]

外来語は薄い字で示した。英語は薄い文字ばかり。本来語の少なさに驚く

ITや電子機器を活用して多言語を征服しよう――web上の情報収集はこの方法で

「ITや電子機器を縦横に活用してギリシャ語とラテン語を征服しよう」と言ったが、多言語の学習に関してもITや電子機器を活用することで従来とは比べものにならないくらい、たやすく習得することができる。ただし、ここでいう習得とは「その言語で書かれた文章がなんとか読める」レベルであり、全方位的な言語能力の獲得ではないことをお断わりしておく。

すでにご存知の方も多いと思うが、Googleが自動翻訳ソフトを無料で提供している。

ここには、約80種の言語がリストアップされている。多言語の習得を「その言語で書かれた

図18 英語が分かれば、フランス語は勉強しなくても4割分かる

Un grand nombre de phénomènes constituaient les
A great number of phenomena consist of the

diverses séries de prodiges, faits importants et
diverse series of prodigies, important facts and

particulièrement chargés de valeur sacré.
particularly charged with sacred value.

出典：Histoire générale des sciences (La science antiqueet médiévale), par René Taton, p.307

文章の上（ゴシック）はフランス語、下（イタリック）は英語。英語とフランス語は双生児のようによく似ている

文章がなんとか読める」レベルと限定すれば、文字の読み方と基本的な文法を1カ月ほど学習すれば、たいていの言語は読めるようになる。多言語と言っても、私の知っている範囲なので、ヨーロッパ語に限って話を進めるが、たとえばオランダ語や、イタリア語、スペイン語、ポルトガル語などのヨーロッパ語の文章はこの自動翻訳ソフトを使って英語に翻訳すれば、文法的に多少おかしいところはあるものの、だいたい理解できる訳文が示される。しかし、残念ながらヨーロッパ語から日本語への翻訳となるとかなり質が落ち、かつ文法的間違いが目立つ。実際にGoogleの自動翻訳を使ってみて次のようなことが分かった。

―1―ヨーロッパ語では英語が分かると、他のヨーロッパ語は自動翻訳に頼ることで意味が取れる。つまり、ヨーロッパ語に関しては英語がハブ（枢軸）となっているということ

―2―したがって、21世紀のヨーロッパ語学習に関しては、英語をしっかり勉強すれば（これを10とみなすと）、他のヨーロッパ語は文法だけをきっちりと勉強すれば（1か2レベル）、少なくとも普通の文章であれば読んで内容をだいたい理解できる

―3―韓国語の日本語への自動翻訳がかなり実用レベルに近いので、読む分には差し支えないことが多い。ただ、同音異義語に関しては、自動翻訳の対応が不十分なので、正確に文意を取ろうとすると、ハングルが読めて、韓日辞書が引けないといけない

―4―翻訳ソフトで中国語を日本語、英語のいずれに翻訳してもかなり誤訳が多い。とりわ

け、人名や地名などが入った文章は、発音のための漢字を意味のある言葉として無理やり訳そうとして間違いだらけでとても読めない

[5]中国語では翻訳ソフトで、簡体字《かんたいじ》と繁体字《はんたい》の自動変換ができるので、どちらか一方が読めるだけでよい

ITやwebの進展で、電子辞書や翻訳ソフトが使えるようになった現在では、今までの外国語の習得方法は大幅に見直す必要がある。「情報を得るための斜め読み」という観点では、数多くの文法規則や単語の暗記を強いる旧来のやり方は完全に見直さなければならない。特にweb上の情報を収集するという観点では、確かにweb上では、英語の情報が圧倒的ではあるが、個別の言語による情報収集も必要であるので、多言語の文章を翻訳ソフトの力を借りて斜め読みできることは重要である。

最後に、再度強調しておきたいがギリシャ語とラテン語は日本人にこそ必須ということだ。この2つの言語が分からない限り、英語を含めヨーロッパ語はいつまで経っても「外国語」のままである。英語ができないというコンプレックスを抱えたまま一生を終えるのはなんとも情けない話である。いっそのこと、英語よりずっと日本語的なラテン語やギリシャ語を学ぶことで、そのコンプレックスを跳ね返してみてはいかがだろうか?

COLUMN/009

TOEIC730点を目指して

——今からでも遅くない、英語上達への道

本書では、英語だけでなく多言語に取り組もうと勧めたが、実際問題としては、まずは英語力の向上が当面の課題だという人は多いだろう。それもTOEICでいうとせめて730点レベルにまで上げたいと願っていることであろう。そのような悩みに対して、私の経験から、英語に絞って、読む・書く・話す・聞く、について上達する方法を以下に述べよう。

【読む】

文章の内容に関する知識が一番重要であろう。これさえあれば、文章理解は何とかなる。その次に重要な要素は、単語力である。たとえば、英文をGoogleの自動翻訳で訳してみると分かるように、文法的におかしくてもある程度理解できる。文章読解力が伸びないと嘆く前に、地道に**単語力**を増やそう。

スポーツでもそうだが、基礎体力づくりが欠かせ

ない。読解力もそれと同様で、まずは基礎体力づくりが必要だ。具体的には、文章をたくさん読むことだ。

つまり文法的に解釈をして正しく理解するという脳を使う作業より、**とにかく文章をたくさん読むことだ。まずは5000ページを達成すべし**。この時注意してほしいのは、**決して和訳しようとしない**ことと、英和辞典ではなく**英英辞典**（『ロングマン』『新英英大辞典』など）**を使う**ことだ。

文の意味を理解できない個所があってもよいから、完全に日本語を離れて英語にどっぷりつかり、英語の大海をとにかく泳ぎきることが重要だ。

最終的には、やはり文法が分かっていないと文章の意味を正しく理解することはできない。学校文法は受験にしか役立たないように言われているが、いわれなき誤解で、完全に間違いである。やはり文法という骨格がしっかりしていないといけない。

【書く】

書く時の最大のポイントは、**言い回しが英語的であるか**ということと、**文法**の2つである。まず言い回しが英語的というのは、高校レベルではよしとされる英**借**文ではダメだということだ。つまり、日本語をそのまま英語に訳してはいけない。喩《たと》えれば、豚肉を食べたら、腕の一部が豚のようになり、牛肉を食べたら、足の一部が牛のようになる、などというバカなことはない。何の肉でも、我々の体の中では一度アミノ酸にまで分解されてそれから体の部分となる。これと同様、日本語から英語の文を作る時には、日本語をいったん分解してそのエッセンスを吸収したあとに英語としての文を作る必要がある。

文法が重要である、というのはすべてに共通するが、とりわけ書く場合は、特に文法的に細部にわたってチェックする必要がある。私もそうだが、我々日本人が一番悩むのが冠詞であろう。a か the か、あるいは複数形かそれとも無冠詞か？　所有格をつけるか、それとも冠詞をつけるか？　正直な話、私は今でも完全には理解しているとは思っていない。今でも時々迷っているが、ここ20年近く常に意識しているので、徐々にではあるが正しく書ける割合が増えている。要は**自分の書く文を文法的観点から常にチェックするくせをつける**ことだ。

最終的に書く技術を上達させる王道は、やはり、たくさん書くことである。私が英文を書くのに慣れたのは、1990年から5年もの間アメリカの会社と技術提携したため、たくさんの英文ＦＡＸを書いたからであるといえる。

質を云々《うんぬん》する前にまず、実際にたくさん書いてみてほしい。**会話との関連でいうと、自由に書けるようになると話せるようになるが、その逆は正しくない。**

つまり、書くという作業は、会話の基礎トレーニングも兼ねているということだが、この事実はあまり知られていないのではないかと思う。

【話す】

短文をナチュラルスピードで繰り返し練習することは、のろいようでも最短である。しかし、この方法は退屈きわまりないので、たいていの人は続かないであろう。それで、商業主義に染まった英会話教材会社は、それを逆手にとり興味を持って続けられるように、と口実をつけて、いろいろと別の話題を挟み込んでいる。

しかし、私の考えではこれらの趣向は【話す】能力を上達させる観点から言えば、すべてマイナスである。世の中に存在するかどうか分からないが、繰り返し練習させることだけに徹底的に特化した教材を探して、それをお経を読むように意味など関係なく、ただひたすら繰り返して声に出して話すことに尽きる。

反復練習がよいというのは、私の実体験からの話である。私が中学2年生の時（1968年）に1年間、NHKラジオの「続基礎英語」を聞いていた。この時のテキストは、非常にタフな内容であった。1回の放送時間がわずか15分にもかかわらず、例題に続いて同じような文章を何回も繰り返さなければいけない。それも単に文字を読むのではなく、たとえば元の文を疑問文にしたり、現在完了形に直したり、直接話法を間接話法に変えたり、ともかく、文の一部を変えて即座に口に出す訓練である。

この訓練をすると、文が単語の塊《かたまり》というより、一種のブロック構造を持ったものとして捕らえることができるようになる。つまり、英語でよく使う言い方のパターンが頭の中に定着するのである。

野球でいうと、素振りや、バントばかりの練習を繰り返すと、自然と本番でもその効果が無意識のうちに出ることがあるが、そのような感覚になるのである（この教育法は、「オーラル・ダイレクト・メソッド」〔Oral Direct Method〕とか「オーラル・アプローチ」〔Oral Approach〕と呼ばれる）。

この時、**大切なのは日本語をまったく耳に入れないことだ**。英文の意味など必要なく、ただ単に、文章を一定のルールに則《のっと》って変換していくことがミソだ。市販の語学教材などではご丁寧な日本語のナレーションが入っているが、このようなものは、百害あって一利なしだ。意味を理解して覚える必要などまったくない。ただ単にパターンを頭に叩き込む、それだけでよい。したがって文章が理解できなかったり、難しい単語があってもかまわない。

「続基礎英語」の15分の放送が終わったあとは、いつもぐったりとなっていた。それほど、話す分量が多く、またスピードも完全にネイティブのものであった。このスピードも大切で、初心者だからといって遅くするのは、私は賛成しない。これは、英語というものを聞いて理解できるようになるには、分析的（つまり左脳を使って）ではなく、感覚的（つまり右脳を使って）でなければいけない。左脳を使おうとするから、一つ一つの単語を間違いなく受け止めなければいけない、と考えるのであろうが、右脳を使うというのは、ひとまとまりの文章をそのままま るごと理解できないといけない。「**なぜか分からないが、言っていることが理解できる**」という**感覚が生まれてくると、上達の第一歩にいると思って間違いない。**

私は、中学の1、2年の「基礎英語」と「続基礎英語」を除いて、今までに英語教材を使って勉強したり、テレビやラジオの英会話講座を熱心に聞いたことはない。それは、常にこの中学2年生の「続基礎英語」のあのトレーニングから見ると、内容が間延びして、まったく聞く気にならなかったからである。しかし、わずか1年でもこの「続基礎英語の1000本ノック」の効果は素晴らしいもので、その後の海外滞在でもこの時に身につけたものが生きてくる場面を何度も実体験したものだ。

さて、【話す】でもやはり**文法の重要性**を強調したい。具体例を挙げたほうが分かりやすいと思うので聞いてほしい。最近ある会議で、英語をかなり流暢《りゅうちょう》に話す日本人がいた。普通の人が聞けば、かなり上手に話しているように聞こえたはずだ。しかし冷静になってちょっと注意深く聞いていると、文法的にかなり間違っていたことが分かった。たとえば、one of the big city というふうに必ず複数形にならないといけないところ（cities）が単数のままであったり、動詞が抜けていたり、現在完了受身形が正しくなかったり、過去の事実と反することを話す仮定法過去完了形が正しく言えていなかったり、と。

このような話し方をすると、たとえ発音やイントネーションが一見ネイティブのようでも、本国人にとっては、ブロークンにしか聞こえない。この人は学生時代に文法をマスターしていないということが明らかだ。しかし、この人は英語をマスターする環境に関してはかなり恵まれている状況にあった。つまり、この人は欧米の名のある大学に留学して博士号をとり、かつ国際機関で10年近く働いたキャリアを持つ人であったのだ。こういった経歴を持ちながら、私でも分かる初歩的な文法ミスを数多く犯しているという事実には驚くというより、つくづく情けなく感じた。それと同時に私は文法を常に意識することの重要性を再認識した次第であった。

英語で話すとなると、言いたいと思っていることでもそれを表現するための単語や言い回しが出てこないことが多い。それで、【話す】という観点で必要なのが、言いたいことを別の表現に言い換えることができるか、あるいは、本当は一言で言えることをいくつかのフレーズに分解して言えるか、ということである。これができるというのは、どちらかというと語学能力というより機転、あるいは発想転換能力に近い。また場合によっては、自分から述べるというより、わざと質問形にして、相手に言わせるなどの高等テクニックを繰り出すことも必要とされるであろう。

話すというのは、書くとは異なり、聴く者の心に直に響かせる言葉を述べることができなければならない。この意味で、話し方、つまり**話法も重要な要素**である。日本語でも話し下手であれば、当然英語でもそうであろう。したがってまずは日本語で、話し慣れる練習をすべきである。

【聞く】

世界中には、英語のネイティブとまったく異なる日本人泣かせの発音をする人がかなり多い。しかし私の経験から言うと、概して英語を外国語として学んだ人の発音は、本国人（ネイティブスピーカー）より分かりやすいケースが多い。ネイティブスピーカーの発音に慣れようと思えば、やはり自分で正しく発音できることが必要である、と私は考えている。

【聞く】能力には、短距離走と長距離走に相当する2つの別種の能力がある。短距離とは、短文を聞いてすぐさま反応することであり、長距離とは論文調の長い文を聞いて、充分に内容を理解してから反応することである。たいていの人が英会話教室やCDなどで学んでいるのが、前者の短距離の能力であろう。私は、短距離の能力より断然、長距離の能力をつけるべきだと考えている。つまり長距離の能力なくしては、相手とまともに議論できないからである。しかし、**長距離の能力とは、実は【読む】の能力と直結しているので、【読む】能力の向上なくしては【聞く】能力の向上はありえない。**したがって、物理的に音を聞きとる、という訓練は実は枝葉末節であり、【聞く】能力向上の真の練習は読むことである。

この意味で、基本的に英語に上達するには、月並みではあるが、**大量に文章を読む**、これに尽きると言ってよい。

著者推薦 辞書(外国語学習用)と文献

□ 辞書

【辞書リスト 1】
(ギリシャ語、ラテン語)

【ギリシャ語＝英語】
"A Greek-English Lexicon", by Liddell and Scott
"An Intermediate Greek-English Lexicon", by Liddell and Scott

【ギリシャ語＝ドイツ語】
"Grosswörterbuch Griechisch Deutsch", by Prof. Dr. Hermann Menge
"Griechisch-Deutsches Handwörterbuch", by W. Pape,

【ギリシャ語＝フランス語】
"Dictionnaire Grec-Français", by V. Magnien M. Lacroix French
"Dictionnaire Grec-Français. le Grand Bailly", by Anatole Bailly

【英語＝ギリシャ語】
"English-Greek Dictionary", by S.C. Woodhouse

【ドイツ語＝ギリシャ語】
"Taschen-wörterbuch, Altgriechisch", by Hermann Menge

【ラテン語＝英語】
"Latin-English Dictionary", by Chambers Murray
"A Latin Dictionary", by Lewis and Short
"Oxford Latin Dictionary"

【ラテン語＝ドイツ語】
"Ausführliches Handwörterbuch, Lateinisch-Deutsch", by Karl Ernst Georges
"Enzyklopädisches Wörterbuch der latainischen und deutschen Sprache, Lateinische-Deutsch", by Menge-Guethling

【ラテン語＝フランス語】
"Dictionnaire illustré latin-français", by Félix Gaffiot

【ギリシャ・ラテン関連の事典】
"Der Kleine Pauly", by Ziegler, Konrat und Walter Sontheimer
"The Oxford Classical Dictionary", by Simon Hornblower, Antony Spawforth
『ギリシア・ラテン　引用語辞典』田中秀央・落合太郎、岩波書店

【辞書リスト 2】（マイナーだが良書）

【英語】

“The Universal Dictionary of the English Language”, by Henry Wyld

【ドイツ語】

“Deutsches Wörterbuch”, by Hermann Paul

【フランス語】

“Grand Dictionnaire de la Langue Française”, by Jean Girodet

【辞書リスト 3】（語源辞書）

【英語】

“An Etymological Dictionary Of The English Language”, by Walter W. Skeat
“Oxford English Dictionary”, Oxford University Press
“Webster's Third New International Dictionary, Unabridged”, Merriam-Webster

【ドイツ語】

“Etymologische Wörterbuch der deutschen Sprache”, by Friedrich Kluge

【フランス語】

“Dictionnaire Historique de la Langue Française”, by Alain Rey
“Dictionnaire Étymologique de la Langue Française”, by Oscar Bloch and Walther von Wartburg

【ギリシャ語】

“Griechisches Etymologisches Wörterbuch”, by Hjalmar Frisk
“Dictionnaire Étymologique de la Langue Grecque : Histoire des Mots”, by Pierre Chantraine
“Etymological Dictionary of Greek”（Leiden Indo-European Etymological Dictionary Series, Vol. 10）by Robert Beekes , Lucien van Beek

【ラテン語】

“Lateinisches Etymologisches Wöerterbuch”, by A. Walde and J.B. Hofmann
“Dictionnaire Étymologique de la Langue Latine”, by Alfred Ernout
“Etymological Dictionary of Latin and the Other Italic Languages”
（Leiden Indo-European Etymological Dictionary Series, Vol. 7）by Michiel de Vaan

【印欧語全般】

“Indogermanisches Etymologisches Woerterbuch”, by Julius Pokorny

□ 文献

【第 1 章】
『図説 数の文化史――世界の数学と計算法』メニンガー、内林政夫訳、八坂書房
『文豪たちの大喧嘩』谷沢永一、ちくま文庫
『歴史』ヘロドトス、松平千秋訳、岩波文庫

【第 2 章】
『大学教育について』J.S. ミル、竹内一誠訳、岩波文庫
『イギリスの学校生活』ピーター・ミルワード、安西徹雄訳、新潮社
『十八世紀パリ生活誌』メルシエ、原宏編訳、岩波文庫
『物質文明・経済・資本主義』フェルナン・ブローデル、村上光彦訳、みすず書房
『本当に残酷な中国史　大著「資治通鑑」を読み解く』麻生川静男、角川 SSC 新書
『十八史略　新釈漢文大系』林秀一、明治書院
『資治通鑑』中華書局
『プルターク英雄伝』河野与一訳、岩波文庫
『史記』野口定男訳、平凡社
『春秋左氏伝』竹内照夫訳、平凡社
『大鏡 全現代語訳』講談社学術文庫
『今鏡』講談社学術文庫
『増鏡』講談社学術文庫
『漢書』小竹武夫訳、ちくま学芸文庫
『後漢書』吉川忠夫訳、岩波書店、
『全譯 後漢書』渡邉義浩編、汲古書院
『正史 三国志』今鷹真ほか訳、ちくま学芸文庫
『宋名臣言行録』諸橋轍次・原田種成訳、明徳出版社
『貞観政要』原田種成訳、明治書院
『古事記』岩波文庫
『日本書紀　全現代語訳』宇治谷孟訳、講談社学術文庫
『続日本書紀　全現代語訳』宇治谷孟訳、講談社学術文庫
『日本後記　全現代語訳』森田悌訳、講談社学術文庫
『続日本後記　全現代語訳』森田悌訳、講談社学術文庫
『ギリシア哲学者列伝』ディオゲネス・ラエルティオス、加来彰俊訳、岩波文庫
『日本文化史研究』内藤湖南、講談社学術文庫
『大日本史の研究』日本学協会編集、立花書房
『譯文・大日本史』山路愛山、春秋社
『中世の秋』ホイジンガ、堀越孝一訳、中公文庫
『中世ヨーロッパ生活誌』オットー・ボルスト、永野藤夫ほか訳、白水社
『中世ヨーロッパの城の生活』ギース夫妻著、栗原泉訳、講談社学術文庫
『中世ヨーロッパの都市の生活』ギース夫妻著、青島淑子訳、講談社学術文庫
『中世ヨーロッパの農村の生活』ギース夫妻著、青島淑子訳、講談社学術文庫

【第３章】
『大自然科学史』〈第９巻〉ダンネマン、安田徳太郎・加藤正訳、三省堂出版
『ペルリ提督・日本遠征記』ペルリ、土屋喬雄・玉城肇訳、岩波文庫
『江戸参府随行記』C.P. ツュンベリー著、高橋文訳、東洋文庫
『徒然草』小川剛生訳、角川ソフィア書店
『韓国人が見た日本――日本を動かしているもの』朝鮮日報編、サイマル出版会
『アリラン峠の旅人たち』（正・続）安宇植、平凡社
『苦難の韓国民衆史』咸錫憲、金学鉉訳、新教出版社
『サムスンの真実』金勇澈、藤田俊一監修、金智子訳、バジリコ
『アーロン収容所』会田雄次、中公文庫
『虜人日記』小松真一、ちくま学芸文庫
『日本はなぜ敗れるのか』山本七平、角川 one テーマ 21
『特命全権大使・米欧回覧実記』久米邦武、岩波文庫
『ローマ建国史』リウィウス、鈴木一州訳、岩波文庫
『犬と鬼』アレックス・カー、講談社
『朱子の自然学』山田慶児、岩波書店
『日本農業史』古島敏雄、岩波全書
『日本農業技術史』古島敏雄、東京大学出版会
『今昔物語集』池上洵一編、岩波文庫
『宇治拾遺物語』岩波書店
『沙石集』小学館
『古今著聞集』新潮社
『絵巻物に見る　日本庶民生活誌』宮本常一、中公新書

【第４章】
『ローマ史論』マキアヴェルリ、大岩誠訳、岩波文庫
『法の精神』モンテスキュー、野田良之訳、岩波文庫
『日本巡察記』ヴァリニャーノ、松田毅一訳、東洋文庫
『ユダヤ戦記』フラウィウス・ヨセフス、秦剛平訳、ちくま学芸文庫
『ガリア戦記』カエサル、近山金次訳、岩波文庫
『ゲルマーニア』タキトゥス、泉井久之助訳、岩波文庫
『年代記』タキトゥス、国原吉之助訳、岩波文庫
『ローマ皇帝伝』スエトニウス、国原吉之助訳、岩波文庫
『英雄伝』ネポス、山下太郎・上村健二訳、国文社
『私の個人主義』夏目漱石、講談社学術文庫
『法窓夜話』穂積陳重、岩波文庫
『西洋事情』福沢諭吉、岩波書店
『武士道』新渡戸稲造、岩波文庫
『フロイス日本史』フロイス、松田毅一ほか訳、中公文庫
『アフリカ駐在物語』斎藤親載、学生社
『プリンシプルのない日本』白洲次郎、新潮文庫

『エセー』モンテーニュ、原二郎訳、岩波文庫
『中世ヨーロッパの生活誌』オットー・ボルスト、永野藤夫ほか訳、白水社
『十二世紀ルネサンス』ハスキンズ、別宮貞徳・朝倉文市訳、みすず書房
『古典の継承者たち』L.D. レイノルズ、N.G. ウィルソン、西村賀子ほか訳、国文社
『Daily Living in the twelfth Century』University of Wisconsin Press
『詩と真実・第二部』ゲーテ、山崎章甫訳、岩波文庫
『ゲーテとの対話』エッカーマン、山下肇訳、岩波文庫
『西洋文学における　古典文学の伝統』ギルバート・ハイエット、柳沼重剛訳、筑摩書房
『エリートのつくり方』柏倉康夫著、ちくま新書
『東の島国　西の島国』ヒュー・コータッツィ、中公文庫
『英国生活物語』リーダー、小林司・山田博久訳、晶文社
『利己的な遺伝子』リチャード・ドーキンス、日高敏隆ほか訳、紀伊國屋書店
『ミル自伝』ジョン・ステュアート・ミル、朱牟田夏雄訳、岩波文庫
『哲学人』ブライアン・マギー、須田朗監訳、日本放送出版協会
『イギリス人と日本人』ピーター・ミルワード、別宮貞徳訳、講談社現代新書

【第 5 章】
『自然研究』セネカ、茂手木元蔵訳、東海大学出版会
『ウィトルーウィウス　建築書』森田慶一訳、東海大学出版会
『ヴェーダ』筑摩書房　世界古典文学全集
『ウパニシャッド』辻直四郎訳、講談社学術文庫
『原典訳マハーバーラタ』上村勝彦訳、ちくま学芸文庫
『新訳ラーマーヤナ』ヴァールミーキ、中村了昭訳、東洋文庫
『天工開物』藪内清訳、東洋文庫
『和漢三才図会』島田勇雄訳、東洋文庫
『中国の科学と文明』(全 11 巻)ジョゼフ・ニーダム、礪波護ほか訳、思索社
『三国史記』井上秀雄訳、東洋文庫
『錬金術』吉田光邦、中公新書
『数量化革命』アルフレッド・W・クロスビー、小沢千重子訳、紀伊國屋書店
『大自然科学史』(全 13 巻)ダンネマン、安田徳太郎訳、三省堂
『古代中世科学文化史』(全 5)サートン、平田寛訳、岩波書店
『技術の歴史』(全 14 巻)チャールズ・ジョセフ・シンガー、高木純一訳、筑摩書房
『技術の千年史』アーノルド・パーシー、林武・東玲子訳、新評論
『古代技術』ディールス、平田寛訳、創元社科学叢書
『物質文明・経済・資本主義』フェルナン・ブローデル、村上光彦訳、みすず書房
『デ・レ・メタリカ――近世技術の集大成』アグリコラ、三枝博音訳、岩崎学術出版社
『アラビア科学史序説』矢島祐利、岩波書店
『東と西の学者と工匠』ジョゼフ・ニーダム、山田慶児訳、河出書房新社
『中国科学技術史』杜石然ほか、川原秀城ほか訳、東京大学出版会
『夢渓筆談』沈括、梅原郁訳、東洋文庫
『古代インドの科学と技術の歴史』デービプラサド＝チャットーパーディヤーヤ、佐藤任訳、東方出版

『古代インドの科学思想』佐藤任、東京書籍
"Histoire générale des sciences", by René Taton
"A History of Technology", by Charles Singer
"De Re Metallica", by Georgius Agricola (Herbert Hoover)

【第 6 章】

『サミュエル・ヂョンスン伝』ボズウェル、神吉三郎訳、岩波文庫
『プロタゴラス』プラトン、藤沢令夫訳、岩波文庫
『ギリシア・ローマ古典文学案内』高津春繁・斎藤忍随、岩波文庫
『ラテン語四週間』村松正俊、大学書林
『はじめてのラテン語』大西英文、講談社現代新書
『ギリシャ語辞典』古川晴風、大学書林
『羅和辞典』水谷智洋、研究社
『ラテン語の歴史』ジャクリーヌ・ダンジェル、遠山一郎・髙田大介訳、白水社・クセジュ文庫
『ギリシヤ語四週間』古川晴風、大学書林
『ギリシア語入門』河底尚吾、泰流社
『解体新書』杉田玄白、講談社学術文庫
『フランス語語源漫筆』中平解、大学書林語学文庫
『現代英語学辞典』石橋幸太郎、成美堂

(Windows 上で動く PC ラテン語辞書)
LATIN DICTIONARY PROGRAM　WORDS - Version 1.97FC
http://archives.nd.edu/whitaker/wordswin.htm

(Windows 上で動く PC ギリシャ語電子辞書)
PERSEUS DIGITAL LIBRARY (web のオンラインでも、CD-ROM を購入してオフラインでも使用可能)
http://www.perseus.tufts.edu/hopper/collection?collection=Perseus:collection:Greco-Roman

切りとり線

★読者のみなさまにお願い

この本をお読みになって、どんな感想をお持ちでしょうか。祥伝社のホームページから書評をお送りいただけたら、ありがたく存じます。今後の企画の参考にさせていただきます。また、次ページの原稿用紙を切り取り、左記編集部まで郵送していただいても結構です。

お寄せいただいた「100字書評」は、ご了解のうえ新聞・雑誌などを通じて紹介させていただくこともあります。採用の場合は、特製図書カードを差しあげます。

なお、ご記入いただいたお名前、ご住所、ご連絡先等は、書評紹介の事前了解、謝礼のお届け以外の目的で利用することはありません。また、それらの情報を6カ月を超えて保管することもありません。

〒101-8701（お手紙は郵便番号だけで届きます）
祥伝社　書籍出版部　編集長　岡部康彦
電話03（3265）1084
祥伝社ブックレビュー　http://www.shodensha.co.jp/bookreview/

◎本書の購買動機

＿＿＿＿新聞の広告を見て	＿＿＿＿誌の広告を見て	＿＿＿＿新聞の書評を見て	＿＿＿＿誌の書評を見て	書店で見かけて	知人のすすめで

◎今後、新刊情報等のパソコンメール配信を　希望する　・　しない
（配信を希望される方は下欄にアドレスをご記入ください）

@

※携帯電話のアドレスには対応しておりません

１００字書評

本物の知性を磨く　社会人のリベラルアーツ

住所

名前

年齢

職業

本物《ほんもの》の知性《ちせい》を磨《みが》く　社会人《しやかいじん》のリベラルアーツ

平成27年10月１日　初版第１刷発行

著　者　麻生川静男《あそがわしずお》

発行者　竹内和芳

発行所　祥伝社《しようでんしや》

〒101-8701
東京都千代田区神田神保町3-3
☎03(3265)2081(販売部)
☎03(3265)1084(編集部)
☎03(3265)3622(業務部)

印　刷　萩原印刷

製　本　関川製本

ISBN978-4-396-61540-6 C0030
Printed in Japan
祥伝社のホームページ・http://www.shodensha.co.jp/

祥伝社のベストセラー

世界史で学べ！地政学

なぜ日米は太平洋上でぶつかったのか。
新聞では分からない世界の歴史と国際情勢が、地政学の視点でスッキリ分かる

茂木 誠

世界から戦争がなくならない本当の理由

懲りない国、反省しない国はどこだ？ なぜ「過ち」を繰り返すのか？ 戦争の教訓を歴史に学ぶ

池上 彰

日米開戦の正体

なぜ真珠湾攻撃という道を歩んだのか

「史上最悪の愚策」を解き明かす！ なぜ、日本は勝てる見込みのない戦いを仕掛けたのか？
元外務省国際情報局長が解読した歴史の真相！

孫崎 享